湖北省公益学术著作出版专项资金
Hubei Special Funds for Academic and Public-interest Publications

『湖北近代文学研究』丛书·第一辑

王柏心评传

◎程翔章 程祖灏/著

華中師範大学出版社

新出图证(鄂)字 10 号
图书在版编目(CIP)数据

王柏心评传/程翔章,程祖灏著.—武汉:华中师范大学出版社,2022.12
("湖北近代文学研究"丛书.第一辑)
ISBN 978-7-5622-9969-1

Ⅰ.①王…　Ⅱ.①程…　②程…　Ⅲ.①王柏心(1799—1873)—评传
Ⅳ.①K827=52

中国版本图书馆 CIP 数据核字(2022)第 226672 号

王柏心评传

WANG BAIXIN PINGZHUAN

责任编辑:向　力　　**责任校对**:王　炜　　**封面设计**:罗明波
编辑室:综合编辑室　　**电话**:027-67867370
出版发行:华中师范大学出版社有限责任公司
社址:湖北省武汉市珞喻路 152 号　　**邮编**:430079
电话:027-67863426(发行部)　027-67861321(邮购)
传真:027-67863291
网址:http://press.ccnu.edu.cn　　**电子信箱**:press@mail.ccnu.edu.cn
印刷:湖北新华印务有限公司　　**督印**:刘　敏
字数:290 千字
开本:710mm×1000mm　1/16　　**印张**:16.75
版次:2022 年 12 月第 1 版　　**印次**:2022 年 12 月第 1 次印刷
定价:68.00 元

前　言

湖北位于中国大陆的中部、长江的中游，汉江的大部分流域在湖北境内。境内周边为山地丘陵，中部为辽阔富饶的江汉平原，不仅土地肥沃，物产丰富，乃全国有名的鱼米之乡；而且交通便利，四通八达，有“九省通衢”之誉，地理位置十分优越。自先秦至清代中叶，湖北都是各个朝代文学的重镇，有着优良的文学传统，为中国文学的发展做出过重要贡献。进入近代后，文学创作的成就虽然没有广东、福建、湖南、江苏和浙江等省份突出，但湖北作家继承前辈的优良传统，紧跟时代步伐，勇于探索，积极实践，也取得了可喜的成就，为中国文学的近代化与现代化，奉献了自己的智慧和力量。

这里所说的“近代”，通常是指自鸦片战争开始至五四运动为止，即1840年至1919年的这一历史时期。这一历史时期是中国历史上一个非常特殊的历史阶段，由于帝国主义列强侵略的日益加深，中国社会发生了数千年未有之大变局，原有的君主专制的封建社会逐渐转变为半殖民地半封建社会，故史学界将这一特殊阶段的历史称为“中国近代史”；而发生、发展于这一特殊历史阶段的中国文学，无论是文学观念、文学思想、文学理论，还是文学体裁、文学方法、文学创作，随着社会大动荡、大分化、大变革的历史进程，亦发生了前所未有的变化，故文学界将这一特殊历史阶段产生的文学称为“中国近代文学”。

改革开放以来，中国迎来了学术研究的春天，尤其是对中国近代文学的研究，可谓兴盛繁荣，一日千里，硕果累累。但与全国其他省市相比，尤其是与福建、广东、湖南、安徽、山东、江苏、上海、北京等省市相比，湖北近代文学的研究相对比较薄弱、落后，不仅研究的学人少，而且研究的成果亦少。

笔者从事中国近代文学的研究，最初接触湖北近代作家的文学创作，始自20世纪80年代中期。那时刚大学毕业不久，留在学校从事管理工作，应师友之邀，在工作之余，跟随林非先生一起编撰《中国散文大辞典》，并被安排负责整个近代部分。从那时起，笔者就发现湖北近代文学是一座富矿，值得花力气去挖掘、开采，并有心在这方面做些努力。随着辞典编撰的深入展开，笔者开始有意收集湖北近代作家的相关资料，并断断续续写过一些湖北作家的研究文章。只是由于各种任务繁重，难以集中精力在这方面下功夫。

进入 20 世纪 90 年代后，除管理工作比较繁重之外，笔者承担的教学任务亦很重。根据教学工作的需要，笔者将有限的业余时间几乎都用在了对中国近代文学做整体、全面、深入的探讨和思考上，为撰写既能够反映中国近代文学发展整体面貌又适合教学实际的文学史做准备。

20 世纪末与 21 世纪初，我们编撰的《中国近代文学作品选》《中国近代文学》相继出版面世，受到社会和学生的普遍欢迎与肯定，年年加印；后又应出版社之邀，曾多次对这套教材进行修订和改版，花费了笔者不少时间和精力。直到 2015 年前后，笔者才逐渐从繁重的事务中脱身出来，开始对湖北近代作家做整体、全面、深入的研究。尤其是退休后，笔者谢绝了多所学校的聘请，一心一意在家进行对湖北近代作家的研究，并在学校出版基金的资助下相继出版了《湖北近代作家研究（第一集）》《樊增祥年谱》《王柏心年谱》等著作，受到朋友和学术界同人的肯定。

尽管如此，笔者总觉得出版周期过长，过于零散，研究成果不能及时面世，故难以产生较大的影响。因此，笔者产生了组织人力编撰一套"湖北近代文学研究"丛书的想法，诸如作家的年谱、评传、佚文和作家的诗文选、湖北近代文学史等等，均可纳入其中。丛书不求一次整体推出，可以分辑推出，每辑 6～8 本，完成一辑，推出一辑。这样日积月累，十几年下来，也会形成一定规模，产生一定影响。

笔者将此想法告知校出版社的领导，立即得到他们的肯定和大力支持。适值湖北省启动了 2020 年度公益学术著作出版专项资金项目的申报工作，出版社领导遂积极支持和推荐笔者申报了"'湖北近代文学研究'丛书（第一辑）"这个项目。感谢各位专家评委的支持和信任，这个项目最终获得批准。

笔者真诚地希望，"湖北近代文学研究"丛书的第一辑和以后将陆续出版的各辑，能够引起学人们的关注，促使大家重视湖北近代文学的研究，促进湖北近代文学的研究更加全面、深入地开展，出现更多、更好的研究成果，共同为繁荣湖北的文化建设做出我们的贡献。

程翔章

目　　录

引　言

王柏心（1799—1873），字子寿，亦字坚木、冬寿，号螺洲、薖叟，又号�方、�亭；晚年则别署螺洲子、薖园老人。书斋名百柱堂、薖园、彤云阁、非有斋、枢言草堂等。湖北布政使司荆州府监利县螺山（今湖北省洪湖市螺山镇）人。时人称之为“王监利”，卒后门人私谥曰“文贞先生”。嘉庆二十年（1815 年）取秀才，道光二十三年（1843 年）中举人，二十四年（1844 年）成进士，签分至刑部广西司，以主事候补录用，任职仅一年即以赡养双亲为名请假告归。此后主讲荆南书院数十年，桃李满天下。其间，曾先后进入唐树义、李宗传、罗文俊、陶梁、张亮基、胡林翼等大吏幕府为幕僚。他精通经史百家之学，胸怀经国济民之志，被林则徐等地方大吏许为“国士”。平生学识淹博，既工诗、词、古文、骈文、辞赋，亦精方志之学，还善书画，“以其道德文章独步江汉间五十余年”①，成为一代国学大师。

我们完全可以说，在湖北近代文化史乃至中国近代文化史上，王柏心无疑是一位有地位、有成就、有影响的重要人物。对王柏心进行全面、系统、深入的研究，既有历史的意义，亦有现实的意义。我们之所以这么说，是因为：

其一，王柏心生活在中国近代的早期，即 18 世纪的上中叶，一生经历了清王朝的嘉庆（1796—1820）、道光（1821—1850）、咸丰（1851—1861）、同治（1862—1874）四个王朝。而这个时期，正是中国大一统的封建帝国逐渐解体，由强盛走向衰落的时期。通过对王柏心七十五个春秋丰富多彩的人生经历的梳理，可以让今天的人们清晰地看到，中国的封建社会是怎样在西方列强的坚船利炮的胁迫下，一步一步地走向衰败，逐渐地变成半封建半殖民地社会的。

① 郭嵩焘：《王子寿先生墓志铭》，《郭嵩焘诗文集》卷二十一，岳麓书社 1984 年版，第 450 页。

其二，王柏心是一个进士出身的正统封建知识分子，本来可以沿着仕进之路一步一步往上走，凭他的才华几十年下来，混个三四品大臣不成问题。但他在中进士后的第二年便辞官归里，以授徒著述为业。尽管他身处乡野，却与当时的林则徐、李星沅、裕泰、陆建瀛、唐树义、徐广缙、胡林翼、张亮基、官文、曾国藩、左宗棠、严树森、李孟群、李宗羲、曾国荃、郭嵩焘等封疆大吏有着密切的联系。因其“言治术必达民情，言兵事必明地险”，且“心和而气愉，貌慈而言温”，故不少地方大吏“如曾文正、左文襄、胡文忠诸公，有事焉必就咨，有谋焉必待断”①，争相聘请他为幕僚。由此可见其在当时的政界乃至上流社会，都是很有地位的。更为重要的是，通过王柏心的社会交往，可以让读者看到中国近代早期政界错综复杂、激烈尖锐的矛盾和斗争。

其三，王柏心是湖北近代早期一位独具风格、卓有成就的文学家。其“年未逾四十，文章已冠绝海内”②。他不仅工诗词，善骈赋，精政论、古文，数量宏富，著有《百柱堂全集》③（五十一卷）行世；而且与当时闻名全国的诗人、古文家、学者魏源、汤鹏、张际亮、梅曾亮、姚春木、姚莹、郑珍、莫友芝、黎庶昌、王拯、朱琦、孙鼎臣、方宗诚、杨彝珍、吴敏树、龙启瑞等人都是好友，交往密切。王柏心的文学创作，亦得到这些名家的肯定与好评。通过王柏心的文学创作实绩，既可看出其在中国近代文学史上的地位，更可看出其在湖北近代文学史上的地位。

其四，王柏心又是一位著名教育家，精通经史，学识淹博，主讲荆南书院数十年，且“以其诗文启诱后进才俊，见人一技之长，誉之不容口，推毂而策励之，必使有所兴发，以成其善”④，以至桃李满天下。他的不少弟子，后来或身居高位，或班列中下层官吏，或以诗文名家，或持鞭执教育人……为中国社会的近代化进程，为中国近代教育的发展、人才的培养，做出过重要的贡献。

其五，王柏心还是著名的方志学家，先后主持编纂有《黄冈县志》、

---

① 郭嵩焘：《王子寿先生墓志铭》，《郭嵩焘诗文集》卷二十一，岳麓书社 1984 年版，第 450 页。

② 郭嵩焘：《王子寿先生墓志铭》，《郭嵩焘诗文集》卷二十一，岳麓书社 1984 年版，第 450 页。

③ 王柏心著，张俊纶点校：《百柱堂全集》，崇文书局 2008 年版。

④ 郭嵩焘：《王子寿先生墓志铭》，《郭嵩焘诗文集》卷二十一，岳麓书社 1984 年版，第 450 页。

《宜昌府志》、《东湖县志》、《当阳县志》、《汉阳县志》、《临湘县志》和《监利县志》。他不仅为湖湘地区的有关府、县保存了很多有价值的史料，对地方文化建设做出了重要贡献；而且还在方志的编纂过程中，认真探讨、总结方志编纂的规律，为丰富我国的方志学理论做出了自己的贡献。

第一章　王柏心的出生及少年时光

我们的传主王柏心，生活于清朝的嘉庆（1796—1820）、道光（1821—1850）、咸丰（1851—1861）和同治（1862—1874）年间。这个时期，由于统治阶级对农民实行残酷的政治压迫和经济剥削，使广大农民忍无可忍，激起了他们对官府的极大仇恨，遂纷纷揭竿而起，与朝廷对抗，有的还建立起了农民自己的政权。在风起云涌的农民起义军的沉重打击下，加之西方资本主义列强的入侵，清王朝这个大一统的封建帝国开始呈现出千疮百孔的衰败迹象，中国的封建社会亦开始逐渐解体，一步一步地沦为半殖民地和半封建的社会。即使如此，生活在湖北布政使司荆州府监利县螺山镇一个大家族中的王柏心，仍然度过了他快乐的童年、少年时光。

第一节　王柏心生活的环境

清嘉庆四年己未正月初三日（1799 年 2 月 7 日），太上皇乾隆驾崩①于紫禁城养心殿，享年八十九岁。

说到这位乾隆皇帝，那可是中国历史上少有的一位具有雄才大略的帝王。他二十五岁登基，在位六十年，禅位给儿子后，还就任了三年零四个月的太上皇，实际行使国家最高权力长达六十三年零四个月，是中国历史上实际执掌国家最高权力时间最长的一位皇帝，也是中国历史上最长寿的一位皇帝。乾隆在位的早中期，在康熙、雍正两朝文治武功的基础上，使清王朝的统治达到了"康乾盛世"的最高峰。乾隆武功繁盛，在平定边疆地区叛乱方面做出了巨大成绩，维护了国家的统一，拓展了国家的疆域、领土，并且完善了对西藏的统治，占领了新疆，正式将新疆纳入中国版图，使清王

---

① 爱新觉罗·弘历(1711—1799)，于嘉庆四年正月初三日(1799 年 2 月 7 日)驾崩，在位(1736—1795)时年号"乾隆"，寓"天道昌隆"之意，驾崩后，上庙号曰"高宗"，谥号"法天隆运至诚先觉体元立极敷文奋武钦明孝慈神圣纯皇帝"。

朝的版图由此达到了最大化，多民族国家得到进一步的统一。乾隆重视社会的稳定，关心百姓的疾苦，在位期间曾五次普免天下钱粮，三次减免八省漕粮，减轻了农民的负担；重视水利建设，起到了保护农业生产的作用，使得清王朝的国库日渐充实，社会经济有了进一步的发展。乾隆在位期间，文化繁荣，不仅汉学有了很大的发展，而且民间艺术亦欣欣向荣，比如京剧就形成于乾隆年间。然而，在乾隆执政的后期，好大喜功，宠信佞臣，疏于治理，追求享乐；那些权贵奸佞亦乘机卖官鬻爵，贪污纳贿，致使吏治开始败坏，土地兼并严重，奢靡之风兴起，引起百姓的不满，时有起义爆发。尤其是“文字狱”之风盛行，比康熙、雍正时期更加严酷，那些正直之士或遭到迫害，或敢怒不敢言，只好埋头故纸堆。加之统治者又故步自封，妄自尊大，闭关锁国，导致国力逐渐减弱，拉大了与日新月异的西方国家的差距，使清王朝这个大一统封建帝国的强健躯体里隐伏下多种疾病。

乾隆驾崩后，嘉庆皇帝才真正亲政，执掌大权。此时，嘉庆正值壮年，面对乾隆末年出现的种种危机，力图有所作为和振兴，遂打出“咸与维新”的旗号，开始整饬内政，整肃纲纪。在乾隆刚刚驾崩十天时，便果断宣布文华殿大学士、军机大臣、九门提督和珅二十条大罪，将其逮捕下狱，并下旨抄家，抄出财富约值白银八亿两，相当于当时国库十五年的总收入。故时人有“和珅跌倒，嘉庆吃饱”①的谚语。又五天后，嘉庆谕旨，赐和珅狱中自尽。随后诏求直言，广开言路，祛邪扶正，褒奖起复乾隆朝以言获罪的官员；诏罢贡献，黜奢崇俭；要求地方官员对民隐民情“纤悉无隐”，据实陈报，力戒欺隐、粉饰、怠惰之风。然而，嘉庆在改革过程中所遇到的巨大阻力，是他始料未及的；而为了维护政权的稳定，他对统治集团内部种种弊端的整肃力度不得不大大减弱，以至于收效甚微。这种对内政、纲纪的有限整顿，无法从根本上扭转清王朝政局的颓败之势。由于阶级矛盾的进一步激化，导致其在位期间农民起义不断爆发。此时，世界工业革命蓬勃兴起，西方资本主义各国国力日益强盛，并开始向中国输入鸦片，可谓雪上加霜。而清王朝仍然奉行闭关锁国政策，致使其与西方资本主义国家之间的差距越来越大，衰败之势愈来愈明显。

嘉庆二十五年庚辰七月二十五日（1820 年 9 月 2 日），嘉庆皇帝带着深

---

①　和珅家的财产无确数，近人估计当在八亿两，约相当于清政府十五年的财政收入。此说未必可靠。

深的遗憾在热河（今河北省承德市）行宫离开了人世[①]。其第二子爱新觉罗·旻宁继位，年号“道光”。

道光皇帝在位期间，整个统治集团内部贪污腐化、骄奢淫逸、敲诈勒索、营私舞弊成风，阶级矛盾日益尖锐、激化，全国各地农民起义频发，国势日益衰弱。为了挽救清王朝的衰落，他虽然做了一些努力，如整顿吏治，治理盐政，实施海运，平定张格尔叛乱，剿灭农民起义，严禁吸食鸦片，有一定的积极作用，他本人亦能力行节俭，勤于政务；但其作为帝王的资质不高，加之社会弊端积重难返，故清王朝在其统治时期已是千疮百孔，进一步衰落，和西方列强的差距也越来越大。道光二十年（1840年）五月，中英鸦片战争爆发，结果中国惨败，并被迫与英国签订了第一个丧权辱国的不平等条约——《南京条约》。此后，道光苟安姑息，得过且过，没有采取任何学习西方、振兴王朝的措施。

道光三十年庚戌正月十四日（1850年2月25日），道光皇帝在紫禁城驾崩[②]。其第四子、时年二十岁的爱新觉罗·奕詝继位，年号“咸丰”。

咸丰皇帝登基不久，就爆发了震惊中外的太平天国农民起义，其规模之大，时间之长，地域之广，影响之深，在中国历史上都是罕见的；几年后又爆发了第二次鸦片战争，英、法联军攻入北京，火烧圆明园，掠夺文物财富，是中国人的奇耻大辱；沙俄亦趁火打劫，侵占了中国不少领土。咸丰在位十一年，适逢时局动荡，战乱不断，无甚作为。

咸丰十一年辛酉七月十七日（1861年8月22日），咸丰皇帝在承德避暑山庄病逝[③]。其年仅六岁的儿子爱新觉罗·载淳继位，由怡亲王载垣、郑亲王端华、御前大臣景寿、协办大学士肃顺与军机大臣穆荫、匡源、杜翰（杜受田之子）、焦佑瀛等八位顾命大臣辅政，年号“祺祥”。同年十月，

---

① 爱新觉罗·颙琰（1760—1820），于嘉庆二十五年七月二十五日（1820年9月2日）去世，在位（1796—1820）时年号“嘉庆”，去世后，上庙号“仁宗”，谥号“受天兴运敷化绥猷崇文经武光裕孝恭勤俭端敏英哲睿皇帝”。

② 爱新觉罗·旻宁（1782—1850），于道光三十年正月十四日（1850年2月25日）驾崩，在位（1821—1850）时年号“道光”，驾崩后，上庙号“宣宗”，谥号“效天符运立中体正至文圣武智勇仁慈俭勤孝敏宽定成皇帝”。

③ 爱新觉罗·奕詝（1831—1861），于咸丰十一年七月十七日（1861年8月22日）病逝，在位（1851—1861）时年号“咸丰”，病逝后，上庙号“文宗”，谥号“协天翊运执中垂谟懋德振武圣孝渊恭端仁宽敏庄俭显皇帝”。

两宫皇太后与恭亲王奕䜣发动宫廷政变[①]，将载垣、端华、肃顺处死，其他五人革职或遣戍，实行两宫皇太后“垂帘听政”，废除八名顾命大臣所拟定的年号“祺祥”，改年号为“同治”。名为两宫皇太后“垂帘听政”，实则拉开了那拉氏统治中国长达四十八年的序幕。

同治皇帝在位期间，鉴于当时特殊的社会境况，大量任用汉臣，不仅平定了长达十几年的太平天国起义和捻军起义，而且平定了声势甚大的陕甘回民起义和云南的回民起义，迎来了清王朝一个短暂的“同治中兴”的局面。在残酷镇压全国各地农民起义的过程中，亦造就了一大批“中兴名臣”，使本来处于日薄西山、风雨飘摇、朝不保夕的大清王朝封建统治政权又得以延续。

我们的传主王柏心，就生活在这样一个危机四伏、动荡不安、多灾多难的时代。

第二节　王柏心的出生及其家世

嘉庆四年己未十月二十七日（1799 年 11 月 29 日），在湖北布政使司荆州府监利县螺山镇一个书香、耕读家庭里，一个新的生命降临了！他就是我们的传主——王柏心。

据说，在王柏心降生的前一天晚上，母亲蔡氏做了一个梦，梦见一团大白光坠落在窗前。她心里感到忐忑不安，不知此梦的预兆是好，还是坏，第二天天一亮就将此事告诉了丈夫。哪知丈夫王与典听后，竟高兴得跳了起来！原来，他昨天晚上也做了一个梦，梦见一只大蝙蝠，翅膀有小船那么大；他就坐在蝙蝠的背上，朝着一座月光下的宫殿飞去。他对蔡氏解释说：那大白光就是天上的文曲星，而“蝙蝠”的“蝠”与“福寿”的“福”同音，这是预示有“福”；你没见人家过年时贴门神，大门上就贴有一只红颜色的蝙蝠！这说明我们的儿子将来会给王氏家族带来洪福。

说到监利螺山的王氏家族，这可是远近闻名的一个书香、耕读的大家庭。

据王氏族谱和史料考证，王柏心的祖先为明代的文政公。文政公是一位商人，原先居住在江西丰城，常年往来于江西、湖南和湖北。由于他既

① 此次宫廷政变因发生在祺祥年间，故史称“祺祥政变”；而此年为辛酉年（1861年），故史称“辛酉政变”；又因发生此次政变的地点在北京，故又史称“北京政变”。

精明又勤勉，生意做得很好，赚了钱，又看中了湖北监利县螺山镇这个鱼米之乡，就在镇上买了一块土地，做了一幢房子。这幢房子就是远近闻名的百柱堂。百柱堂完全是按照江西民居的格局建造的：中间有院落，上面有天井，四水归堂，布局井然。据说原来从前厅到后厢房共有一百根柱子，故名。

百柱堂建好后，文政公便从江西搬到这里来落了户，成为百柱堂的第一代主人。文政公在家族宗派上，仍然延续江西王氏的排序，为“延彦官永元，文本怀之邦；日月光天德，懋秉松与柏”。后来江西王氏的先辈们，觉得“月”字阴象太重，不利起名，就删除了“月光天德”四个字，只剩下“延彦官永，元文本怀；之邦日懋，秉松与柏”十六个字。

文政公有一个后代，他是王柏心的五世祖（即高祖），名叫懋勋。他在史册上并没有留下什么功绩，只是因为妻子的缘故，才在螺山镇王氏族谱里留下了一些记载。懋勋的命不好，体弱多病，二十一岁时就病逝了。懋勋死的时候，他十九岁的妻子杨氏，已怀有四个月的身孕。这正是螺山王氏家族懋勋一脉延灭存亡的关键时刻，命运与希望都系于杨氏一身：杨氏如果生的是一个女孩，懋勋一脉的香火就断了。杨氏的父亲叫杨运昌，是山东兖州府泗水县的知县。他为官清正廉明，在百姓中的口碑很好。他很为女儿担心，曾问女儿说：“你若生下的是个女孩，那你的后半生怎么过呢？”杨氏态度坚定地回答说：“即使生的是个女孩，亦誓不改嫁，决无异志！”

真是苍天有眼！五个月后，杨氏生下一子，取名秉道。秉道就是王柏心的曾祖父。秉道和他母亲杨氏的故事，在王氏族谱中有浓墨重彩的记载，也成为王氏后人津津乐道的事情。

本氏自夫死后，凡雕饰器物，概屏勿用，身服缟素，二十六年如一日。以年少不便预外事，请母吴氏共居。有事则家人告于其母，始传于氏。其内外严肃如此。学师闻其节，以“清分古井”四字制匾悬闾。

本氏字秉道，自幼不许亲近邪流，举动言笑，一规以正。甫六岁，即就外傅。夜则亲自课读，倦即予杖，每年必遣家人送竹板一具于师，谆谆嘱毋以孤子宽贷。朝夕供馔，必躬亲之。修金甚厚。子或考试不利，则谴诃必至。指子泣曰：“汝不成名，吾何以对尔先人于地下。”

本氏痛夫葬不吉，三扦其地，每迁葬哀泣如初葬者。棺椁衣衾，必亲自验制，所延堪舆前后凡五六人。朝夕供奉，毫无倦志，期夫藏魄得所。

本氏夫早殁，田粮多互混，氏一一清查立户，众莫能欺。性尤急公。虽凶年不惜典借，先期输纳。持家三十余年，从无公差到门。平居常教子以急公奉上为务。

杨氏数十年含辛茹苦与勤勉自励的行为，使螺山王氏族人深受感动，他们主动向地方官府、再由地方官府向朝廷请旌，以表彰杨氏的节烈忠孝。乾隆六年（1741 年），朝廷的批示下来了，使杨氏得以青史留名。这也是王氏族人的莫大荣光。不仅如此，更让王柏心等后辈族人感到骄傲的还有他们的那位曾祖秉道公，品学方正，终身手不释卷，终于乾隆三十年乙酉（1765 年），也就是秉道公六十岁的时候，取中湖北乡试副榜①，成为举人，正式跻身于士绅的行列，并有《获训草》传世。

秉道的子辈为“松”字派，其五个儿子分别名为松栋、松楫、松模、松桧、松格。松模乃王柏心之祖父。松栋、松楫、松桧、松格的事迹今天已无从知晓，但松模的事迹在荆州府志上是有记载的：他字寒楷，是邑庠生②，并著有《听潮集》传世。

松模的子辈为“与”字派，其三个儿子分别名为与均、与宪、与典。与典乃王柏心之父。与均和与宪秉性不敏，一味放浪，皆未成器，松模只好把希望寄托在与典的身上。而与典（字有端）长期沉湎于《二十二史》，对科举考试一点都不感兴趣；虽然对史学有相当深的研究，可惜没见有著作流传下来。松模对子辈的希望也就越来越渺茫了。直到王柏心的出生和长大，局面才得以逐步改变。

王柏心出生时，祖父松模公已经六十五岁了。他见这个长孙长得浓眉大眼，十分可爱，自然非常高兴，他原本渺茫的希望再一次从心底升起。松模见长孙出生在冬天，又是“柏”字派，便根据张九龄“岂知地气暖，自有岁寒心”的诗句（《感遇十二首》之七），给孙子起名为“柏心”，字“冬寿”。正所谓“岁寒，然后知松柏之后凋也”（《论语·子罕》）。他希望自己的这个长孙今后无论人品还是学问都好。

王柏心的降生，不仅给这个大家庭带来了欢乐，也带来了新的希望！

① 科举考试的一种附加榜示称为“副榜”。明、清时代，乡试和会试于录取正卷之外，都会另取若干名列为“副榜”，即今所谓“补录”名额。

② “庠”是古代学校之名。“庠生”乃是科举制度中府、州、县学生员的别称。“生员”俗称“秀才”。

第三节　无忧无虑的童年、少年生活

刚刚来到人世的王柏心，身上就承载着光耀王氏这个大家族门楣的希望。祖父松模公不仅特别喜欢这个长孙，而且对他寄予的希望犹大。因此，在王柏心还只有两三岁的时候，就开始亲自教他识字，对对子。到四岁的时候，除继续学习识字、对对子之外，还开始教他背诵古典诗文。

而幼时的王柏心，不仅聪明好学，而且记忆力很强。祖父所教的字，一两遍他就会读会写；所教的对子，一两遍他就能记住；所教的古代诗文，一两遍他就能背诵。到五六岁的时候，就能出口成章，对出很好的对子了。

相传，小柏心在五六岁时，不仅聪明机警，而且大胆顽皮，经常带着几个小伙伴，背着大人一起到长江里去游泳。有一天，他们又去长江里游泳，将脱下来的衣服就挂在岸边一棵大树的树杈上。不久，一位穿长衫的教书先生正好从此经过，见其情状颇为有趣，就脱口说了一句“千年古树当衣架”。不料此话恰好被在江边游泳的小柏心听到了，便立即应声对上一句“万里长江作浴盆”。那位穿长衫的教书先生听后颇为吃惊，没想到这个小孩子如此思维敏捷，将来前途一定不可限量。于是，他便去镇上向人打听并找到王柏心的父母，动员他们将小柏心送到村塾来读书。于是，小柏心就成了村塾里的一名蒙学学生，而这位穿长衫的教书先生就是邹码头村塾的刘先生。

刘先生叫刘励，字振冀，是监利县的名秀才，以教书为生，喜奖掖后学，帮助贫困学生，远近闻名。数十年后，王柏心在为好友、知府衔林立甫立传（即《立甫林君传》①）时，还曾饱含深情地写到这位受人尊敬的刘励先生：

> （立甫）九岁犹未知书。时时过村塾，窃听讲诵不忍去。塾师者，监利名诸生刘励，吾先生也。讶之，问：“牧儿亦喜读书耶？”曰：“然。”问：“能举书词一二语否？”即琅琅背诵，且略解大义。刘先生心异之。故识翁，即走告之：“若儿颖悟非常，盍遣从我游？”翁不应。刘先生曰：“无用汝修膳，但从我游，我且给之。”乃许。刘先生即携之入

① 王柏心：《立甫林君传》，《百柱堂全集·传》卷四十，《百柱堂全集》，崇文书局 2008 年版，第 1207 页。

塾，课以书史。兼导之宋学，不数年，补博士弟子，食饩。

跟随刘先生在村塾六七年，王柏心打下了坚实的基础，不仅四书（儒家经典《大学》、《中庸》、《论语》、《孟子》的合称）、五经（《周易》、《尚书》、《周礼》、《诗经》、《春秋》五部儒家经典的合称）背得滚瓜烂熟，而且能吟诗作对，会写文章。正如其弟子唐炯所说："（先生）九岁能属文，发言成章，读书十行并下，一过不忘。"①

十三岁那一年，王柏心跟随父亲来到沔阳的茅江口（今洪湖市区新堤街道），拜谢海东先生为师，专攻举业——学习写作八股文和应试诗。谢先生遂成了王柏心的第二位业师。这位谢先生的生卒年月不详，今天只知道他是当时沔阳的名秀才。其家境贫苦，一生困顿科场，以教书授徒为生。体貌丰伟，豪爽善饮。为学重程朱，又善书法和诗词。谢先生在披览少年柏心呈上的习作时，感到非常的惊奇，曾语人曰："此郎殊不凡。"②而且以后每次见面，都要大大的赞赏、鼓励一番，这也让王柏心的自信心大大加强。四十余年后，时主讲荆南书院的王柏心在为亡师遗诗写序（即《谢海东先生遗诗序》③）时，还难忘此事。

经过谢先生近两年的精心教授与点拨，王柏心在举业上进步很快。学业上的不断进步，也让少年王柏心尝到了学习给他带来的愉悦，从而更加勤奋刻苦地学习。

由于王柏心勤奋刻苦，学业优异，在他十五岁（虚岁）时，就被选拔"入邑庠，一时名宿争与之游"④。"邑庠"即官学（指县学、州学，或府学），都是官府所办，无论办学条件，还是师资力量，抑或是学习资料，自然比私人所办的村塾、乡塾要好得多。这也让王柏心的学业进步更快。

在进入邑庠的第二年，年仅十六岁（虚岁）的王柏心，第一次参加监利县一年一度的县试，就以成绩优异，被取为第一名。

县试的成功，是王柏心进入科场的第一场胜利，不仅使他增强了信心，

---

① 唐炯：《百柱堂全集·叙》，《百柱堂全集》附录六，《百柱堂全集》，崇文书局2008年版，第1548页。

② 王柏心：《谢海东先生遗诗序》，《百柱堂全集》卷三十三，《百柱堂全集》，崇文书局2008年版，第991页。

③ 王柏心：《谢海东先生遗诗序》，《百柱堂全集》卷三十三，《百柱堂全集》，崇文书局2008年版，第991～992页。

④ 王传乔：《百柱堂全集·跋》，《百柱堂全集》附录六，《百柱堂全集》，崇文书局2008年版，第1548页。

为他下一场的考试奠定了坚实的基础；而且使他的才子之名广为传播，让王氏族人备感荣光——在王柏心的身上，他们看到了王氏家族振兴、光宗耀祖的希望。

第二章　曲折的科举之路

在明清的封建科举史上，十六七岁考取进士者，不乏其人；十八九岁考取进士者，大有人在；二十岁至二十五岁考取进士者，则颇为常见。然而，我们的传主王柏心，自嘉庆二十四年（1819年）第一次参加乡试起，至道光二十三年（1843年）止，一共参加了十一次乡试，才考取举人；次年（1844年）连捷成进士，历时二十五年——此时他已四十六岁。这与其前辈（如林则徐、姚莹、徐广缙等）、同年（龚自闳、边欲礼、李杭、黄彭年等）、好友（汤鹏、胡林翼、蒋琦龄、李宗羲等）、后辈友朋们（林汝舟、李孟群等）相比——除李孟群是十七岁中进士之外，其他人大都是在二十至二十五岁之间中的进士，真可谓科场坎坷，备尝艰辛。

第一节　乡村才子初尝科试艰辛

清嘉庆二十年乙亥（1815年），也就是王柏心十七岁（虚岁）的那一年，他顺利地通过县试、府试、院试，被录取为秀才。有了秀才的资格，这才是封建社会里无数读书人参加科举考试、进入仕途的最初门槛。

能够考取秀才，在千军万马过独木桥的封建时代，并不是那么容易的一件事情。我们平时通过阅读古典文学作品和古代人物传记可知，在古代，那些童生考了几十年也未能考取秀才的大有人在；有的人五六十岁了，已经白发苍苍、儿孙满堂了，还在同那些一二十岁的童生一起考秀才，故时有“老童生”之称。例如，《儒林外史》中那位时运不济的周进，虽然曾被取为县试的第一名，但到六十多岁了，仍未考取秀才；而那位经常遭屠户丈人谩骂、呵斥的范进，已经五十四岁了，还是一名童生。

按照明清封建科举制度的规定：童生（尚未参加过科举考试的普通读书童子）要取得秀才的资格，必须先参加县试，县试由县令主持；县试通过（录取）者方可参加府试，府试由知府主持；府试通过（录取）者方可参加院试，院试由学政大人（各省主持教育的长官）主持；院试通过（录取）者，方才称为“秀才”。

而童生参加县试和后面的府试及院试，时间均为一天，考生必须在规定的时间内完成一篇赋、一首词和一首试帖诗（诗为五言六韵或七言六韵）。这一篇赋、一首词和一首诗有无新意，能否博得主考官的青睐或认可，亦非容易。我们真可以用“过五关，斩六将”来形容其难度。

一个读书人只有取得了秀才的身份，再经过各级官府（县、州、府）学校的培训、选拔、推荐，才有资格进入下一关的考试——乡试。

一个十七岁（虚岁）的乡镇少年考取秀才，消息传开，顿时轰动了整个螺山镇，乡人皆称王柏心是个才子。一时间，亲朋好友、左邻右舍前来祝贺的，镇中乡人涌来看热闹的，王家可谓车水马龙，门庭若市，喜气洋洋。

第二年，王柏心便以秀才的身份进入府学——荆南书院深造。进入这所著名的学府后，王柏心更加勤奋刻苦，每次例考和抽考，成绩都是优等，每年都享受着官府发给的生活补贴和学业奖金。儿子在官府学堂读书，不仅不用交学费，每年还能拿奖金回来补贴家用，父母心里亦乐开了花。乡邻见了，无不称赞他是个好孩子。弟弟们见长兄学业优异，乡邻羡慕称赞，亦以长兄为榜样，刻苦学习。

在荆南书院学习、深造期间，王柏心的眼界更加开阔，并结识了一批志同道合的同学，他们是本县的胡大任、朱材哲、龚润森、潘芷棠，天门的刘淳、张其英、胡子重，京山的李本宁等人。青年才俊，意气风发，他们经常聚在一起，或讨论诗文，或切磋学问，或评点人物，或议论时政，或游览酬唱，相处十分融洽。其中的不少人还成为终生的挚友。

俗话说：“初生牛犊不畏虎。”对于刘淳、王柏心、胡大任这些青年才俊来说，个个都胸怀鸿鹄之志，且充满自信，颇有取举人、进士犹于探囊取物之慨。

然而，对于绝大多数人来说，科举的仕进之路是曲折的、漫长的，并不像人们想象中的那样平坦、顺利。

嘉庆二十四年（1819年）八月，王柏心和刘淳、胡大任等好友，信心百倍地齐聚省城武昌（夏口），参加这一年朝廷统一举行的乡试。

发榜那天，大家满怀希望地早早赶来，却不见榜上有名，只得扫兴而归。

第一次参加乡试就遭如此挫折，对这些青年才俊来说，无疑是一个沉重的打击。乡试的失利，让这些青年才俊初尝了科举仕进之路的苦涩、艰辛，也使他们不得不从理想回到现实中来。

第二节 边教读，边应试

由于王柏心在当地的名气颇大，再加上名秀才刘励先生此时已经去世，当王柏心乡试落榜刚回到家里，地方士绅便已商议好，前来聘请他接替刘励先生到邹码头（今监利县白螺镇邹码头村）村塾任教。

王柏心经过仔细权衡，觉得眼下自己能去邹码头村塾教书，倒是一个不错的选择：一方面，自己每年有一笔固定的、可观的收入，可以补贴家用，以减轻父母的负担；一方面，自己可以一边教授学生，一边自学深造，为以后再次参加乡试做认真准备。于是，他立即应承下来，从此成了一名村塾的教书先生。

在邹码头村塾，王柏心一边兢兢业业教授培养学生，一边广泛阅读，充实自己。闲暇之时，除撰写诗文外，就是练习书法；有时兴致来了，也泼墨绘画一些兰、竹、梅。

王柏心的书法众体兼善，尤其以草书为时人称道。因此，他时常利用空余时间应邀为乡邻、酒馆撰写对联。

镇上有一对贫贱夫妻，省吃俭用开了一家小酒馆，可生意不好，很冷淡，两口子颇着急，便跑来求王秀才帮忙。王柏心想了想，就铺纸挥笔写了一副对联：

为名忙，为利忙，忙里偷闲，慢慢喝杯茶去；

劳心苦，劳力苦，苦中作乐，快快拿壶酒来。

写完后，王柏心让他夫妻俩回去将这副对联贴在酒馆门口。王柏心的书法很好，对联又写得极富人情味，一时间，吸引了很多前来观赏、评点的人。自此，小酒馆的生意也逐渐兴旺起来。

有时，王柏心也应邀为周边的寺院撰写对联。其中，为杨林山天妃庙所撰写的一副对联最为人称道：

杨妃春色，西子秋波，妆成媚态柔情，问世上有几双醒眼？

林畔樵歌，湖边牧笛，谱出高山流水，恐古来无两个知音。

这副对联极写杨林山的迷人风光，情辞清新妩媚；又巧妙地嵌入“杨林”二字，不露痕迹，可谓自然天成。它不仅让天妃庙主持铁裟上人喜得眉开眼笑，更使杨林山的名声从此远扬。

说到撰写对联，不能不提到王柏心为道光皇帝所撰写的那副对联，将王柏心的才名推向了全国。事情的经过是这样的：

道光十一年（1831 年）的八月初十日（9 月 15 日），是道光皇帝的五十岁寿诞，俗称“万寿节”。因此，朝廷文武大臣、地方政府官吏，无不想趁此机会大显身手，讨好皇上，希望受到皇上的青睐，以青云直上，升官发财，便早早地开始筹备贺礼。

王柏心的好友、时任汉阳同知的唐树义，是一位地方低级官员，亦是一位清官。他既无钱，又无物，也不想送钱、送物。想来想去，只有送一副寿联比较合适。可他冥思苦想了好几副对联，总觉得不如意，便特地前来找好友王柏心商讨、帮忙。王柏心很快就为唐树义拟好了一副寿联：

元后亶聪明，顺天心，康民物，雍容其度，乾惕其神，嘉惠普群黎，道统绍羲农尧舜；

皇宫开寿域，治功懋，熙绩淳，正德在朝，隆恩在野，庆云辉五色，光华唤日月星辰。①

王柏心在这副寿联中巧妙地嵌入了顺治、康熙、雍正、乾隆、嘉庆、道光六个皇帝的年号，歌功颂德恰到好处；而遣词造句既中正又浏亮，书法亦好，看后让人十分爽心悦目。很自然，唐树义呈送的这副寿联，让道光皇帝分外高兴，也对唐树义大为赞赏，赏赐给他黄金百两，苏杭锦缎百匹。唐树义不愿隐瞒，遂以实情上奏。当得知这副寿联为唐树义的好友、秀才王柏心所作时，道光皇帝不仅赏赐给王柏心两枚治印用的鸡血石，还特地让唐树义转告旨意：希望他努力上进，将来为国效力。从此，王柏心便名闻天下了。

王柏心不仅撰写的对联在地方上享有盛名，而且颇喜欢绘画，善于画兰、竹、梅，尤以所绘之幽兰最为有名，成为当时绅民的争抢之物。

一日，族兄鸿轩来求，王柏心遂为之绘画一幅，并题诗（《咏兰》）云：“自有仙根异，休同众卉看。临风搴作佩，珍重即琅玕。——鸿轩三兄大人正之，子寿王柏心。”②由此，亦可见出王柏心的崇尚。

---

① 此副对联尚有另一个版本：“顺天主，康民物，雍容其度，乾健其体，嘉慧普群生，道统绍羲农舜尧；治功懋，熙绩淳，正直在朝，隆平在野，庆云辉五色，光华夺日月星辰。”见《对联（传说故事）》2007 年第 11 期所载之经言祥《一联扬名的王柏心》。

② 王柏心：《百柱堂全集》补遗三，《百柱堂全集》，崇文书局 2008 年版，第 1597 页。

王柏心绘画的爱好保持了数十年。譬如，道光二十九年（1849 年）的春、夏间，因连降大雨，湖北松滋的高家套、监利的下车湾境内的长江决口，造成严重的灾情。一时间，地方上物价飞涨，哀鸿遍野。王柏心见状，十分心痛，不仅将自己刑部主事的俸禄百十担米拿出来平价出售，抑压米价；又精心绘画了不少兰草和梅、竹，让学生聂定焜、李桓等人拿到荆州城去义卖，想尽一切办法帮助抗洪赈灾，还给好友、时任湖北布政使兼署湖北巡抚的唐树义写了《上唐子方抚军书》①，为好友安民救灾提出建议。可见在关键的时候，王柏心的爱好还发挥了重要作用。

又比如，王柏心在其去世的当天晚上，还应友朋之请，“作书、画大小数十幅”②——自然，这些都是后话。

道光十一年（1831 年）春，经湖北布政使林则徐的推荐，王柏心又成了著名学府——荆南书院的一名教师，与姚春木、蒋琦龄、张启鹏等名师同事，并很快成为挚友。

在荆南书院任教期间，王柏心仍然采取一边教授学生，一边自学深造的方式生活。空闲之时，他常去向姚春木、蒋琦龄、张启鹏等好友请教，与他们相互讨论、相互切磋学问，学业上提升很快。

尽管王柏心满腹经纶，尽管同事、学生、乡人都称赞他有学问，尽管他的不少学生一个个都考取了举人，有的还中了进士，可王柏心一次次走进考场，却一次次名落孙山，实在是造化弄人！

第三节　漫游——丰富人生阅历

虽然历经乡试落第的打击，但王柏心并没有因此而气馁。他坚信，凭借自己的出众才华，总有一天自己的愿望是会实现的。通过乡试的挫折，也使王柏心更加清醒地认识到：只要进一步丰富自己的学识，拓展自己的视野，使自己变得足够强大，到时就会自然顺利地跃然而出。于是，他开始走出江陵，前往大西北漫游，或给各地方大吏当幕僚，以丰富自己的人生阅历。

---

① 王柏心:《百柱堂全集·书》卷三十七,《百柱堂全集》,崇文书局 2008 年版,第 1077～1079 页。

② 唐炯:《百柱堂全集·叙》,《百柱堂全集》附录六,《百柱堂全集》,崇文书局 2008 年版,第 1549 页。

道光六年（1826年）春，王柏心告别友朋，安顿好家中和村塾（此时王柏心尚在村塾任教）的相关事宜，第一次独自一人出关至凉州[①]一带漫游，饱览祖国的大好河山，仔细考察西北的山川形势，直至第二年初才又回到邹码头村塾继续任教。

道光十六年（1836年）的春夏之交，王柏心应挚友、甘肃巩昌知府、署理道员唐树义的诚挚邀请，辞去书院教职（此时他在荆南书院执教），再次出关，赴巩昌府进入唐树义的幕府为幕僚。

王柏心一路观赏自然风光，一路考察山河形势，经过大半年的辛苦跋涉，终于在是年年底抵达陇右唐树义的巩昌府。巩昌府坐落在巩昌镇，而巩昌镇位于陇西县城区，渭河的上游，是历代郡、州、府的所在地，为古代丝绸之路上的经济文化重镇之一，更是历代官府的边防重地。

虽然王柏心是一位幕僚，但在唐树义的幕府中，王柏心要做的事不是太多，有大量空余的时间供他自己支配。于是，他趁机自巩昌至秦中、关中、长安，随又渡渭水，过咸阳，出大峪，至邠州，再往泾州、平凉；又登六盘山，上青岚山，至安定而返。一路上，王柏心不仅饱览了巩昌周边的边塞风光，而且再一次认真考察了大西北的山川形势。

在陇右期间，王柏心有时间、有精力进一步思考自己长期以来所思考的一些重要问题，终于完成了他的重要著作《枢言》。《枢言》是一部政论著作，计有《审宜》、《旌意》、《责实》、《修约》、《核才》、《广议》、《择吏》、《寓政》、《禁末》、《导俗》、《王言》、《正谀》、《学誉》、《疑信》、《量交》、《辨言》十六篇[②]。其主旨是论述当政者应该如何因时、因人而异，广纳良言，不拘一格使用人才。

唐树义阅读后，既惊又喜，赞叹不已，甚是佩服老友忧怀天下的境界和通晓古今、博学多识的才华，当即出资将其刊行，并驰书将其推荐给湖广总督林则徐。

道光十八年（1838年）初夏，王柏心因思念亲人，遂告别盛情挽留的挚友唐树义，经过长途跋涉，终于抵达湖北省城武昌（夏口）。在武昌，王柏心遵照挚友唐树义的叮嘱，前往湖广总督府拜谒了总督林则徐。早在七年前，

---

① 凉州：又名雍州、侠都、雍都、凉都，古称“雍州”、“姑臧”，又称“雍凉之都”，简称“雍凉”，即今甘肃省武威市。

② 王柏心：《百柱堂全集·枢言》卷三十，《百柱堂全集》，崇文书局2008年版，第883～903页。

林则徐在担任湖北布政使时就十分欣赏王柏心的才学，曾将他推荐至荆南书院任教。如今阅读了他撰写的《枢言》一书后，对他的学识、才华更是赞赏有加。于是，他将王柏心留在总督府任西席，教授自己的两个儿子。

林则徐是一位极有责任心且颇有建树的封疆大吏，每天都很忙，平时在家的时间不多。大儿子林汝舟①是王柏心荆南书院的学生，已考取进士，并被选为庶吉士。家中的第二子林聪彝②和第三子林拱枢③，正是读书求学的年龄。

在总督府，王柏心的主要工作就是教授林聪彝、林拱枢两位公子读书。每当林则徐空闲的时候，便请王柏心陪他讨论诗文、评点人物、议论时政。林则徐通过与王柏心的交谈，从中时受启发；王柏心通过与林则徐的相处，更是学到了不少为官处世的知识。

只是好景不长，这一年的九月间，林则徐奉命进京觐见，讨论禁烟问题。王柏心便辞去馆席赴嘉州（今四川省乐山市），应邀前往拜访时任四川成绵龙茂道道台兼署四川布政使的前辈文学家、好友李宗传。

这一年的十月，前辈好友李宗传④擢升山东按察使，即将赴鲁就任，王

① 林汝舟(1814—1861)，字镜枫，号楫之。侯官(今福州市)人。林则徐长子。道光十六年(1836年)举人。十八年(1838年)中进士，选庶吉士，散馆授翰林院编修。林则徐谪戍伊犁，因系在职官员，不能随侍前往。林则徐逝世后，擢升为翰林院侍读学士。后因病早逝。

② 林聪彝(1824—1878)，号听孙。侯官(今福州市)人。林则徐次子。道光二十一年(1841年)，林则徐谪戍伊犁，与弟拱枢随侍前往。林则徐逝世后，以郡庠生赏举人、补内阁中书。后历任六部主事、衢州知府、浙江候补道、署浙江按察使、杭嘉湖海防兵备道等职。光绪四年(1878年)病逝家中。著有《西行日记》。

③ 林拱枢(1827—1880)，字心北。侯官(今福州市)人。林则徐第三子。道光二十一年(1841年)，林则徐谪戍伊犁，与兄聪彝随侍前往。林则徐逝世后，以县学生赏举人、补内阁中书。后历任刑部坐办、主事、员外郎、湖广司郎中、江南道监察御史、广西道员、兵科掌印给事中、京畿道、山西道、河南道监察御史、汾州知府等职。后因病辞官，逝于家中。

④ 李宗传(1767—1840)，字孝曾，号海帆。安徽桐城人。少时曾拜姚鼐为师，学习古文。嘉庆三年(1798年)举人。后以大挑走上仕途，历官浙江丽水、平湖、瑞安、建德、平阳、上虞等县知县，因功以知府用，擢浙江督粮道。道光六年(1826年)，调湖南永州知府。十年(1830年)后，擢四川成绵龙茂道道台，兼署四川盐茶道、四川布政使。十八年(1838年)，因镇压少数民族起义有功，授山东按察使，随即迁升湖北布政使。次年，以病辞归。二十年(1840年)，病逝家乡。工诗文。著有《寄鸿堂文集》四卷、《寄鸿堂诗集》八卷、《寄鸿堂外集》六卷、《笔记》十二卷等。

柏心遂应前辈好友、陕甘学政罗文俊[1]之邀，由嘉州前往西安，入其幕府。

在前往西安的途中，王柏心曾顺道游览了风景名胜之地四川峨眉。因此次外出时间颇长，王柏心放心不下家中的事情和怀念友朋，便于次年春辞幕南归。

王柏心通过这些年对秦陇、川陕地区的游览、考察，不仅丰富了自己的阅历，开阔了自己的眼界，而且对我国大西北的山河形势、地方局势和风土民情了然于心，这就为他日后给各地方大吏出谋划策、规划方略打下了坚实的基础。

① 罗文俊(1789—1850)，字泰瞻，号萝村。广东南海南庄(今佛山市禅城区南庄镇)人。早年曾师从著名学者黄培芳。道光二年(1822年)，中第三名进士，即探花，授翰林院编修。后历官左春坊左庶子、翰林院侍讲学士、山西学政、陕甘学政、山东学政、翰林院侍读学士、浙江学政、通政司副使、詹事府詹事等职，累官至内阁学士兼礼部侍郎，又署工部左侍郎、右侍郎。晚年，以病辞归故里；不久，病逝家乡。工古文，善绘画。著有《绿萝书屋文集》、《罗萝村文稿》、《艺兰记》等。

第三章　短暂的仕宦生涯

在中国封建社会里，读书人皆以中举人、取进士、选翰林，走上仕途，并凭借自己的聪明才智而步步高升，出将入相，大展宏图，建功社稷，造福乡里，以光宗耀祖为人生的最高理想。即使不能实现自己出将入相、建立丰功伟业的理想，就是在官场“混”个几十年，如果不遭遇大的挫折，也能“混”出一个四品、三品的高官。然而，像王柏心这样经过数十年的拼搏，历经千辛万苦，才获得今日的功成名就，正可施展才华，向着人生最高理想迈进之时，却毅然选择退出政界，回归乡里执教育才的人，实在是不太多见。

第一节　鱼跃龙门

在我国的明清时期，读书人要想进入仕途，主要有以下几种途径：

一是读书人始终坚持走科举之路，取秀才，考举人，中进士，正常进入仕途（其中部分更优秀者还可选庶吉士，入翰林院深造三年，然后再进入仕途），这被称作入仕为官的正途，且前途不可限量，亦最为读书人所推崇。

二是考取举人后，多次参加会试不第，又不愿意再继续应试，则可通过大挑①的形式走上仕途。不过，凡这种情形的为官者，大多数人的发展、前途皆有限。

三是弃文从武，以军功走上仕途，其发展前途视社会、时局的变化及个人的才识而定：社会、时局安定而又才识平平，则其发展前途有限；如果社会、时局动荡而又有才识，则其发展前途亦不可限量。

---

① 大挑：清乾隆十七年(1752 年)制定的一种科举考试制度，即凡参加会试四科[嘉庆五年(1800 年)改为三科]未考取进士的举人，可参加吏部组织的考选而走上仕途：一等以知县用，二等以教职用。“大挑”每六年举行一次，意在使举人出身的士人有一个晋身为官的机会。

四是朝廷重臣、封疆大吏去世后，皇帝为体恤功臣，收买人心，赐予其子弟以举人或进士的身份，或直接赐予几品官衔而走上仕途者。此类人员中亦有部分做到高官者。

五是一些殷实富裕之家不愿久历科场浪费时间，遂向国家捐献，从而为自己或后人“买”得一官半职（视捐献多寡而官品有差）而走上仕途。此类入仕者做到高官者亦不是太多。

另外还有一种途径，即一些耆宿鸿儒、饱学多识之士，或自幼不喜科举而确有才，或满腹经纶却累试不第者，则可通过朝中大臣或地方大吏的保荐，并得到皇上的赏识而赐给一官半职，从此走上仕途。这种方式被称为“干禄”。

长期困顿科场的现实，一度使王柏心也产生了放弃科举正途，另外寻求其他方式进入仕途的想法。

道光二十一年（1841 年）的暮冬，王柏心满怀理想，怀揣所著之《枢言》及其诗文，请假（时在荆南书院任教）赴京城寻求“干禄”。他希望自己能像过去读书人常采用的那种办法，即通过活动朝中大臣，并得到他们的保荐，请求他们将自己的著作（如《枢言》）呈递给皇上，得到皇上的赏识，从而得到一官半职，走上仕途，以实现自己的政治抱负。

然而，事与愿违。直到第二年的初冬，王柏心在京城辛辛苦苦奔波、活动了大半年，却毫无结果，只得愤然离京返回南郡，继续任教。

京城“干禄”之行的失败，让王柏心看清楚和想明白了许多事情，并下定决心，还是要凭借自己的实力、才学，通过科举正途的考试取得功名而走上仕途。

为了方便自己参加下一次的乡试，王柏心辞去荆南书院的教职，应邀于道光二十三年（1843 年）年初来到江夏书院执教。他一边教书，一边认真准备今年秋天将举行的考试。

为表示自己的决心，也为激励、鞭策自己，王柏心还相继撰写了《广箴赋》、《闵习赋》①、《汲黯严助终军王褒张敞赞》②与《杜延年》、《公孙

① 王柏心:《百柱堂全集·赋》卷三十一,《百柱堂全集》,崇文书局 2008 年版,第 920、921 页。

② 王柏心:《百柱堂全集·赞　颂　铭》卷四十四,《百柱堂全集》,崇文书局 2008 年版,第 1288～1290 页。

宏》①等史论文章，时刻警醒自己。

道光二十三年（1843 年）的八月，王柏心再一次来到省城武昌（即夏口），第十一次走进试院，参加朝廷今年统一举行的乡试。

“乡试”与以往的县试、府试和院试有很大的不同：“乡试”要考三场，每场进出三天，每场考完出场休息几天后，再进场进行下一场的考试，三场考完后等待十天半月才会有结果。而考试的内容，第一场考三篇八股文（其题目在《论语》、《中庸》、《孟子》中各出一题）和一首试帖诗（五言八韵或七言八韵），第二场考试五经（亦写八股文），第三场考试一篇“策论”。

真是应了前人所谓“功夫不负有心人”、“是金子，总会发光的”俗话！考试结果公布：王柏心终于凭借自己的实力、才学，鱼跃龙门，被录取为第十一名举人。

第二节 科场联捷

如果有人以为参加乡试、考取举人并不是那么难的事情，那就大错特错了！

要知道，按照明清封建科举制度的规定，乡试每三年在京城以及各省的省城举行一次，一般是在子、卯、午、酉年举行。又因其考试时间通常在农历的八月举行，因此乡试又名“秋闱”。其考官由皇帝任命在京的翰林和进士出身的各部院官员二人（正、副主考）担任。另有阅卷官若干人，则在全省科举出身的官员中选调。乡试通过（录取）的考生称为“举人”，考取第一名的考生又称为“解元”。如遇朝廷有重大喜庆（如新皇登基、皇帝成亲、太后万寿、皇后加冕等），可另行加试，则不在三年规定之内，称为“恩科”。

而每科考试所分配的名额，每省一般在五六十名，南方文化发达的大省也就六七十名或七八十名，那些边远的、文化落后的省份则仅二三十名或三四十名，全国每科录取名额最多的江南省，也仅一百名左右。各省参加考试的秀才则有几百人或者上千人甚至几千人不等，真可谓千军万马过独木桥！

---

① 王柏心：《百柱堂全集·杂著》卷四十六，《百柱堂全集》，崇文书局 2008 年版，第 1335～1337 页。

考中举人，即取得了前往京都参加朝廷规定的会试的身份；就是几次参加会试未能取中，也具备了做官的资格。

对于王柏心来说，考中举人，可算得上是由山鸡变凤凰，成为他人生的一大转折：想继续走科举之路，便可参加此后朝廷举行的会试，中进士而走上仕途；若不想继续走科举之路，则可再熬上几年，通过“大挑”而走上仕途。即使不想做官，有了举人的身份，想谋一个比较好的教职自然不在话下；就是居家，在地方上亦是受人尊敬的士绅阶层。

王家在螺山镇是大户人家，在时隔近八十年后又有人考中举人①，可说是件大喜事。因此，阖府上下喜气洋洋，百柱堂前结灯挂彩，大摆宴席，款待四面八方前来到道贺的宾客。

在迎来送往忙过好一阵后，王柏心开始静下心来，将自己丁酉年（1837年）至癸卯年（1843年）所作之诗歌，汇编成集，名《子寿诗钞》，由前辈好友、汉黄德道道台陶梁出资、作序，刊刻行世。

诗集整理、刊印完成后，王柏心便开始安排家中的一应事务，为自己今年年底或明年年初北上赴京参加会试做准备。

说到会试，那可是国家选拔人才的一件大事情。

按照明清封建科举制度的规定：每科乡试的第二年春天，各行省取中的举人一般都须进京参与会试，也就是“考进士”——会试也是每三年在京城举行一次，也就是在丑，辰，未，戌年举行。而这些进京参考者的旅费由政府发给，称为“公车”。会试由礼部所主持，在京城的贡院举行，故又称作“礼部试”。因其考试一般在春天举行（乾隆之前在二月举行，乾隆时改在三月举行，晚清时常于四月举行），故又称之为“春闱”。会试的主考官（称为“总裁”）有四人，一正、三副，由皇帝钦命内阁大学士或六部尚书充任，另有十八名同考官（多的时候增至二十名），大多由翰林院的翰林充任。“会试”被录取的人，称为“贡士”，第一名称之为“会元”。

新录取的“贡士”，在“殿试”之前还必须进行一次复试；其结果按考试成绩分为一、二、三等，这个等级对于每位录取者以后授予官职有重要的关系。

根据明清封建科举考试的惯例，“会试”（或称“礼部试”、“春闱”）同“乡试”一样，要进行三处考试，是淘汰考试，至关重要，它决定着应试者的命运；“复试”和“殿试”以及紧接殿试之后的“朝考”，都不

① 王柏心的曾祖父王秉道于清乾隆三十年(1765年)中湖北乡试副榜。

再淘汰，只是根据考试的成绩，将应试者分成三个等次（即“三甲”）授予相应的官职。

“殿试”亦称“廷试”，一般在四月中下旬举行，名义上由皇帝亲自主持。考试的题目亦由皇帝钦定（实由阅卷大臣事先拟好一些题目，再由皇上在其中御笔画圈确定一题而已）。此外还要任命阅卷大臣，读卷大臣，协助皇帝评阅试卷。明清两朝的殿试都只考策问一场，不再考试八股文。殿试的结果分为三甲：一甲只取前三名，赐进士及第，第一名称“状元”（亦称“殿元”）、第二名称“榜眼”、第三名称“探花”，合称“三鼎甲”；二甲取若干名，赐进士出身，第一名称为“传胪”；三甲取若干人，赐同进士出身。凡录取在一，二，三甲的都泛称“进士”，中了“进士”，功名也就到了尽头。

在清代，每科所取名额自百名至四百余名不等（最少的一次九十六名，最多的一次四百零六名）。若乡试有“恩科”，则次年也举行会试，称“会试恩科”。

按照清朝封建科举制度的规定，“贡士”在经过殿试取得“进士”出身以后，还要再应一次殿廷的考试。朝廷照样委派大臣阅卷，称为“朝考”。殿试的状元、榜眼、探花已经授职（“状元”授职修撰，从六品；“榜眼”和“探花”授职编修，正七品），故不再参加此次朝考。朝考的第一名叫作“朝元”。朝考结束后，根据每位进士考试的成绩，结合复试及殿试的名次，由皇帝（实际由吏部）分别决定应授予其何种官职：最优者被选为庶吉士，入翰林院①再学习三年；其次者分六部以京官任用，又其次者分各省以知县任用，再次者以教官任用。

“翰林院”是国家的养才储望之所，平时负责修书、撰史，为皇帝起草诏书，为皇室成员侍读，担任科举考官等事宜。在中国古代，尤其是在明清时期，进士不入翰林院，今后就没有机会入阁，不能入阁，就做不了宰相。因此，“翰林”是成为阁老重臣及封疆大吏的踏脚石。

道光二十四年（1844 年）的正月中旬，王柏心陪父母一过完年，就自汉上出发，赴京城参加当年朝廷举行的会试。

三月上中旬，会试如期举行。俗话说：“好事成双”，“好运连连”，真是一点不假！会试结束，皇榜公示：王柏心中式为第一百九十四名

① 在中国古代，尤其是明清时期，如果进士进不了翰林院，今后的发展就会受到限制，就入不了阁，做不成重臣（如宰相、副宰相或后来的军机大臣）。

贡士。

四月下旬，殿试结束，王柏心被取为二甲第二十名进士；“朝考”过后，王柏心被签分至刑部，以主事候补录用。

第三节　为官京师

自道光二十四年（1844 年）的五月起，王柏心正式成为了清政府刑部广西司的一名候补主事。

所谓“候补主事”，是指那些只具有“主事”的空衔、名号，而没有“主事”实职（位子）、实权的官员。这类官员平时在部里只是打打杂，没有多少具体事情可做，自然薪酬也较少。部里偶尔有突发事件出现，就会安排这类官员去负责处理。就这样在部里等候“实缺”的出现，快的半年，一般要等上个一年、两年，或三年、四年，有的甚至要等上五年、六年，或更长时间（原因很简单，官员太多而位子太少，这还不包括“有关系”者的插队），直到原来在某个位子的官员升迁了或被调走了，经过吏部的正式任命，这类官员才算候补结束，名正言顺地成为刑部的实职主事。

好在王柏心自来京参加会试起，至签分到刑部任候补主事以后，不仅相继结识了李杭、王家璧、冯誉骥、边袖石、陈廷经、刘熙载、刘振辰、黄彭年、龚自闳、聂光銮、李映棻、魏源等同年，而且还先后结识了户部郎中汤鹏、爱国诗人张际亮、监察御史朱琦、户部郎中梅曾亮、文渊阁检阅叶名澧、户部主事王拯、宫允（负责太子事务的官员）郭夔臣和曾国藩、工部主事戴炯孙、给事中陈庆镛、内阁中书孔宪彝、侍读学士朱凤标以及庶吉士孙鼎臣、举人郭嵩焘与周寿昌等一大批朋友。他们这些人不仅是朝廷命官或已具备了为官的资格，而且是当时著名的古文家、诗人或文学家、学者。他们平日要做的事情也不多，有大量的时间东迎西邀、南来北往、游览名胜、宴集应酬、赠答酬和；王柏心自从与他们结识后，日子过得倒是挺自在悠闲，轻松愉快。

也就是在这一段时间里，王柏心的才华再一次得到充分的展示——他创作了大量为友朋所推崇的诗文作品。

正是由于自己平时要做的事情不多，有足够的时间来考虑自己以前还没有想明白的问题，有足够的时间来做自己以前想做而没时间做的事情。于是，王柏心在与友朋交往、应酬之余，又完成了他的《续枢言》一书。

《续枢言》包括“君臣”、“信臣”、“明是”、“官才”（上）、“官才”（下）、“谋备”、“七蠹”、“防侈”、“纠慢”，共九篇①。其中的部分篇章是对《枢言》所持观点的继续阐发，更多的则是根据鸦片战争后时局急剧变化的形势而作，现实针对性甚强。正如现当代著名学者张舜徽所说：“盖柏心之学以致用为归，所著书如《枢言》上、下卷，尤究极古今治体，非拘墟之士所能为。”②

如果王柏心是出身在一个殷实富裕之家，处于眼下的境况，自然不会放在心上，可以继续待在京城熬年头、熬资历，慢慢等待升迁。

然而，王家在螺山是一个大家族，王柏心家这一支派也人口众多，经济上本来就不是那么富裕，平时都要靠王柏心的收入来维持，而王柏心眼下在京城尚无实职，收入微薄，应酬也颇多，往往顾了自己就很难多接济家里，接济了家里自己就捉襟见肘。像这种迎来送往、宴集酬和的日子一长，王柏心便感到颇不适应。尤其是在节假日里，别人在京城都是有家有口的，能与亲人在一起，其乐融融，而他只是孤单一人，冷冷清清，越是在这种时候，便越是思念故乡和亲人。

渐渐地，王柏心萌生了退隐归乡、继续干自己的老本行——执教授徒的想法。

在春节前后的这段频繁的迎来送往、宴集酬和、酬赠应答的日子里，现实生活迫使王柏心不得不认真、仔细地考虑自己的去留问题。经过深入分析、反复考量，王柏心更加坚定了自己退隐归乡的想法。

好友们不太理解王柏心的想法和决定，王柏心在赠送给同乡好友郭夔臣的《叠前韵酬夔臣宫允属将乞归因忆告别》一诗中就将自己辞官归乡的真正原因说得很清楚：

……我方困法曹，低头诵城旦。棰楚列阶庭，文书堆几案。法密九牛毛，目精欲瞀乱。退食恒发惭，兼旬忘栉盥。归思如春潮，入夜不能缓。方当理桂纶，其鱼柳可贯。不然叱黄犊，筋力亦未偄。

促使王柏心下决心辞官归乡的原因，除了家庭困难之外，更为重要的是：几十年来，王柏心过惯了那种草堂读书、螺洲垂钓，或堂上授课、堂下切磋的无拘无束、自由自在的生活；如今突然静下来，过着成天面对满屋伤人刑具和满桌法律文书的刻板、毫无生气的日子，他实在是不习惯，也接受

① 王柏心：《百柱堂全集·续枢言》卷三十，《百柱堂全集》，崇文书局2008年版，第903～919页。

② 张舜徽：《清人文集别录（下册）》卷十八，中华书局1963年版，第507页。

不了。

道光二十五年（1845 年）四月上旬，王柏心以父母年迈、子女幼小需要自己回家照料为由，毅然正式向刑部呈书请假，告别与自己一起度过一段美好时光的诸位好友，迎着初夏的艳阳，驱车出京，南下归里。

第四章　桃李芬芳满天下

在王柏心人生旅途的七十五个春秋里，自嘉庆二十四年（1819 年）在邹码头村塾初为人师起，随后于道光十一年（1831 年）进入荆南书院执教，直至其同治十二年（1873 年）离开人世，其间除短暂几年的漫游、入幕、为官和编志的时间之外，一直都在执掌教鞭，“以其诗文启诱后进才俊，见人一技之长，誉之不容口，推毂而策励之，必使有所兴发，以成其善”①。数十年间，为社会、为国家培养了大批人才，真可谓桃李满天下。其中，与王柏心关系最为密切、表现最为突出的弟子有彭崧毓、李桓、唐炯、聂定焜等人。

第一节　王柏心与彭崧毓

彭崧毓是王柏心荆南书院早期的学生。他只小王柏心几岁，平日里与王柏心可谓亦师亦友，两人相交往还达四十余年。

彭崧毓（1803—1880），字于蕃，号渔帆，又号稚宜、镂孙。湖北江夏（今武汉市江夏区）人。道光十二年（1832 年）举人。十五年（1835 年）中进士，选庶吉士，散馆授知县，分发襄阳府为官。

道光十九年（1939 年）十一月间，彭崧毓得知老师已辞幕回到南郡，曾致函问候；王柏心收到弟子信函，遂作《得彭稚宜明府襄阳书却寄》（二首）②寄赠致谢：

暂得郎官宿，曾紬太史书。麻衣变莱彩，花县渺潘舆。八口无黔突，三边少敝庐。传闻近留滞，却效鹿门居。

君到隆中宅，登临正落晖。云山龙自卧，日月鸟同飞。羊杜名俱

① 郭嵩焘：《王子寿先生墓志铭》，《郭嵩焘诗文集·文集》卷二十一，岳麓书社 1984 年版，第 450 页。

② 王柏心：《百柱堂全集·诗》卷六，《百柱堂全集》，崇文书局 2008 年版，第 103 页。

寂，萧梁迹已非。苍茫何限意，望古一沾衣。

道光二十八年（1848 年）十一月间，已官云南永昌府知府的弟子彭崧毓，奉诏进京觐见，途经南郡，特至荆南书院看望老师。其间，曾恳请老师为自己已故几年的妻子饶氏[①]撰写墓志。王柏心嘉其贤淑，遂作《彭宜人墓志铭》以赠[②]。

次年春，弟子、好友彭崧毓进京觐见后，奉命仍回云南永昌知府本任，途经南郡时，又至荆南书院与老师相聚，并与老师话别。王柏心不仅应邀为其新编撰之《缅述》一书作序，成《缅述序》相赠[③]；而且还作有七言长篇歌行《彭大夫行赠于蕃太守》[④]为之送行：

四十专城彭大夫，朝天五马行天衢。九门挥鞭走蹀躞，春花烂漫开皇都。大夫昔为柱下史，翩然飞舄万余里。六诏山川何阻深，舆诵蒸蒸夹道起。西南铁壁森雄关，哀牢塞外通诸蛮。犀珠象贝走内地，大夫佐郡当其间。金齿奸氓反覆久，被檄陈师掎贼后。远夷使者前叩关，颇讶登陴盛兵守。大夫潭潭府中坐，使者再拜谒庭左。遣白若王毋震惊，但诛乱民戒乐祸。夷王詟伏天朝威，旋闻露布军中驰。大夫吏能信精敏，岂意筹略符兵机。幕府腾章进阙下，书生自致功名奇。计簿入奏朝明光，赐金加秩褒循良。归来重渡西洱河，碧鸡金马凌嵯峨。唐韦皋、汉朱辅，男儿立勋动明主，唐蒙通道何足数？

咸丰元年（1851 年）仲夏，仍在云南永昌任知府的彭崧毓，奉旨入京觐见，途经南郡，特暂作停留，上岸拜访、看望老师。王柏心甚是高兴，乃作《于蕃太守自滇入觐道过郢门重得邂逅》一诗[⑤]相赠：

隔岁仍从洱海来，荆南重遇暂衔杯。疮痍涕泪嗟兵气，人物艰难数将才。作郡独当千里寄，朝天遥望五云开。看君树绩宜方镇，宠命行膺节钺回。

---

① 彭崧毓的夫人去世于道光二十六年(1846 年)。

② 王柏心:《百柱堂全集·墓志铭》卷四十三,《百柱堂全集》,崇文书局 2008 年版,第 1279～1281 页。

③ 王柏心:《百柱堂全集·序》卷三十三,《百柱堂全集》,崇文书局 2008 年版,第 951～953 页。

④ 王柏心:《百柱堂全集·诗》卷十二,《百柱堂全集》,崇文书局 2008 年版,第 246 页。

⑤ 王柏心:《百柱堂全集·诗》卷十三,《百柱堂全集》,崇文书局 2008 年版,第 272 页。

此次的师生相见，正值世乱之时，颇不容易，故王柏心不仅写诗纪其事，表达自己的兴奋之情；而且在诗中对弟子给予厚望，希望他能不负皇恩，为朝廷建功立业。

次年的十月，太平军的来势甚凶，王柏心不知弟子彭崧毓的近况如何，颇为挂念，乃作《寄于蕃太守永昌》（二首）①寄赠问候：

褰帷万里渡澜沧，绝徼西南总职方。骠国新声唐乐部，哀牢故塞汉夷王。宣风合遣乘骢马，美政曾传下凤凰。圣主选贤崇治理，征除公辅必才良。

昨岁心惊岭峤氛，酒边涕泪独逢君。横流此日忧方大，曲突当时计未闻。千里传烽皆赤燧，七重围轸尽苍云。戒严荆鄂经三月，两地愁连故里枌。

咸丰九年（1859 年），弟子彭崧毓利用政务之余，花费数年时间，将其师蒋沄②的遗诗汇集、整理成册，交付梓人刊刻；又驰书南郡，请恩师为该集赐序。 王柏心既很赞赏蒋沄的人品和诗品，又很赞赏弟子不忘师恩的做法，乃欣然为之作《蒋秋舫先生诗序》③寄赠。

同治元年（1862 年）二月间，彭崧毓曾有书函寄赠问候老师，并有近作寄示；王柏心乃作《沙津舟次答于蕃观察见赠之作》（三首）④回赠。

同年的七月间，弟子彭于蕃自云南寄示其撰写的《代草谕滇檄》一文征求意见；王柏心阅后颇为满意，遂作五言律诗《于蕃观察寄示代草谕滇檄率题其后》一首⑤寄赠，表达其赞赏之意：

行营师未发，幕府檄先传。霆震群迷夜，氛消六诏天。铸标遵旧约，卖剑事春田。一纸平蛮触，功居血战先。

同治二年（1863 年）冬，弟子彭崧毓见战争形势的发展明显有利于朝

---

① 王柏心：《百柱堂全集·诗》卷十四，《百柱堂全集》，崇文书局 2008 年版，第 291 页。

② 蒋沄，生卒年不详，字季云，一作季沄，号秋舫。浙江平湖人。嘉庆十三年（1808 年）举人。道光二年（1822 年）始，历任湖北建始、通山、通城知县。工诗。著有《秋舫诗钞》。

③ 王柏心：《百柱堂全集·序》卷三十五，《百柱堂全集》，崇文书局 2008 年版，第 1043～1044 页。

④ 王柏心：《百柱堂全集·诗》卷二十一，《百柱堂全集》，崇文书局 2008 年版，第 571 页。

⑤ 王柏心：《百柱堂全集·诗》卷二十二，《百柱堂全集》，崇文书局 2008 年版，第 580 页。

廷和清军，曾自云南致函王柏心，请教处理滇事的办法；王柏心收到弟子信函后，觉得这是一个颇为重要的问题，遂立即写了《与彭于蕃书·言区处滇事》①寄赠，阐明了自己对处理滇事的一些看法，供弟子参考：

滇疆大局，纷乱如麻，苦难措手，归来思之累日，与尊见略同。入竟之后，第可陈兵，以张威势。而劝石翁先驻师曲靖，借讯问秦抚被戕事为名，追集左证，以计诱致何氏父子，即军中斩之，余置不问。急举兵抵昆明，出其不意，下赦檄，解散其党，他练皆不敢动矣。重劾某中丞，逮系送都论罪，以谢吏民。然后檄谕回民，退出城池，交还坑井，为置官画界，各安生业。敢有构衅及跋扈者，即引军诛灭之。群回必听令。似此或可不烦兵而下，惟善后颇不易耳。请持愚议，转送石翁览之。

“扬汤止沸，不如去薪灭火”，“不战而屈人之兵”，斯古人所高也。偶忆唐温造诛兴元乱军，及宋余玠诛悍将王夔事，似可仿之，以诛二何。舟中未携史册，别纸录出，聊备览焉。

此后的近十年时间里，王柏心与弟子彭崧毓之间肯定还会有不少书信、诗文往来，只是由于战乱等诸多的原因，没能保存下来，实在是可惜。

同治十二年五月十三日（1873 年 6 月 7 日）晚，王柏心在荆南书院去世。彭崧毓得到消息，立即请假专程赶赴螺山为老师吊丧；又约同聂定焜、张炳堃、王加敏、张荫桓、但陪良、胡凤丹等师弟和老师生前挚友，在武昌（即夏口）正觉寺中设位，为王柏心举行了隆重的祭奠仪式，并担任主祭，诵读了自己专门为恩师所写的《祭监利王先生文》②：

同治癸酉五月十三日，皇清诰授奉直大夫刑部主事王公子寿先生卒于荆州讲舍，其门人聂定焜驰书以告其友。江夏彭松毓约同平湖张炳坤、山阴王加敏、永康胡凤丹、南海张荫桓、广顺但培良，择于月之晦日，设位于正觉寺中，谨以瓣香樽酒，致祭于先生之灵曰：呜呼。先生江汉钟英，荆山挺秀，早擅乡誉，蔚为国华。声闻达于四方，文章动乎九陛。同治初元应诏言事，仰蒙嘉纳。一朝陨谢，千里告哀。吾侪有心，能无怆悼？

① 王柏心：《百柱堂全集·书》卷三十八，《百柱堂全集》，崇文书局 2008 年版，第 1145～1146 页。

② 彭崧毓：《百柱堂全集》附录一，《百柱堂全集》，崇文书局 2008 年版，第 1436～1437 页。

呜呼。先生天下才也，非一乡、一国之士也。而吾楚之人物盛衰，亦于此略可以见焉。昔者张江陵、杨应山、贺文忠、熊襄愍敻乎尚已，即近代如帅仙舟、蒋丹林、叶云素诸老宿，予生也晚，有及见，有不及见，而犹获久交于先生，斯亦吾生之幸也。而今已矣！过此以往，后起者未必无人，然或数十年、或百年始亦有之，而予不复见矣，悲夫！

呜呼。当咸丰朝，盗贼蜂起，海内鼎沸，流毒数千里，扰攘十数年，先生身不在行间，智周于天下，出谋发虑，每烛几先，一时将帅诸公往往飞书求策，而世人未之知也。且夫诸公非蔽贤也，胡为不荐之于朝，致之于位而湮没其绩？则以善体先生之心，而不欲相强也。先生道光中释褐通籍，观刑政曹，不一年而乞养归。时太夫人春秋高，捧杖扶舆，跬步不违。始避难于山谷，继养志于丘园，歌咏陔华，终身忻乐。否则绝裾奋袂，揽辔登车，志在澄清，功垂竹帛，古之人有行之者，先生何多让哉？然而孝子不叱驭于危坂，贞士不受缚于堂航，先生之高，盖贤母有以成之也。太夫人既没，先生之心伤矣，而比岁复有才子之厄，孝妇之殉，五中惨裂，何以解忧？此其所以形神交瘁，而临卒大呼心痛也！呜呼哀哉！去岁期以九月来省城，不果；今年复期以二月，又不果来。以吾辈契分之深，乃多谋一面而不可得。天下事尚何足希幸哉！

先生既辞书院讲席，不复出，而当事必强之，故三月仍至荆南。易箦之顷，骨肉无一人在侧。呜呼哀哉！虽然圣人有言：“与其死于臣之手也，无宁死于二三子之手乎。”启手启足，全受全归，先生又何憾乎？尚飨！

彭崧毓的这篇祭文虽不长，却高度概括了王柏心一生的事迹、功业与成就，而且言简意赅，情真意切，充分表达了弟子和友朋们的悲痛和哀思之情。

第二节　王柏心与李桓

李桓是王柏心道光（1821—1850）后期荆南书院的学生，也是与王柏心关系最为密切的弟子之一。

李桓（1827—1892），字叔虎，号黼堂。湖南湘阴人。王柏心好友、原两江总督李星沅第三子，王柏心同年李杭之弟。诸生。

道光二十八年（1848 年）初夏，尚在荆南书院读书的李桓，遵照父亲的嘱咐，恭请老师为其刚刚病逝的哥哥李杭[①]撰写墓志。对同年好友的英年早逝，王柏心感到非常惋惜和悲痛，遂为之作《翰林院编修李君墓志铭》以悼之[②]。同时，李桓还根据父亲的意愿，四处搜集其兄的遗诗，打算呈送给恩师王柏心，请他整理、审定并赐序。

次年的五月，湖北松滋的高家套、监利的下车湾的长江大堤决口，比往年更加厉害；且灾情愈来愈严重，一时间物价飞涨，哀鸿遍野。王柏心见状，十分心痛，不仅将自己刑部主事的俸禄百十担米拿出来平价出售，抑压米价；还精心绘画了不少兰草和梅竹，让学生聂定焜、李桓等人拿到荆州城里去义卖，想尽一切办法帮助抗洪赈灾。

咸丰元年（1851 年）四月，王柏心的好友、原两江总督、钦差大臣李星沅病逝岳阳军中。李桓得知噩耗，立即告别恩师，前往岳阳奔丧。自此之后，李桓便不再在未来书院读书了，而是留在长沙家中照料家务。此期间，师生之间时常有书函往还。

咸丰五年（1855 年）开始，李桓捐资为候补知府，分发至江西以道员用，并历官江西广饶九南兵备道、江西按察使、督理粮储道等职。因处于战乱期间，且军务繁忙，师生间的联系逐渐减少。

同治元年（1862 年）时，李桓已因功擢升为江西布政使，并兼署巡抚之职。

次年的二月，李桓奉命由江西布政使调任陕西布政使，督办汉中军务。在其启程赴陕之前，李桓曾驰函荆南书院，向老师请教关中形势及其他相关事情［案：惜此函今已难觅］；王柏心已有多年未见到弟子，也有好久未与其通信，收到来信后很快就给他写了回信并托朋友带交弟子［案：惜今已见不到王柏心的书函了］。

同年的六月上中旬，王柏心突然收到弟子李桓由湖南长沙寄来的信。原来，李桓奉命由江西布政使调任陕西布政使、督办汉中军务后，立即启程

---

① 李杭(1821—1848)于道光二十八年三月二十三日(1848 年 4 月 26 日)在长沙家中病逝。

② 王柏心:《百柱堂全集·墓志铭》卷四十三,《百柱堂全集》,崇文书局 2008 年版,第 1275～1277 页。

北上赴任，不料，行至武昌（今鄂州市）时，因思军费尚无着落，心急气躁，登船时不慎跌倒，左肢卒中，不能行动，遂奏请朝廷，告假回家养病。其信①中云：

昨由李少尉交到手札，反复庄诵，忧国之意和爱士之诚，悃悃款款，忠荩悱恻。桓虽不敏，亦得窥大君子用心之厚。今日士大夫多务为隐怪之论，下笔累数千言，非不惊炫耳目。细按之，则矜奇立异之意多，博厚慈祥，民抱物与，于孔门忠恕、诗人忠厚，敻乎其阔绝也。

读来示论岁收、论关中形势、论新交奇事，蔼然有道之言，蔚然大儒气象，自桓有知识以来，默数所闻见巨公长德，求如阁下植品励学、中正和平，足为人伦之表，实无其匹。斯言也，亦非桓一人之称善，凡如桓之用心者，莫不如是言之。独是相去五百里间，数十年倾想，不获一见颜色，易任怅结。数闻子元昆仲之言，每岁小阳，阁下必解馆于里。昨得杭州戚友书，招为西湖之游，且候舍侄京旋再定。

蔼园风月，想像久矣。他日维舟奉谒，得尽平生之言，何快如之，何幸如之！

蕲州陈愚谷所著《湖北文载·诗载·丛闻·旧闻》，符南樵《正雅集》谓悉毁于兵火，不知果否？尚有藏本，可假阅否？希留意及之。

收到此函，按照王柏心为人处世的原则和性格，一定会给弟子回信，也一定会想方设法搞到弟子想要的书并给他寄去，只是由于种种原因，我们今天已无法见到其回函了。

同治三年（1864 年），李桓尚在家养病，却又降灾祸——他因遭到地方大吏的弹劾，受到连降三级的处分。受此打击，李桓颇为灰心，继续在家养病。后病情逐渐好转，有时间在家将其父李星沅的著述整理、编辑成《李文恭公遗集》四十六卷（其中文集十六卷、诗集八卷、奏议二十二卷）刊印。

在亡父遗集付印之前，李桓听说老师在宜昌编志，遂特地去了一趟宜昌，看望老师，并恭请老师为其父的奏议作序。王柏心欣然应承，当即为其作《湘阴李文恭公奏议序》相赠②。

后来，因为李桓向朝廷捐献巨饷有功，被奏准赏还他二品顶戴。

---

① 此信不见于《百柱堂全集》，今见于林则徐等《道咸同光名人手札》，（台北）台湾商务印书馆 1972 年版，第 721 页。

② 王柏心：《百柱堂全集·序》卷三十三，《百柱堂全集》，崇文书局 2008 年版，第 978～979 页。

同治九年（1870 年）的十二月间，弟子李桓自湖南长沙寄书函至螺山问候老师，随书函寄来的尚有其“侄”的试卷，请太师爷“刊政”：

前阅大著古文各体已编辑开雕，景星庆云，先睹为快。子元昆仲开春来湘，务祈赐寄一部，俾得奉为圭臬，幸甚幸甚！

张香涛学使散体，昨始得见一篇，古雅可诵，未知有刊集否？四省合刻廿三史，已未告成，均求便中留意。

弟夙有目疾，尚无甚苦，本年以一药之误，左只几致失明，顷始得亲笔墨，而痛定之思，刻虞过费，案头益少新知，大好时光，坐任驹疾，殊恨恨耳！

耀侄幸与优科，深愧非分，外呈试卷，尚乞刊政为荷！

王柏心的同年好友李杭早逝无子，其三弟李桓遂按照家族长辈们的意见，将自己的儿子李辅耀过继给他，故在此处李桓称辅耀为“侄”。从此书函的内容看，李桓此时还不知道恩师有丧母之痛，此时正在家中守孝。

同治十一年（1872 年）的九月间，弟子、前陕西布政使李桓①往游吴越归来后，闻知王家仕病亡和唐氏殉情的消息②，当即驰书、赠诗螺山问候，并恳请恩师能在适当的时候为其伯兄梅生太史补撰墓志。其时，李桓“适有次子之戚”，与恩师同病相怜，故书函③凄凉沉痛；书函中还盛赞了王家仕的才华及夫妻爱情的坚贞。

王柏心正有丧子、丧媳之痛，遂含悲作有《李黼堂方伯归自吴越，贻书及诗问讯山中，并属为其伯兄梅生太史补撰墓志》（三首）④寄赠致谢：

将寻招鹤侣，因作钓鳌行。豪气凌三岛，仙心望五城。故应怀魏

① 李桓(1827—1892)，字叔虎，号黻堂。湖南湘阴人。诸生。咸丰五年(1855 年)，捐资为候补知府，礼部引见后，分发江西以道员用。历官江西广饶九南兵备道、江西按察使、督理粮储道等职。同治元年(1862 年)，擢升江西布政使兼署巡抚。次年二月，调任陕西布政使。不久，在入陕途中卒中，遂告假回乡养病。三年(1864 年)，遭大吏弹劾，受降三级处分。后因捐巨饷有功，奏准赏还二品顶戴。晚年依其子寓居杭州，专心著述。光绪十八年(1892 年)卒于西子湖畔。工诗文。著有《宝韦斋类稿》一百卷，又辑有《国朝耆献类征》七百二十卷等。

② 王柏心的第三子王家仕于同治十一年(1872 年)四月下旬在螺山家中病逝，其媳唐氏于同年八月二十一日(9 月 23 日)在家中殉夫而亡。

③ 此书函见于林则徐等《道咸同光名人手札》，(台北)台湾商务印书馆 1972 年版，第 713 页。

④ 王柏心：《百柱堂全集·诗》卷二十八，《百柱堂全集》，崇文书局 2008 年版，第 850 页。

阙，未忍置苍生。会有征书起，休耽泉石盟。

吴越扁舟返，云车迥绝伦。望君疑若士，顾我但陈人。笺翰俄相逮，沧波直比邻。始知断金侣，意气自如神。

伯氏人中杰，吁嗟闷九泉。梅羹空抱术，薤露竟凋年。恻怆鸰原泪，苍凉马鬣阡。惭非议郎笔，未敢付雕镌。

晚年，李桓看破世情，退出政界，依其子辅耀寓居杭州，专心著述。光绪十八年（1892 年）卒于西子湖畔。流传于世的著作有《宝韦斋类稿》一百卷，另辑有《国朝耆献类征》七百二十卷等。

第三节　王柏心与唐炯

唐炯是王柏心道光（1821—1850）后期荆南书院的学生，也是与王柏心关系最为密切的弟子之一。

唐炯（1829—1909），字鄂生，晚号成山老人。贵州遵义人。唐树义次子。道光二十九年（1849 年）十月后，离开荆南书院随父亲回到老家，并经过几年的努力，已考取举人。咸丰四年（1854 年）初，他响应朝廷号召，在家乡举办团练，并捐资被授为知县，分发至四川建昌道为官；也是在这年的正月下旬，其父唐树义在湖北汉阳的金口战败殉国。

同年的九月间，唐鄂生处理完安葬父亲的相关事宜后，便去信邀请亡父的挚友、自己的老师王柏心赴川，一方面游览一下川中风景，另一方面则是请他为父亲写一篇行状。

为挚友写一篇行状，是王柏心的心愿；能乘此机会入川游览一番，也是王柏心的愿望。于是，王柏心满口应承下来，并立即乘舟赴川。

此次入川，王柏心住了两个月，不仅为唐树义写了《湖北按察使唐公行状》①、《梦研斋遗诗序》②，而且也为唐炯的诗集写了《成山庐诗序》③。最后又应唐炯之请，为唐树义的亲家、时任云阳知县的秀东高写了一篇《皇

① 王柏心:《百柱堂全集·行状》卷三十九,《百柱堂全集》,崇文书局 2008 年版,第 1171～1180 页。

② 王柏心:《百柱堂全集·序》卷三十三,《百柱堂全集》,崇文书局 2008 年版,第 964～965 页。

③ 王柏心:《百柱堂全集·序》卷三十四,《百柱堂全集》,崇文书局 2008 年版,第 1006～1008 页。

清诰授奉政大夫晋赠通奉大夫原任同知衔四川云阳县知县秀高公家传》[案：此文今《百柱堂全集》不存，惜笔者亦未曾见]。

王柏心来蜀前，已故好友胡鼎臣的孙子胡伯固曾来四川找到唐鄂生，并将唐树义的好友、其祖父的诗集《姑诵堂遗稿》呈上，请求出资刊行。唐鄂生当即应允，并写信给老师王柏心，请他为诗集写一篇序言。因此，在蜀期间，王柏心也完成了《姑诵草堂诗序》的写作①。

在建昌府期间，王柏心曾听弟子唐炯讲到过其家乡有唐节母王孺人、杨节母江孺人忠孝贞节的事迹，颇为赞赏，乃应其后人之请，作有《遵义两节母传》一文以纪之②。

咸丰六年（1856 年）四月中旬，王柏心患伤寒病，不见好转，遂听从七弟柏馨的劝告和建议，一起乘舟至河北沧州治病。沧州的徐老医生医术甚高，问明情况，对症下药，仅半个月的时间，伤寒病就基本好了。于是，仍回螺山老家休养。王柏心在家休养期间，不少弟子、友朋得知消息，皆纷纷来函问候。唐炯亦乘紧张的军务之暇，曾驰函来问候。王柏心则写有《季高、芝房、意城、鄂生兵后以书存问，先后继至，喜赋一律》寄赠致谢③。

咸丰十年（1860 年）十月间，宜昌、荆州等地因夏、秋之际连降大雨，洪水暴涨，长江两岸灾情严重。唐炯颇担心老师的安危，曾来函问候。王柏心遂作《得唐鄂生司马蜀中书却寄》（二首）诗寄赠致谢④：

故人有子为虞诩，盘错朝歌利器同。按剑晨摧坚阵破，衔枚宵爇逆巢空。徙薪忧祸先陈策，大树逃名不上功。知汝威名将镇蜀，韦皋持节锦城中。

书来感激意何哀，太息波流未可回。阶乱几曾澄吏道，阽危终不辨人材。桓桓谁凿凶门出，扰扰翻增利孔开。世事大都如蜀比，杞忧无语罢衔杯。

---

① 王柏心：《百柱堂全集·序》卷三十四，《百柱堂全集》，崇文书局 2008 年版，第 1009～1011 页。

② 王柏心：《百柱堂全集·传》卷四十，《百柱堂全集》，崇文书局 2008 年版，第 1229～1230 页。

③ 王柏心：《百柱堂全集·诗》卷十六，《百柱堂全集》，崇文书局 2008 年版，第 353 页。

④ 王柏心：《百柱堂全集·诗》卷二十，《百柱堂全集》，崇文书局 2008 年版，第 511 页。

同治三年（1864年）初，战争的形势已经完全扭转。可王柏心仍很担心、挂念在前方带兵打仗的弟子唐鄂生，曾作五言歌行《寄赠鄂生太守》①寄赠：

智勇万夫英，驰驱百战苦。投足触讥谗，险乃盛豺虎。不死有天幸，低头甘对簿。罢遣帐下儿，脉脉复簪组。领郡巴山间，绸缪彻桑土。榛莽次第除，春阳亦徐煦。暴者戢雄鸷，愿者奋干橹。介居秦蜀中，屹立壮门户。规划甫及施，干城效可睹。湘东近出将，挥戈逐猰貐。谁知有黔士，可与韩白伍。羸然短小躯，浩浩综文武。英略尽韬藏，劳心作召杜。若得起登坛，专制建旗鼓。么么乞浩徒，疾扫胜风雨。何人效冯唐，颇牧荐吾主。

王柏心寄赠此诗，不仅对弟子表示关心问候，更为重要的是告诉弟子：此时正是为国建功立业、光宗耀祖的最好时机，一定要认真把握，并对弟子寄予厚望；同时，也告诫弟子：越是在这个时候，越是要小心防备奸佞小人的“讥谗”。

同年十二月上旬，王柏心收到弟子唐鄂生自四川寄赠的厚朴花。其时，唐鄂生正在西蜀绥定担任知府，王柏心的大儿子家遇、二儿子家隆此时就在他的幕府。“厚朴花”是生长于终南巴山老林中的一种植物，三十年始开一次花，皆附正干，不缀旁枝，与绿茶一起饮服，利关鬲，理气最有功效。王柏心甚感弟子的一片心意，立即写了一篇七言长篇歌行《鄂生太守贻厚朴花歌以报之·产终南巴山老林中……杂茗饮中服之，利关鬲，理气最有功》寄赠致谢②。

刚刚将写给唐鄂生的赠诗寄走，又收到了唐鄂生报告其将进京觐见的来信。王柏心自然很高兴，立即又写了一首《遥送鄂生太守入觐》的七律③寄赠，为其送行：

褰帷部下化如流，无复烽烟近戍楼。尽道神君能治郡，谁怜飞将未封侯？一麾丛箐临蛮徼，五马春花谒帝州。遥想宫廷嘉治行，赐金还被玺书优。

---

① 王柏心：《百柱堂全集·诗》卷二十四，《百柱堂全集》，崇文书局2008年版，第653页。

② 王柏心：《百柱堂全集·诗》卷二十四，《百柱堂全集》，崇文书局2008年版，第667～668页。

③ 王柏心：《百柱堂全集·诗》卷二十四，《百柱堂全集》，崇文书局2008年版，第673页。

同治六年（1867 年）十月间，弟子唐鄂生得到一只汉代的龙形铜钩，立即便给老师寄来。铜钩的足上还篆刻有“长年大富”四个大字。王柏心见之，甚是高兴，立即写了一首五言歌行《鄂生太守得汉铜钩见贻 · 足有文曰：“长年大富”》[①]寄赠致谢：

祖龙祈长生，方士待浮邱。向氏问大富，反用盗术求。大迷不复悟，陷此长夜幽。吉语独兼采，伊谁造此钩。唐子远贻我，意欲符箕畴。我衰去健羡，无荣亦无忧。金丹既不学，障簏诚所羞。愿持寿与富，变作恒河流。往来尽挹注，一豁人闲愁。结我居士带，服之俾不邮。亦不慕钩曲，谐世取诸侯。

同治七年（1868 年）夏天，被太平军放火烧毁的螺山百柱堂重修落成。此前，弟子唐炯得知老师有重建百柱堂的愿望，曾给老师汇来一笔款子相助。

同年的九月，王柏心结束江西高安之游，刚刚回到荆南书院后，就收到弟子唐鄂生从贵州寄来的书函，并得知他眼下正率兵征剿当地的苗民起义，且进展颇为顺利，甚是高兴，便写了《闻鄂生廉访将兵定黔乱，师行数月，已复郡县过半，黔祸期岁可弭矣，喜赋一诗寄之》一诗[②]寄赠祝贺：

赤子黔荒盗弄兵，今年初喜将星明。师行郡邑如时雨，民望旌旗即再生。反侧来威趋陇亩，从容学道处功名。武乡新建皆儒者，先后均推命世英。

同治八年（1869 年）的十二月间，王柏心刚刚结束《汉阳县志》的编纂，准备启程回螺山老家度岁，就收到弟子唐鄂生寄自渝州（重庆的别称）的、其在贵州征苗战斗中所得到的一个铜鼓和一封信函。从信中得知弟子“军中积劳，况瘁极矣”，“有乞病请解兵权之意”。

王柏心平时对这位得意弟子各方面的情况就非常关注，看完信后，当即写了《答唐鄂生廉访书》[③]寄赠：

得书，知已返渝州，将赴成都，有乞病请解兵权之意。鄙见亦复如

---

① 王柏心：《百柱堂全集 · 诗》卷二十六，《百柱堂全集》，崇文书局 2008 年版，第 742 页。

② 王柏心：《百柱堂全集 · 诗》卷二十六，《百柱堂全集》，崇文书局 2008 年版，第 771 页。

③ 王柏心：《百柱堂全集 · 书》卷三十八，《百柱堂全集》，崇文书局 2008 年版，第 1160～1161 页。

是。秋杪在鄂垣，与香涛先生为节下谋，窃以谢病为上策。白起、王翦古名将，爱名必坚守本志，自处万全。仅仅战胜攻取，不足言也。节下智略忠勇，自当留为鹰扬虎卧、折冲干城之任。不当置之崎岖困陀之中，以老其才；使异时腹地有事，或兴叹于拊髀。故深以今日请退之举，为得策也。

黔疆自节下转战廓清后，但据所复州郡，足以立国。其未尽下者，大抵土司故地耳。若自此罢兵，与群苗申约，以土地还之，永不侵畔，杜塞关隘，苗汉粗安可矣。此争要荒，得之不过石田，弃之不啻瓯脱，何必疲兵竭饷，以与争此深林密箐哉？方今腹心之地，其为隐忧显患多矣。储财练兵以应他变，尚惧不逮；若更耗之于边鄙无益之地，谅为智士，决不出此。自愚见而论，不独黔省苗疆可划弃，即全滇亦可仿此例。贾捐之珠厓之议，有功汉室中叶不少。但此等议论，在枋政大臣有远虑者，方能论奏。节下所处，不过只能主一身之进退耳。书言军中积劳，况瘁极矣，不减伏波在浪泊时也，读之凄恻。早释军事，纳节养疴，优游偃息，静加将护，辅以药饵，备他日国家爪牙虎臣之选。是所切祷。

见贻铜鼓，斑斓古物，钦宝莫名。节下武功远追丞相天威，当自留之甲第，与勒鼎铭钟，光昭勋伐。乃以持赠泉石之叟，位置无乃不称？然蓬荜中，已不啻荣光烛天矣。归当作歌张之，惜无吏部手笔，奈何系缆沙津，明日便挂帆而归。宾从杂沓，报书不能罄。

臆甚耿耿。续有笺，再布列耳。不宣。

唐炯奉命带川兵进入贵州征讨“苗匪”，捷报频传，并因功已擢升为道员，赐号“法克精阿巴图鲁”。眼下“苗匪”告平，他亦连年征战，非常疲惫，正在回成都的途中。王柏心对弟子的决定颇表赞成：他觉得，此时唐炯若能暂时放弃兵权，乞病修养，可说是以退为进的最好办法，可为此后更膺重任做好充分准备。接着，王柏心又就应该如何治理苗民谈了自己的看法，以供弟子参考。最后，他对弟子赠送铜鼓之事，深表谢意。整封书函不长，然字里行间蕴含着王柏心对弟子深切的爱护之情和殷切希望。

同年年底，王柏心自汉阳回到螺山家中后，便将弟子唐鄂生从蜀中给他寄赠的铜鼓拿出来仔细观赏，爱不释手。随后，他写了一篇七言长篇歌行《鄂生廉访以征苗所得铜鼓远贻，山中作歌壮之》，给弟子唐鄂生寄去，再一次向弟子表示感谢①。

同治九年（1870 年）十月，王柏心的母亲蔡老夫人去世，唐炯接到讣告，遂不辞辛劳，请假专门自成都赶回螺山百柱堂，参加太老夫人的殡葬仪式。

同治十年（1871 年）二月，已出任成都廉访使的弟子唐炯，得知老师的第三子家仕所患之肺结核病越来越严重，便主动提出，将自己的堂妹许配给家仕。王柏心自然十分高兴。遂又根据唐炯的建议，按照当时社会上通行的"冲喜"的风俗，让他们两人尽快成婚；而老师家有太母新丧之忌，不宜办喜事，加之老师年事已高，也力不从心。如今最好的办法，就是让家仕到成都，由他来操办堂妹和师弟的婚事。

王柏心遵从弟子的建议和安排，随后便让家遇和家隆两兄弟送其弟家仕赴成都，并于六月由唐炯全力操持完婚。

恩师去世后，唐炯于光绪八年（1882 年）由成都廉访使擢升云南布政使。次年，迁云南巡抚。中法战争爆发，曾率滇军赴越参战。后以军败擅自逃回云南被褫职逮问，经重臣左宗棠的解救获释。自光绪十三年（1887 年）始，督办云南矿务，经营十五年，鲜有成绩，为时论所讥讽。

唐炯一直不忘老师的教导之恩，担心老师的著作为世所埋没，遂花数年时间搜集、整理先生平生著述，在先生去世二十五年后，将其刊刻行世，达成先生之遗愿。

光绪三十一年（1905 年），唐炯辞职回到老家，以著述自娱，直到宣统元年（1909 年）离开人世，有《援黔录》、《成山庐稿》、《成山老人自撰年谱》等著作行世。

第四节　王柏心与聂定焜

聂定焜是王柏心道光（1821—1850）后期和咸丰（1851—1861）时期荆南书院的学生，也是接受老师教诲时间最长、为老师最喜爱、关系最密切的弟子。

聂定焜，生卒年不详，字耀卿，亦作曜卿，湖北江陵人。诸生。道光二十九年（1849 年）的五月间，湖北监利、松滋等地暴发洪水，长江决口，

① 王柏心：《百柱堂全集·诗》卷二十七，《百柱堂全集》，崇文书局 2008 年版，第 799～800 页。

造成重大灾害。此时尚在荆南书院学习的聂定焜，根据老师的吩咐，和同学李桓一起，将老师所画之兰草和梅竹，拿到荆州城里去出售，将所获之款用于救济灾民。

咸丰八年（1858年）四月，战争的形势颇为严峻。王柏心除了授课，处理院务，关注战事的进展，与友朋诗书往还之外，就是与学生一起散步、游览、唱和，其中相处最多的就是弟子聂定焜。王柏心相继写有《偕清轩、勉斋、耀卿出郭憩太晖观归途感赋》、《夜坐示耀卿》、《偕耀卿池上晚步》、《城西湖滨晚眺偕耀卿作》、《霁后偕耀卿城西湖滨晚眺》等诗作纪其事①。

八月中秋节，学生都放假回了家，不在身边，王柏心颇觉寂寞，甚是想念聂定焜，遂独自至江边观赏圆月，并写有五言歌行《八月十六夜江上玩月寄耀卿》②纪其怀：

玩月谁最奇，江与月交荡。月轮浮海来，江气挟秋壮。异彩腾晶莹，流辉射漭瀁。天门敛游氛，水府烛瑰状。骊龙潜九渊，抱珠不敢问。长飚飒然鸣，中流甕惊浪。群山俄动摇，银阙眩蓬阆。疑见众飞仙，招手金鳌上。便欲从之游，九垓恣跌宕。忽忆素心人，渚宫邈相望。清光可揽赠，路远默惆怅。焉得共方舟，羽衣振高唱。

腊月中旬，王柏心刚与聂定焜等弟子告别回家去过年，人尚在舟中，仍然放心不下聂定焜等弟子，遂作《与渊甫耀卿西垣别后是夕舟次对月有作》一诗③表达其心情：

斜日章华寺，依依送客舻。离心将夜月，射影渡重湖。一碧波初定，三清翳总无。欢条才俯仰，高咏已成孤。

咸丰九年（1859年）二月起，王柏心将三子家仕带在身边读书，正好与聂定焜、李芸湄等人同学。王家仕与聂定焜等同学也一见如故，很快成为好朋友。

同年七月，王柏心带三子家仕回螺山老家度假，舟中寂寞，首先想到的

① 王柏心：《百柱堂全集·诗》卷十七，《百柱堂全集》，崇文书局2008年版，第409～411、416页。

② 王柏心：《百柱堂全集·诗》卷十七，《百柱堂全集》，崇文书局2008年版，第418页。

③ 王柏心：《百柱堂全集·诗》卷十七，《百柱堂全集》，崇文书局2008年版，第421页。

也是聂定焜，并作有《归舟寄耀卿》一诗①纪其思念之情：

纵棹西风里，闲鸥相伴飞。流云收雨过，轻艇载秋归。离绪频萦梦，家山暂息机。晚看凉月上，坐惜故人违。

八月中旬，因天气炎热，王柏心时常到江边去散步；此时，他情不自禁地就会想到弟子聂定焜，曾作有《十八夜月下寄耀卿》一诗②纪其事：

江楼初上月，望远一高歌。不道清辉减，翻增别思多。群英赓法曲，之子闷云和。正欲题书讯，宾鸿天外过。

自本年的九月新学期起，聂定焜不再至书院读书，而开始为自己的前途、生活奔波。王柏心见不到他，很有些不适应，时时想起他，只要有事也照样找他，曾相继写有《张兵部宅石歌·石在宅前狭巷中，乘月偕箴三、亦渊、耀卿往观之》、《寄赠耀卿》、《自沙津赴辰州别春泽箴三耀卿》、《舟次寄耀卿》等诗纪其交往③。

咸丰十年（1860 年）的春节，聂定焜说好要来给老师拜年的，可年都快过完了，尚不见其身影。王柏心颇为不安，遂相继写有《耀卿许泛舟相访诗以迟之》、《再寄耀卿》、《春兴一首答耀卿见寄》等诗寄赠问讯④；直到正月下旬，聂定焜才来到百柱堂；聂定焜此次来百柱堂，陪老师闲谈论诗，住了不少日子。王柏心非常高兴，相继作有《耀卿枉访山中喜赠以诗》、《惊蛰大风雨书此示耀卿及隆儿》、《雨中作此为耀卿遣闷》（二首）等诗作⑤，以表达自己对弟子的关爱之情。

二月中下旬，聂定焜陪老师自螺山老家一起去郡城。因江上风大，他们此次便从内湖走。舟经白鹭湖、林家沟、三湖，抵沙津口，然后到达郡城。一路上，有聂定焜相陪，王柏心诗兴大发，相继写有《与耀卿约同赴郡将发复阻风雨口占二绝》、《雨泊》、《舟次对雨书示耀卿》、《江上雨

① 王柏心：《百柱堂全集·诗》卷十七，《百柱堂全集》，崇文书局 2008 年版，第 431～432 页。

② 王柏心：《百柱堂全集·诗》卷十七，《百柱堂全集》，崇文书局 2008 年版，第 434 页。

③ 王柏心：《百柱堂全集·诗》卷十八，《百柱堂全集》，崇文书局 2008 年版，第 449～450、450～451 页。

④ 王柏心：《百柱堂全集·诗》卷十八，《百柱堂全集》，崇文书局 2008 年版，第 467、469 页。

⑤ 王柏心：《百柱堂全集·诗》卷十八，《百柱堂全集》，崇文书局 2008 年版，第 470～471、472 页。

眺》、《细雨》、《春分日风雨大作》、《嘲西风》（三首）、《代西风答》（三首）、《乘风渡白露湖示耀卿》、《舟次为风雨所滞拨闷有作》、《舟过林家沟重悼立甫》、《邻舟有二健儿归自皖营与谈近事》、《夜闻风雨不寐作》（二首）、《曩渡三湖辄遇东风今行殊滞赋诗为湖神解嘲》（三首）、《三湖遇西风率尔自嘲》、《风雨舟中与耀卿联吟甚乐诗以纪之》、《耀卿归舟久滞距乡间仅两舍复阻风雨辄赋此诗代为遣闷》、《将抵沙津口占示耀卿》、《苦寒行》等诗作纪其行①。

清明前后，聂定焜与同学勉斋已经邀好，一起去看望老师；可时间尚未到，王柏心就盼望着弟子们的到来，并写有《迟耀卿未至》、《清明勉斋耀卿过饮》等诗纪其事②。

冬至刚过，天便开始下雪。望着飞舞的雪花，王柏心不禁想起了尚在外地奔波的弟子聂定焜，遂作《对雪忆耀卿》一诗③，以表达其思念之情：

萧斋昨夜朔风惊，玉戏天公顷刻成。一鹤啄苔寒独立，群乌拥树昼无声。人间葭琯回阳律，江上梅花系远情。逸藻俊才吾最忆，芳尊犹怅隔高城。

年底回螺山老家度岁，望着漫天的飞雪，端杯慢饮，王柏心仍放心不下弟子，乃作《薖园对雪寄耀卿》一诗④寄赠：

家山对雪怅离群，欲折梅花远赠君。流影尚疑荆渚月，回风难寄洞庭云。溪桥得句谁当和，灯阁开樽孰共醺。犹忆早春能放棹，郢歌还待几时闻。

咸丰十一年（1861 年）春节期间，弟子渊甫、耀卿在旅途中寄来和赠老师的“对雪”诗作，王柏心收到后当即写了《答渊甫耀卿对雪途次见忆之作》一诗⑤回赠：

---

① 王柏心：《百柱堂全集·诗》卷十八，《百柱堂全集》，崇文书局 2008 年版，第 475～478、478～481 页。

② 王柏心：《百柱堂全集·诗》卷十八，《百柱堂全集》，崇文书局 2008 年版，第 484、482 页。

③ 王柏心：《百柱堂全集·诗》卷二十，《百柱堂全集》，崇文书局 2008 年版，第 510 页。

④ 王柏心：《百柱堂全集·诗》卷二十，《百柱堂全集》，崇文书局 2008 年版，第 516 页。

⑤ 王柏心：《百柱堂全集·诗》卷二十，《百柱堂全集》，崇文书局 2008 年版，第 523 页。

当君对雪油行旅，正我茅堂欲○诗。三日帆行五百里，家山残雪未消时。

九月初九日（10 月 12 日）重阳节，弟子聂定焜送给老师一盆含蕊未放的菊花，王柏心甚是喜欢，乃作《九日耀卿馈菊尚含蕊未花》一诗[①]以纪之：

黄花九日放犹迟，特遣尊前慰所思。可似泉明方漉酒，瓮边醉眼未开时。

当天，王柏心如约招渊甫、箴三、星堂、耀卿等诸友、弟子燕集，又作七言长篇歌行《九日招同渊甫、箴三、星堂、耀卿诸子会饮并以歌词相投援笔和之》纪其事[②]。

同治元年（1862 年）七月，弟子耀卿和柳村即将赴省城参加乡试，特来向老师辞行，王柏心反复交代、叮嘱，随又作七言歌行《送耀卿柳村赴秋试》[③]为他们赠行，祝愿他们一切顺利，早传佳音：

我携二子章华来，帆势东逐江流开。江流浩浩划天地，何似二子澎湃胸中才。楚邦乱后搜英彦，箘簬楩楠亦频见。少年二子尤绝伦，怀里蠙珠光若电。过我山中对风雨，雄心壮激秋涛怒。绝迹谁争二骏先，摩空共快双鸿举。明日烟消放棹行，翩翩终贯奋英声。国门价定荆山玉，联璧同高十五城。

同治二年（1863 年）十月间，应宜昌知府聂光銮、知县金序之的邀请，王柏心偕聂定焜、刘俊贤等弟子赴宜昌，编纂《宜昌府志》和《东湖县志》。王柏心曾作有《夷陵小至漫兴简耀卿》诗纪其行[④]。

其间，王柏心曾趁编志的间隙，偕诸弟子往游夷陵石门洞和三游洞，并写有五言歌行《偕邓守之、刘俊贤、孙敬之、罗南轩、王策臣游石门洞得诗四首》、七律《次韵和守之游石门洞之作》、七律《偕诸君访三游洞》、七

---

① 王柏心：《百柱堂全集·诗》卷二十一，《百柱堂全集》，崇文书局 2008 年版，第 552 页。

② 王柏心：《百柱堂全集·诗》卷十八，《百柱堂全集》，崇文书局 2008 年版，第 551 页。

③ 王柏心：《百柱堂全集·诗》卷二十二，《百柱堂全集》，崇文书局 2008 年版，第 576～577 页。

④ 王柏心：《百柱堂全集·诗》卷二十三，《百柱堂全集》，崇文书局 2008 年版，第 638～639 页。

律《偕刘俊贤、聂耀卿出郭探胜分题赋诗》（二首）等诗作纪其事①；并写有《游石门洞记》、《夷陵石门洞创建各寺碑记》等文纪其行②。

《宜昌府志》上亦载有一首聂定焜在编写府志期间所写的长篇七言歌行《侍螺洲师暨刘君俊贤登东山寺旋憩镇境山放歌》③：

五岳未极域中观，焉敢块视小林峦。今陟名山造绝顶，俯视城郭跨通廛。西来岷江涌雪浪，远峰缥缈环相向。枕山带江形胜区，云中精舍昔雄壮。回忆风尘澒洞时，桅险何须十万师。函关不用丸泥塞，门户一失堂奥随。冲天炎火冈陵遍，化尽百年虬龙枝。遂令胜地无颜色，过客登临皆叹息。颓垣破瓦埋尘埃，栋折梁摧杂荆棘。偶然驻足共猿愁，会当起振大鹏翼。奋身超海蹑瀛洲，蓬莱方丈一时游。归来且上泰山上，放眼八荒与九州。四皓采芝不足慕，沮溺耦耕焉可俦。欲擎娲天求石柱，南山拜奉万年瓯。此心耿耿何时遂，师友期许敦古谊。孺子进履黄石公，授书追随不我弃。平生引领望高山，心向往之不能至。

在夷陵编志期间，王柏心还与弟子聂定焜、刘俊贤等遍游了宜昌的风景名胜，也遍尝了宜昌的地方风味小吃，并写有《偕诸君文星阁看雪》、《王殿臣茂才邀同诸君登孝子岩仍置酒竟日而归》、《题姜孝子祠》④和《记桃花鱼》⑤等诗文纪其游。

同治三年（1864 年）的仲秋，宜昌的天气渐渐转凉，王柏心有些不太适应，竟然偶感风寒病倒了，卧床近一个月。幸亏有聂定焜、刘俊贤两位弟子在身边悉心照顾，才不致寂寞。其间，写有《病起》、《归思》、《理发叹》等诗纪其事⑥。

同治六年（1867 年）秋，王柏心自螺山赴汉阳访友，并与汉阳新任知县王廷桢相会，商谈修志事宜。途中甚是思念聂定焜，曾作《将赴汉阳寄耀

① 王柏心:《百柱堂全集·诗》卷二十三,《百柱堂全集》,崇文书局 2008 年版,第 635～638 页。

② 王柏心:《百柱堂全集·记》卷三十二,《百柱堂全集》,崇文书局 2008 年版,第 944～947、942～943 页。

③ 此诗见《百柱堂全集》附录三,《百柱堂全集》,崇文书局 2008 年版,第 1501～1502 页。

④ 王柏心:《百柱堂全集·诗》卷二十三、二十四,《百柱堂全集》,崇文书局 2008 年版,第 639、651～652 页。

⑤ 王柏心:《百柱堂全集》补遗三,《百柱堂全集》,崇文书局 2008 年版,第 1585～1586 页。

⑥ 王柏心:《百柱堂全集·诗》卷二十四,《百柱堂全集》,崇文书局 2008 年版,第 657～658 页。

卿》一诗[①]以表达其思念之情：

日日章华忆故人，麻衣念汝独伤神。江湖芦荻摇秋思，风雨蒿莪泣鲜民。良晤茫茫行隔岁，离心落落更萧晨。扁舟沔鄂方东下，天末题书莫厌频。

同治七年（1868年）初，聂定焜听说老师正在重建百柱堂，经济上不是太宽裕，遂四处奔走，为老师解决了不少困难和问题。正是在左宗棠、郭嵩焘等好友和唐炯、聂定焜等弟子的鼎力资助与支持下，被太平军放火烧毁了十几年的百柱堂，终于当年的五月间重建完成。

同治九年（1870年）十月，王柏心九十三岁高龄的母亲去世。聂定焜得知消息，立即赶到螺山百柱堂吊唁，并忙前忙后，直到整个丧事结束。

同治十一年（1872年）的八月，王柏心怀着极其悲痛的心情，将亡子家仕的文稿整理成集——《降雪斋文稿》，付梓刊行，并请弟子聂定焜为文稿写序；家仕是耀卿的挚友，英年早逝，聂定焜非常悲痛，遂奋笔写了一篇情文并茂的跋文（即《降雪斋文稿跋》）[②]：

咸丰己未，信甫待其尊人螺洲先生来郡城。时方重葺讲院，因读书萧寺，偕之者李子芸湄与仆也。诵吟之暇，相与纵谈，其议论独伟。尚未搦管为文。庚申春，仆晋谒师门。信甫言次，诵唐贤名句，络绎不绝。索观其所作，答曰："未敢轻。"辛酉冬来逆妇，下蕃榻者月余。间有所作矣，螺洲先生恒以庸儿目之。乙丑夏，寓书于仆，洋洋数千言。崇论宏议，激昂慷慨。螺洲先生见而奇之，由是爱日益挚，誉日益广。具与仆交，有所发明，借资考证，则笺记频频。无则否。初从事散文，后乃变而为骈体。诗则终始规模初唐者也。

去年春，以事去沙头，与仆相见。冬赴蜀，便道访仆。往往道其所业而未尝出以见示。今年夏，归自成都，苦病侵寻，已成骨立，犹道其入蜀所作。方怜其病，未暇叩也。仆恒劝其不必为骈文，镂心雕肝，其境甚苦，不若散文之振笔直书，纵意驰骋，水之所到，渠即成焉。诺之而不改。呜呼，竟以此死。

今观其诗文，颉颃唐初四杰。如赤诚之霞，如千尺之松，如雷之

---

① 王柏心：《百柱堂全集·诗》卷二十六，《百柱堂全集》，崇文书局2008年版，第745页。

② 此文被收入《湖北文征》（第11卷），湖北人民出版社2000年版，第757～758页；又见于王家仕《降雪斋文稿》。

震，如潮之涌，如龙之游，如凤之舞。雄伟奇逸，使阅者骇心荡魄不敢逼视，此在中才自童年至于皓首为之而不得其仿佛者。信甫穷数年之力遂得秘钥，升堂奥，岂不奇哉。窃叹信甫之才与四杰同，年与四杰埒，而其遇独苦，其美益彰。何则？四杰流传至今，犹假羽毛于官爵，若信甫则自具冲天之逸势也。凤凰芝草，孰不知其为瑞乎？

同治十一年八月二十四日，江陵聂定焜跋。

同治十二年五月十三日（1873年6月7日）晚，恩师在荆南书院去世。第二天，聂定焜得到消息，立即赶到荆南书院料理恩师的后事，并将讣告发往四方亲友和弟子。随后又与师兄彭崧毓等邀集恩师的弟子及亲友在正觉寺中设位，为恩师举行了隆重的祭奠仪式。祭奠仪式由聂定焜主持，而由师兄彭崧毓主祭。

恩师去世后，聂定焜一边为生计四处奔波，一边继续参加科举考试，后被考选为“拔贡”，走上仕途，曾官中书科中书，并有《枣林诗文集》行世。

直到二十四年后，也就是德宗光绪二十三年（1897年）的季春，聂定焜仍不忘师恩，为使恩师的著作不致散佚淹没，遂与同门夏楚卿整理编辑了先生的文集，付梓刊行，并写了《王文贞先生文集序》①。其序曰：

子寿先生自号曰“螺洲”，晚年一号曰“蘧叟”。其卒也，门人私谥曰“文贞先生”。生平著作梓行者，有《枢言》、《导江三议》、《漆室吟》、《百柱堂诗稿》，其散文、骈文、赋、词、杂著皆有待。

夫先生少而穷经，长喜读史。其于子集，则自周、秦以下逮两汉、魏晋、六朝、唐、宋各名家，手披目览，成诵在心。故其为文，镕经铸史，发采扬华，譬之沧溟总百流而为深，譬之泰岱小天下而为高，其气冲牛斗，其光接日月，由其蕴蓄者厚也。然第即此而论先生之文，台阁鸿儒，山林硕士，皆知其不诬矣。而先生之实际，则又有深于此者焉。

夫先生旷观往古，盱衡当世，方祸乱之未兴，众人不忧而先生独忧之深，《枢言》所由作也。及祸乱之已彰，勇者竭其力，智者尽其谋，卒赖以灭盗贼。其功之大小，不齐也；朝廷之赐予，亦有厚薄之差等焉。艰难共济，为不虚矣。先生隐处山林，可以置然事外，而乃独居深

① 此序见于光绪二十三年(1897年)刊本；后被收入《湖北文征》(第11卷)，题目改为《百柱堂全集序》，湖北人民出版社2000年版，第758页；今收入王柏心《百柱堂全集》卷首，《百柱堂全集》，崇文书局2008年版，第33～35页。

念，百计图维，揣山川之形便，论将帅之才能，度势力之强弱，计岁月之迟速，旁及财赋，咸代为筹画，寓书发策，遍走当道。以故胡文忠公曰："愿北面而执弟子礼。"左文襄公曰："凡所设施皆出智囊之余。"今读其集，经济有独长焉，文章云乎哉？《应诏陈言》，内外悉详；《经论八首》，仰希阿衡。其自命为何如耶？当时名公荐先生者，不一其人，皆坚谢，独以奉母为乐。夫有其功者，收其效；尽其力者，食其报。先生虽未获登廊庙、膺爵赏，而入祀乡贤祠，史馆立传，不可谓不荣矣。

今者去先生之殁二十余载，其哲嗣及孙皆已故，存者惟嗣孙暨曾孙，门下士殁者亦居其半，未殁者已非少壮，其未梓行之著作，可不急谋乎？于是寓书于夏孝廉楚卿曰："此不可缓，急宜图之。"楚卿曰："诺。"乃鸠工而新梨焉。庶几可以副天下之望矣。至于手民之工与拙，亥豕之有与无，编次之当与否，在所不计。惟存其文，即存其人，斯则区区之意耳。后有慕其风者，不难即是而厘定之，则余之大愿遂矣。

时光绪二十三年季春月门下士聂定焜谨叙。

除前面提到的几位之外，同王柏心关系密切的弟子尚有吴荣［生卒年不详，字又恒，湖北黄冈人；咸丰三年（1853 年）进士，官至湖南岳常澧道］、张炳堃［生卒年不详，一作炳坤，原名瀛皋，字鹤甫，号鹿仙，浙江平湖人；道光二十七年(1847 年)进士，官至湖北布政使兼署督粮道］、张荫桓（1837—1900，字皓峦，号樵野，广东南海人；不喜科举，报捐知县，后累官至户部左侍郎）、杨守敬（1839—1915，字鹏云，号惺吾、心物，晚号邻苏老人，湖北宜都人；同治元年举人，官至黄州府教授；入民国，任参政院参政、清史馆纂修）、王加敏（生卒年不详，字箬农、若农，浙江山阴人；入左宗棠军幕，累官至按察使衔湖南即补道）、吴展其（生平事迹不详，举人，曾官知县）、黄良辉（1840—1904，字耀廷，湖北汉阳人；同治九年举人，与张之洞等关系密切，曾入丁宝桢幕）等人，限于篇幅，此处不再详细介绍。

第五章　友朋同年情谊深

王柏心是一位喜欢交朋友而又善于交朋友的人。

在王柏心漫长的一生中，曾结交过众多的朋友。无论所交之朋友是什么身份、地位，他都能以真心待之；对于朋友、或朋友之朋友、或朋友之亲属的托付或请求，他总是想尽一切办法去落实、完成。正如时人所说："心和而气愉，貌慈而言愠。与人处，无不输心感服，久而益相亲也。"①也正是因为如此，他赢得了社会各种类别人群的敬重和信任，并争相与之结交，以致其所交之朋友遍及朝野，且很多都成为毕生的至交、挚友。刘淳、张仲远、冯展云、夏承业、边袖石、龚绍仁、蒋琦龄、王家璧、李杭、郭崑焘等人就是其中的代表。

第一节　王柏心与刘淳

刘淳是王柏心荆南书院的同学，也是终其一生的挚友。

刘淳（1791—1849），原名天民，字孝长，号莘农，亦作辛依，湖北天门人。嘉庆二十一年（1816 年）初，王柏心以秀才身份进入府学——荆南书院深造，与已在书院学习的刘淳一见如故，从此成为挚友。同年八月，刘淳参加乡试取为举人，遂离开书院，归家作赴京参加会试的准备。友朋分别，依依不舍。

道光五年（1825 年），仁宗皇帝南巡五台山，刘淳前往谒见，并献诗五百韵；仁宗皇帝又亲发策问，刘淳皆应答自如；顿时龙心大悦，下旨予以赏赐，并令其跟随一起入京。王柏心闻知消息，立即写了五言歌行《寄赠刘孝长二首》②寄赠：

---

① 郭嵩焘：《王子寿先生墓志铭》，《郭嵩焘诗文集·文集》卷二十一，岳麓书社 1984 年版，第 450 页。

② 王柏心：《百柱堂全集·诗》卷一，《百柱堂全集》，崇文书局 2008 年版，第 2～3 页。

游翮乘迅飙，振鹏运九州。巨鳌拥蓬莱，策足沧海流。君本豪俊人，当挟风云游。汉廷盛文藻，翩翩金马俦。贾生独沉抑，长卿客诸侯。坐令璠屿宝，委弃未见收。岧峣白玉阑，削起空中浮。驾言阻河汉，裴回濡双辀。苍龙挽长辔，西匿崦嵫邱。佳人揽芳萼，青阳变为秋。寂寂滞遥夜，悲哉年岁遒。

高楼跨江表，秋色空中回。与君此握手，顾盼何雄哉！纵横振英辨，豁达肝胆开。河梁一以别，望望参辰乖。惊沙荡白日，悲风寒门来。苍鹰下平楚，离雁江海哀。登高望八荒，仰见浮云颓。奄忽逾千里，不能稍徘徊。人生非草木，安得同根荄？咄嗟抚雄剑，何时生风雷。念我慷慨侣，北走燕昭台。都门满群驷，帝闲需上财。子其逐飞电，高歌天马徕。当令英声起，壮我磊落怀。

王柏心不仅在诗中对好友的豪爽倜傥和出众才华赞叹不已，而且对好友的得遇龙主，将来仕途顺意、前程无量表示由衷的高兴和真诚的祝贺。

不久，朝廷授刘淳湖北远安县教谕之职，刘淳到任仅数月，颇感不顺意，乃弃官而归。从此，他放浪于燕赵、吴越、两河之间，学者甚服其才。

道光十年（1830 年）春，刘淳和胡鼎臣专程至邹码头村塾看望王柏心，王柏心非常高兴，遂陪两位好友前往观赏牡丹，并写有《偕孝长子重看牡丹作》①一诗表达其喜悦心情：

好春浓若酒，不遣醉如何？欲唤紫云出，裴回花下歌。晕浮朝雨浅，香泛午晴多。上客请安坐，韶光恐易过。

同年八月，王柏心与翟让溪、刘淳、胡鼎臣、龚木民等好友相约至武昌（今鄂州市）燕集。王柏心曾写有《偕翟让溪及孝长子重木民集歌笛湖楼》、《湖楼夜集偕让溪孝长子重木民作》（限唐字）等诗纪其燕集活动②。

是年冬，好友蔡蘅香将入京谒选，王柏心与刘淳等好友相约至荆州相聚并送其入京。王柏心相继写有《望江亭同孝长孝旃作》、《送蘅香谒选入都四首》等诗纪其相聚活动③。

---

① 王柏心：《百柱堂全集·诗》卷三，《百柱堂全集》，崇文书局 2008 年版，第 30 页。

② 王柏心：《百柱堂全集·诗》卷三，《百柱堂全集》，崇文书局 2008 年版，第 30～31 页。

③ 王柏心：《百柱堂全集·诗》卷三，《百柱堂全集》，崇文书局 2008 年版，第 31、32～33 页。

道光十三年（1833 年）的秋天，王柏心应约赴汉阳与诸位友朋燕集，并写有《答孝长舟次见寄二首》、《王鲁之大令至自山左偕孝长季举诸子燕集汉阳僧寺》纪其事①。

道光十五年（1835 年），时任江夏知县的好友唐树义，出资将刘淳的《云中集》（一卷）、张其英的《角山集》（一卷）、王柏心的《子寿集》（又名《秋词》，一卷）和蔡以偁的《黄楼集》（一卷）刊刻行世，名《楚四家词》（有道光十五年贵阳唐树义《楚四家词》刻本）。由此可见，他们几人在当时不仅关系密切，而且在文学上亦齐名于世。

道光十六年（1836 年）的春、夏之际，王柏心应好友、甘肃省巩昌府知府、署理道员唐树义之邀，告别父母、妻儿和友朋，自螺山老家启程赴陇右的巩昌府入其幕。好友刘淳则一直陪伴相送，直至河南南阳才依依惜别。临别之际，王柏心作有五言歌行《南阳道中送别孝长》（二首）②相赠：

百川逝不息，二曜相回环。丈夫各有务，经世苦不闲。宁生起扣角，主父行入关。小节慕时用，栖栖弗遑安。何况天下士，竹帛犹未宣。通材遘嘉会，踯躅非高贤。无为惮永路，总辔多所叹。

子行赴京国，余亦适陇表。相将宛叶间，执手泪盈抱。三五正纵横，明月何皎皎。挥手各登车，去若风中旐。北轸瞻已纡，西辔望旋杳。依依梦寐间，相失万里道。静言思关山，离居令人老。秉节矢靡慭，亮能崇永好。

在此异乡分别、不知相见何日之时，好友刘淳则填有《高山流水·送王子寿之秦陇，余将由山左入都》③一词相赠。

道光十九年（1839 年）十月，王柏心专程赴天门拜访、看望已有几年不见的刘淳和张其英。其间，曾出任过知府、今已辞官居乡的前辈熊开阳素闻王柏心之名，曾专门设宴款待他和刘淳等人。王柏心则相继作五律《熊葵园太守邀过倚园》（二首）、《访孝长竟陵偕游胡氏园林》（二首）和五言歌行《赴江陵别孝长玮公》纪其交往与行踪④。

---

① 王柏心：《百柱堂全集·诗》卷四，《百柱堂全集》，崇文书局 2008 年版，第 49～50 页。

② 王柏心：《百柱堂全集·诗》卷五，《百柱堂全集》，崇文书局 2008 年版，第 61 页。

③ 此词见于《楚四家词》之《云中集》，道光十五年（1835 年）贵阳唐树义刻本。

④ 王柏心：《百柱堂全集·诗》卷六，《百柱堂全集》，崇文书局 2008 年版，第 96～98 页。

道光二十一年（1841 年）十月，王柏心应好友姚春木之邀仍回荆南书院执教。在回荆南书院之前，王柏心又去了一趟天门，与好友张玮公、刘孝长等人相聚。前辈友人熊葵园闻知王柏心来到天门，便在倚园设宴招待柏心，并请张玮公、刘孝长等好友作陪。临别之时，王柏心作有《赴江陵别孝长玮公》一诗①相赠：

自我来汉滨，秋风未云厉。徘徊玩绿荣，霜条倏以坠。嗒焉悲徂年，日与百川逝。孤怀殷百忧，微力负众勩。稍濯沧浪缨，仍鼓江陵枻。故人嗟解携，倾醪起相慰。庆云耀太清，高衢日月丽。霱霱群龙游，愚者独憔悴。生逢休明时，耕钓送年岁。本自江海人，无为落吾事。阊阖期未来，九万讵可试。去去匆重陈，飘摇从所寄。

道光二十七年（1847 年）十二月，王柏心为修纂黄冈县志的方便，未回老家度岁，而是留在武昌（今鄂州市）与弟子、好友一起过年。没有时间专程去看望好友，只好写了《寄怀孝长》一诗②寄赠，以表达其思念之情：

黄山峰岓大俄傕，余子安知国士才。少日声名甘寂寞，望中师友半尘埃。苍江风雨凋双鬓，先帝旌旗梦五台。健羡久除荣观谢，暮年休击唾壶哀。

道光二十九年（1849 年）八月，好友刘淳在家乡去世。不久，世侄专程来荆南书院请世伯为其父作传。王柏心为痛失挚友而悲伤不已，乃作《刘孝长传》以悼之③；同时又践诺，为挚友的诗集作序——《刘孝长诗集序》④，高度评价其诗才。

直到同治元年（1862 年）的年底，王柏心自南郡乘船回螺山老家的途中，偶翻身边所带之书籍，见有挚友刘淳的词集，便检出诵读。转眼间，好友已去世十几年，如今睹物思人，甚是伤感，遂作《舟中诵孝长长短句吊之》一诗⑤以悼之，为亡友的生不逢时、怀才不遇感到十分痛惜：

薄倖青楼不负春，风流埋没顿成尘。纵横一代樊川笔，谁向千秋惜此人。

---

① 王柏心：《百柱堂全集·诗》卷六，《百柱堂全集》，崇文书局 2008 年版，第 98 页。

② 王柏心：《百柱堂全集·诗》卷十二，《百柱堂全集》，崇文书局 2008 年版，第 236 页。

③ 王柏心：《百柱堂全集·传》卷四十，《百柱堂全集》，崇文书局 2008 年版，第 1190～1192 页。

④ 王柏心：《百柱堂全集·骈体文》卷四十九，《百柱堂全集》，崇文书局 2008 年版，第 1380～1382 页。

⑤ 王柏心：《百柱堂全集·诗》卷二十二，《百柱堂全集》，崇文书局 2008 年版，第 591 页。

第二节　王柏心与张仲远

张仲远即张曜孙，是王柏心的同年好友，两人相交近二十年，情谊深厚。

张曜孙（1807—1862），字仲远，号升甫，晚号复生，江苏武进人。著名词人张惠言之侄，名医、词人张琦之子。道光二十四年（1844 年）与王柏心同科中进士，并成为好友。

道光二十五年（1845 年）的春节期间，即将出京赴任的张仲远特地前来拜访王柏心，并出示其《比屋联吟图》请题。王柏心见其图上已有不少名流的题跋，亦欣然应允为其题跋。其跋文（因跋文字太小，又系草书，辨认不清，故略）及题识云：“仲远二兄大人同年属题，即乞吟定，弟王柏心。”

说起张仲远的《比屋联吟图》题跋，可是一件了不起的事情。道光十九年（1839 年）八月，张曜孙邀请好友王昀为其绘制《比屋联吟图》。王昀的题识云：“《比屋联吟图》。　己亥八月为仲远二弟作，子能王昀。”随后，张氏乃遍求海内达官、学者、名流为其题跋，直至咸丰九年（1859 年），前后二十余年，先后有魏源、陈克家、冯誉骥、汪贻汾、冯桂芬、包世臣、潘曾莹、孔宪彝、边欲礼、梅曾亮、庄受祺、邓传密、宗稷臣、唐树义、刘淳、黄彭年、谭溥、范当世、王柏心等四五十人为其题跋。咸丰八年（1858 年），张氏又请其外甥王臣粥为其引首：“《比屋联吟图》。　咸丰戊午年春，仲远舅氏师大人命书，受业甥王臣粥。”于是，便形成了今天我们所能见到的珍贵的设色纸本《比屋联吟图》手卷（32 cm×51 cm）①。

道光二十七年（1847 年）三月，王柏心应时任武昌（今鄂州市）知县张仲远之邀，前往武昌相聚，并游览了西山。其间，写有《张仲远同年出示所著诗为题其后》（二首）、《清明客武昌》、《仲远同年裒朝鲜使者各诗札装为长卷率题一首》、《县斋诸子招同仲远大令饮寒泉寺因偕登西山》（二首）、《登西山绝顶》等诗作纪其行②。

---

①　见广州华艺国际拍卖有限公司“2012 年秋季拍卖会”——“中国书画”专场拍卖品，编号：0440。

②　王柏心：《百柱堂全集·诗》卷十二，《百柱堂全集》，崇文书局 2008 年版，第 232～234 页。

道光二十九年（1849 年）十二月，张仲远专程赴荆南书院拜访、看望王柏心，并拿出他新写的《闵灾诗》请好友斧正。王柏心阅后，颇为赞赏，当即挥毫，作五言歌行《题张武昌仲远闵灾诗后》①相赠：

张侯闵灾诗，诗成有余泪。亲见嗷鸿声，旦夕就死地。自伤官秩卑，呼号力难济。国恩非不优，事权实有制。以兹内自劾，寝食切忧愧。吾闻武昌民，两荷再生赐。岂无沟中瘠，亦感贤长吏。憯怛心有余，肉骨实无异。嗟乎得民深，乃过釜钟惠。同时李公安（紫藩），救灾亦况瘁。州邑千百余，安得悉君辈。饥寒尽噢咻，林总免凋敝。两君耻求名，课绩未书最。擢之倡循良，庶几劝吏治。荐贤康生民，岂不在高位。

道光三十年（1850 年）年底，王柏心已有大半年没有得到同年好友张仲远的消息了，颇为挂念，乃作《奉寄张武昌》一诗②，以表达其思念之情：

尘甑朝朝满，吾怜张武昌。吹嘘起凋瘵，流〇复耕桑。驯雉符三异，烹鲜效一方。栖迟仍下邑，谁草荐贤章。

咸丰二年十一月十三日（1852 年 12 月 23 日），太平军攻克湖北汉阳，王柏心甚是为张仲远的安危担忧，乃作《汉阳陷后不得仲远司马耗》③寄赠以讯之：

智囊频献策，幕府未延才。楚国谁令覆，斯人实可哀。衣冠遂沦后，生死费疑猜。东望长江断，谁传消息来。

咸丰四年（1854 年）十月间，新任湖广总督杨霈，素闻王柏心之名，颇想将他招入幕府效力，遂让手下发聘书敦请。王柏心接到聘书后，乃以种种困难为由，委婉地谢绝聘请。杨制府仍不甘心，又让王柏心时任汉阳同知的张仲远从中说项。张仲远虽然知道王柏心的夙愿，仍然不敢延误，立即派人给好友送来一封信，说明情况，望其成全。王柏心遂写了《与张仲远同年书》④寄赠：

---

① 王柏心：《百柱堂全集·诗》卷十二，《百柱堂全集》，崇文书局 2008 年版，第 249～250 页。

② 王柏心：《百柱堂全集·诗》卷十三，《百柱堂全集》，崇文书局 2008 年版，第 252 页。

③ 王柏心：《百柱堂全集·诗》卷十四，《百柱堂全集》，崇文书局 2008 年版，第 298 页。

④ 王柏心：《百柱堂全集·书》卷三十七，《百柱堂全集》，崇文书局 2008 年版，第 1109～1110 页。

即日弁至，得复书。承纡策前筹，荩勤兼著，甚善甚善。柏心故宅前经贼毁，近复结屋，方拟移家。老母渐衰，未忍远离。制府杨公之招，不能赴召。章奏又非所素习，已复笺却聘矣。执事知我，希代达委曲。

贼在江汉者，闻其党无多，至今皖中、金陵下游，诸逆未闻增兵来楚，又寡舟船。今我军据长江上游，断彼粮食；战舰既多，众又倍之。贼阴有遁志矣。此机大可乘也。但檄诸将，水陆并攻，即不歼尽凶徒，亦当速走，复江汉如反掌耳。不必坐待北军，始议进剿，恐师老财匮，转失机会。北军既然不能谙贼情势，且非用骑之地，俟澄清江汉，然后会师东下，中为水军，左步右骑，三路并进，楚境自无外寇，下游可以不必设防。但须扫除兴国、崇通等处土寇，使根蘖全芟，则人有再生之庆。以制府威略，执事筹策，此功决可指挥而就。

赞画方劳，勉旃自爱。不宣。

在这封书函中，王柏心真诚地感谢老友的好意，再一次委婉地说明了自己不能入幕的原因，望好友能理解自己的苦衷并委婉转告杨制台。接着，王氏又就如何肃清江汉境内的“贼寇”，随后“会师东下”，“水陆并攻”，直捣“贼寇”老巢金陵的方略谈了自己的看法和建议，亦请好友一并转告杨制府。

咸丰五年（1855 年）九月中旬，新任夷陵知府张仲远途经南郡，特地至荆南书院看望老友。王柏心十分高兴，遂作《仲远太守过郡相见》诗纪其事①。

咸丰六年（1856 年）十月中旬，应张仲远之邀，王柏心赴夷陵燕集、观菊，并写有《仲远太守有看菊之招即席赋此》、《张仲远同年属题海客琴尊第二图》（三首）等诗纪其事②。

咸丰七年（1857 年）六月下旬，湖北巡抚胡林翼布告全省，实行新的漕粮政策，并委派原夷陵知府、督粮道张仲远至各地巡查执行情况。因此，好友得以在螺山相聚。王柏心特地写了长篇五言歌行《咸丰七年秋，中丞益阳胡公有减漕之令，观察张公仲远持节行郡国，所过延见吏民遂定其议，

① 王柏心：《百柱堂全集·诗》卷十五，《百柱堂全集》，崇文书局 2008 年版，第 338 页。

② 王柏心：《百柱堂全集·诗》卷十六，《百柱堂全集》，崇文书局 2008 年版，第 366、370 页。

此大计矣。也非止取便一时，将为国美利万世无穷已。异日国史志食货必有取焉。辄赋诗美二公以备采风》一诗以纪其事①。

咸丰十一年（1861年）新春期间，前方战事正紧，王柏心颇担心同年好友、湖北督粮道张仲远的安危，乃作《春寄张仲远观察》（二首）②表示问候：

罢职弥忧国，投闲益效忠。倾阳瞻塞北，决策赞关中。陆相艰难计，留侯社稷功。谋谟能见采，何谢古人风。

羸病逢多难，江湖叹远臣。空令蟨国手，徒作养疴身。肮脏醒还醉，悲歌秋复春。无为安石卧，终起靖烽尘。

同治元年（1862年）正月，因事已被朝廷免职的张仲远，特地前来螺山百柱堂拜访、看望王柏心，将自己所认识的朝鲜使者李尚迪的诗集《恩诵堂诗集》赠送给王柏心；又索要王柏心的诗集由他转送给朝鲜使者，使王柏心的诗歌作品能在朝鲜传播。王柏心甚感好友之意，乃作《同年张仲远观察以所识朝鲜使者李君藕船尚迪恩诵堂诗集见贻，因索拙诗转贻李君，意欲为结海外牙旷也。辄赋二诗寄赠李君并呈观察》（二首）③诗相赠并纪其事：

带方熊岳挺词英，人指乘莲太乙精。上介简书荣道路，中朝缟纻遍公卿。海天缥缈传仙操，华夏风流得正声。季札由余并贤达，看君千载嗣高名。

平子琴尊海客图，题襟高会凤城隅。金兰臭味遥堪接，仙李风流迥自殊（仲远观察《海客琴尊图》，即为李君作。曩曾附题句于卷末）。旧雨关情传雁帛，新编照眼斗骊珠。狂吟亦有千金帚，能动鸡林国相无。

同年六月，已被好友、两江总督、协办大学士曾国藩奏请开复，并奉命前往上海商谈调取关税税款以助军饷的张仲远，因病在上海去世。

张仲远多才多艺，不仅工诗文，亦善小说，还精医道，有《慎言慎好之居诗集》十八卷、《续红楼梦》（未完）二十回、《楚寇纪略》、《产孕集》等著作行世；王柏心闻知好友去世消息，甚感悲痛惋惜。

同治二年（1863年）三月，王柏心结束汉皋之行，自金沙洲返棹回螺山

① 王柏心：《百柱堂全集·诗》卷十六，《百柱堂全集》，崇文书局2008年版，第379～380页。

② 王柏心：《百柱堂全集·诗》卷二十，《百柱堂全集》，崇文书局2008年版，第521～522页

③ 王柏心：《百柱堂全集·诗》卷二十一，《百柱堂全集》，崇文书局2008年版，第565页。

故里，途经鄂州，触景生情，想起曾在此地当过县令的同年好友张仲远，没于沪上已经一年多了，遂作《癸亥之春重游鄂渚，则同年张仲远观察没沪上逾年矣。凄然感旧，遂成二律》①以寄其哀思：

自逐飙轮少嗣音，安期蓬岛共追寻。槎悬博望天边节，声散成连海上琴。借箸屡陈忧国计，彯缨长负入山心。剧怜乔梓同摧折，一发空伤坠绪沉。

鄂渚重游独怆神，风流思曼遽先沦。楚词哀些成孤唱，吴语清谈失此人。鹤盖龙门空似市，鸿轩凤举竟谁伦？欢条俯仰难重续，沪上俄悲宿草春。

第三节　王柏心与冯誉骥

冯誉骥是王柏心的会试同年，也是相交近三十年的挚友。

冯誉骥（？—1883），字仲良，号展云，晚号卓如、钝叟，斋名“绿伽楠馆”。广东高要（今肇庆市高要区）人。早年肄业于广州学海堂。他年纪轻轻，不仅工诗文，善绘画，而且富收藏，精鉴赏，为张维屏、林则徐等名流所赏识。道光二十年（1840年）举人，二十四年（1844年）与王柏心同科中进士，并选为庶吉士，进入翰林院深造。

在京师参加会试期间，他与王柏心一见如故，且过从甚密，成为挚友。第一次相见时，两人谈兴甚浓，竟不知不觉谈到了好友张维屏和林则徐。王柏心颇为兴奋，曾写了一首七言长篇歌行《相见行赠冯展云同年兼忆张南山司马林少穆尚书》②赠给好友，甚赞冯氏的才华，并表达对老友的怀念之情：

九衢花照春明客，与君相见长安陌。走马人人道姓名，一朝并附春宫籍。同时魏（默深）李（梅生）吴（子略）与边（袖石），遒文丽藻皆翩翩。君才俊逸起南海，弱冠已号金门仙。峨峨建章待华栋，云韶九奏舞仪凤。富贵宁夸早致身，文章实济当时用。闻君折节贤豪流，南山诗老吟相酬。侯官尚书建军府，草奏时左筹边楼。二公爱才世无有，当时曾忝相知厚。与君先后同雅游，过从京华更论旧。世间万事真茫茫，

① 王柏心：《百柱堂全集·诗》卷二十二，《百柱堂全集》，崇文书局2008年版，第614页。

② 王柏心：《百柱堂全集·诗》卷九，《百柱堂全集》，崇文书局2008年版，第154页。

尚书白首留龙荒。诗老杜门卧萝薜，三年转徙烽火旁。词翰勋名两寂寞，何况贱子等飞雚。君随祥鹓游紫庭，予当骑鹿返岩壑。与君回首望玉关，尺书何日度天山。几时南归向岭表，为予问讯南山老。

王柏心签分刑部为官后，与冯誉骥交往颇为密切，两人时常在一起切磋诗艺和画艺。不久，冯氏精心画了一幅画幅巨大、人物繁多、背景宏阔的《玉堂归娶图》，王柏心观赏过后，对好友的画技赞叹不已，不仅应邀为其作了《冯展云同年玉堂归娶图序》①，还为其写了《玉堂归娶图为展云同年题》诗（四首）以纪其事②。另外，写反映两人此段时间交往的诗作尚有《题展云同年吟卷》（二首）、《偕展云同年过悯忠寺》（二首）等篇章③。

同年的九月间，翰林院庶吉士冯誉骥想到几年前病逝家乡的姐姐冯氏④尚未树碑，遂属好友为其作墓志。王柏心感其姐弟情深，乃为其作《冯孝女墓志铭》以哀之⑤。

道光二十五年（1845 年）正月下旬，大雪纷飞，冯誉骥招几位同年燕集。王柏心见好友郭嵩焘在京城漂泊不容易，建议冯展云将他也请来。王柏心曾作五言长篇歌行《乙巳正月廿十四日展云太史招同袖石叔起筠仙燕集寓斋对雪有作》⑥纪其事：

长安盛丝管，召客夸侯鲭。岂知集俊侣，四座高谈清。主人金闺彦，韡萼和光荣。中心敬爱客，穆羽嘤其鸣。初筵及暇日，逸兴皆纵横。行爵未及半，飞雪皓已盈。流光助妍景，委洁辉前楹。慨然念抽秘，远慕梁园英。诸君振文藻，大雅追西京。天门詄荡荡，帝道逢休明。方当翼明月，金石流英声。树立在宏达，词翰何足名。顾予实疏拙，将返山中耕。临觞眷后会，浮云难合并。离居在俛仰，能不怀

---

① 王柏心：《百柱堂全集·骈体文》卷四十九，《百柱堂全集》，崇文书局 2008 年版，第 1378～1379 页。

② 王柏心：《百柱堂全集·诗》卷十，《百柱堂全集》，崇文书局 2008 年版，第 185～186 页。

③ 王柏心：《百柱堂全集·诗》卷九，《百柱堂全集》，崇文书局 2008 年版，第 155、158 页。

④ 冯氏病逝于道光十九年七月二十一日（1839 年 8 月 29 日）。

⑤ 王柏心：《百柱堂全集·骈体文》卷五十，《百柱堂全集》，崇文书局 2008 年版，第 1416～1417 页。

⑥ 王柏心：《百柱堂全集·诗》卷十，《百柱堂全集》，崇文书局 2008 年版，第 176 页。

屏营？

在京城成天与人宴集酬酢、唱和赠答并不是王柏心所要的生活，他的家庭状况、经济承受能力也不允许他这样生活。从诗中“顾予实疏拙，将返山中耕”来看，他已经过认真的考虑，辞官归乡之意甚明。

道光二十六年（1846年）春，王柏心应同年邓小耘、学生吴又恒、陈雪樵之邀，前往鄂城游览，适逢弟子、好友张韵仙前往应州（今山西省朔州市应县）赴任，路过鄂城，得与欢聚，并一同游览、观赏海棠。此时此刻，王柏心情不自禁地想起远在京城的好友叶名澧和冯誉骥，并写有《鄂城看海棠忆润臣展云》一诗[①]寄赠问候：

仙人护绛绡，倚醉发娇娆。雨细微施晕，云红欲作潮。芳辰春妍淑，独客怅清寥。畴昔城南路，谁联紫陌镳。

同年十一月中旬，冯誉骥从广东典试（主持乡试）返回京城，路过荆州时，稍作停留，专程前来拜访、看望老友王柏心。王柏心见到好友，分外高兴，遂陪同好友游览荆州古城，品尝荆州的风味小吃——炸油条和糯米团子。临别之际，王柏心又写了五言长篇歌行《展云太史典试粤西使毕过楚赋送还朝》一诗[②]，为其送行。

咸丰元年（1851年）九月，已外任山东学政的冯誉骥，专门赋诗、来函问候老友王柏心。王柏心则写了《答冯展云太史・时督学山左》（二首）[③]诗回赠：

少年乘传比终童，才子名高禁近中。北斗遂能符士望，南车何幸得词雄。探奇碑证先秦字，表海诗陈大国风。鲁有两生今致否，荐贤应过叔孙通。

原隰皇华映道途，远老尺素下江湖。岂知海岱罗奇士，犹向烟波问钓徒。日月初元昭复旦，风云群彦奋高衢。巢由无补甘长往，高卧山中作散樗。

---

① 王柏心：《百柱堂全集・诗》卷十一，《百柱堂全集》，崇文书局2008年版，第216页。

② 王柏心：《百柱堂全集・诗》卷十一，《百柱堂全集》，崇文书局2008年版，第226～227页。

③ 王柏心：《百柱堂全集・诗》卷十三，《百柱堂全集》，崇文书局2008年版，第271～272页。

咸丰二年（1852年）九月，由于战乱，社会不安定，王柏心甚是思念在京都的友朋，因作长篇五言歌行《青云行寄袖石太史孝凤兵部润臣展云芝房三侍读》寄赠①。

咸丰四年（1854年）十一月间，王柏心离开四川返回螺山。途经宜昌时，恰遇时任湖北学政的冯誉骥按巡（巡视考试事宜）施州、郢州，遂停留近一月，陪同好友遍游了宜昌周边的风景点。至郡西，作《郡西道中》诗②；经当阳，作《过当阳长坂》、《陪学使冯展云同年游玉泉寺》（二首）、《偕观珍珠泉》等诗③；行峡州，作《行峡州山谷中》诗④；至三游洞，作《三游洞送展云同年按试施州》诗⑤；客西陵，作《西陵峡畔口占送别展云同年》诗⑥；过牢溪，作《下牢溪》诗⑦和《创造下牢溪安济桥碑记》⑧；登临夷陵楼，作《登夷陵郡楼》诗⑨；访东山寺，作《东山寺》、《六一书院》等诗⑩；舟望荆门，作《舟望荆门作歌》⑪；舟过猇亭，乃作《夜过猇亭》等诗纪其行⑫。

---

① 王柏心:《百柱堂全集·诗》卷十四,《百柱堂全集》,崇文书局2008年版,第290～291页。

② 王柏心:《百柱堂全集·诗》卷十五,《百柱堂全集》,崇文书局2008年版,第318页。

③ 王柏心:《百柱堂全集·诗》卷十五,《百柱堂全集》,崇文书局2008年版,第319、320页。

④ 王柏心:《百柱堂全集·诗》卷十五,《百柱堂全集》,崇文书局2008年版,第320页。

⑤ 王柏心:《百柱堂全集·诗》卷十五,《百柱堂全集》,崇文书局2008年版,第320～321页。

⑥ 王柏心:《百柱堂全集·诗》卷十五,《百柱堂全集》,崇文书局2008年版,第321页。

⑦ 王柏心:《百柱堂全集·诗》卷十五,《百柱堂全集》,崇文书局2008年版,第321～322页。

⑧ 王柏心:《百柱堂全集》补遗三,《百柱堂全集》,崇文书局2008年版,第1584～1585页。

⑨ 王柏心:《百柱堂全集·诗》卷十五,《百柱堂全集》,崇文书局2008年版,第322页。

⑩ 王柏心:《百柱堂全集·诗》卷十五,《百柱堂全集》,崇文书局2008年版,第322～323页。

⑪ 王柏心:《百柱堂全集·诗》卷十五,《百柱堂全集》,崇文书局2008年版,第323页。

⑫ 王柏心:《百柱堂全集·诗》卷十五,《百柱堂全集》,崇文书局2008年版,第323页。

咸丰五年（1855 年）八月下旬，冯誉骥自省城武昌（即夏口）寄示《江渚联吟集》，王柏心阅后作《题展云学使江渚联吟集二首》[①]寄赠：

驷马乘轩日，长蛇覆楚年。烽惊梁怨外，节驻庾台边。揽佩蘅皋渺，停骖柳雪迁。周南暂留滞，亦未是迍邅。

红莲宾幕盛，丛桂小山高。丽则殊宫体。廉贞配楚骚。同声欣穆羽，逸音激秋涛。郢曲今方擅，荆潭讵足豪。

咸丰六年（1856 年）春，好友怀宁邓传密与同年、广东冯誉骥等友朋结伴往游石门洞后，有诗寄赠王柏心（即《游石门洞简王子寿比部》）[②]：

斜日青林发五溪，万峰苍翠入云齐。重瓻仙去留丹灶，避地人来蹑玉梯。骢马曾嘶芳草岸，霜枫又上白沙堤。拍肩笑展英贤录，镌凿鸿文望简栖。

同年十月下旬，王柏心自夷陵刚回到江陵郡城，适逢冯誉骥视学施州、南郡，顺便前来拜访好友。老友相逢，分外高兴。冯誉骥又拿出其师弟在施州的唱和之作给柏心看。王柏心阅后作《展云学士再试施州赋诗示多士门下群英斐然继和汇为一卷旋节南郡出以见示次原韵率题》（二首）[③]以纪其事。

咸丰七年（1857 年）年底，王柏心自南郡乘舟回螺山度岁，途中遭遇风雪，被阻滞在观音洲回不了家。王柏心由自己自然而然地想到了冯誉骥。此前，冯誉骥按试郢州（今荆门市钟祥市），途经南郡，王柏心曾与其相见，并写有《送展云学士按试郢州》[④]一诗相赠。郢州考试结束后，因太平军和捻军势力颇大，冯誉骥不能按时返回省城度岁，至今仍阻滞逗留于郢州。王柏心看着自己眼下寒冷、孤寂的处境，联想到好友冯展云孤寂的境况，感慨不已，遂写了《舟次寄冯展云学士》[⑤]一诗寄赠好友，以示慰问：

---

① 王柏心：《百柱堂全集·诗》卷十五，《百柱堂全集》，崇文书局 2008 年版，第 334～335 页。

② 此诗见于王柏心《百柱堂全集》附录三，《百柱堂全集》，崇文书局 2008 年版，第 1502 页。

③ 王柏心：《百柱堂全集·诗》卷十六，《百柱堂全集》，崇文书局 2008 年版，第 370 页。

④ 王柏心：《百柱堂全集·诗》卷十六，《百柱堂全集》，崇文书局 2008 年版，第 390 页。

⑤ 王柏心：《百柱堂全集·诗》卷十六，《百柱堂全集》，崇文书局 2008 年版，第 400 页。

维舟一别便重山，寒柳津亭忍独攀。太史周南连岁滞，客星江上逐春寒。五羊城阙烽烟里，双凤楼台霄汉闲。怀士望京情不浅，知君未易豁愁颜。

同治三年（1864 年）十一月间，冯誉骥奉朝命视学楚北，乃驰函邀老友王柏心至宜昌相聚。巡视结束后，冯氏即将离鄂回朝复命。王柏心对好友多年来忠于职守，为国家选拔人才的功绩评价很高。临别之际，又专门写了《送冯展云学士使毕还朝序》①一文，赠送好友：

冯子奉命视学楚北，前后阅五稔。其始至也，寇氛方炽，长蛇穴于会城，支郡沦没者且什之五。久之，次第克复，乃遍行按试。当是时，士困于俘掠奔窜，弦诵几废；井邑荆榛，风鹤频警。他人处此，恇怯扰攘，不暇他及。冯子独从容镇定，校艺甫毕，辄进诸生诲之以文章体要，与立身大节。所至询先代贤哲遗事，搜访岩穴才俊，其风概如此。……吾闻友朋之谊，长善而辅仁，非乐其相誉也，而乐其相励。冯子行矣，柏心僻处江介，不及送，辄书此语为赠。

同治（1862—1874）的中后期，冯誉骥因丁忧回到家乡端州（今肇庆市端州区），受聘主讲广州应元书院。直到王柏心病逝前，两人都保持着书札往还。光绪五年（1879 年）八月，冯誉骥擢升陕西巡抚，颇有政绩。九年（1883 年）十月，因遭御史弹劾，被革职。致仕后，寓居江苏扬州；不久，卒于扬州寓所。有《绿伽楠馆诗存》等著作行世。

第四节　王柏心与蒋琦龄

蒋琦龄是王柏心荆南书院早期的同事，亦是相交四十余年的挚友。

蒋琦龄（1816—1876），字申甫，亦字石寿，号石月，广西全州人。蒋启敭长子。出生世代书香官宦家庭，五六岁即由祖父蒋励常亲自教读；七八岁就会作诗，十岁时就能写出让长辈们赞赏的文章。由于他少年时就颇有文名，十五六岁就满腹经纶，故被大吏荐举至荆南书院任教，与王柏心同事。当时同在荆南书院执教的除蒋琦龄之外，尚有姚春木、张启鹏等人。因他们皆比王柏心早来书院任教，故王柏心便以师长之礼尊之。闲暇之时，常和他们在一起切磋学问、诗艺，与他们结下了深厚的友谊。

① 王柏心:《百柱堂全集·赠序》卷三十六,《百柱堂全集》,崇文书局 2008 年版,第 1059～1061 页。

道光十五年（1835 年），蒋琦龄离开荆南书院回全州应童子试，县试、府试、院试皆被取为第一；几年后参加乡试，又考取为举人第一名，即人们通常所说的“解元”。道光二十年（1840 年），蒋琦龄进京会试，顺利考取进士，并被选为庶吉士，进入仕途；散馆后历官翰林院编修、国史馆协修、纂修、总纂、江西九江知府、陕西汉中知府、西安知府等职。其所到之处，“以吏治精干而著称”①，且不避艰险，勇于任事，皆有政绩。两人天各一方，各自奔忙，虽仍保持着诗书往还，却是多年未曾相见。

咸丰四年（1854 年），蒋琦龄被任命为四川盐茶道；次年，因其政绩突出，又被委任为顺天府尹（通称“京兆尹”，负责京师一带政务与治安的管理，正三品）。

咸丰六年（1856 年）六月，好友蒋琦龄之父、河南分守河北兵备道、署河东河道总督蒋启敭逝于任上。蒋琦龄遵例奏请丁忧，扶父柩南归，并驰函王柏心，请其为亡父作墓志。王柏心应邀立即为之作《署河东河道总督按察使衔河南分守河北兵备道蒋公墓志铭》②相赠。

咸丰十一年（1861 年）十月，咸丰皇帝驾崩、同治皇帝承继大统后，蒋琦龄曾应诏上《中兴十二策》万言书，议论朝政得失，抨击社会弊端，语甚切直，甚为当道所忌。说到蒋氏的《中兴十二策》，不能不多说几句，因为它是当时颇有影响的一部著作。它洋洋一万七千余言，内容极为丰富，涉及当时的朝政得失、社会流弊、官场腐败、人才任用、文化教育、激励机制、财政用度、舆情言论等诸多方面，其目的在于抉摘时弊，匡时济世。其中充分表现出了一位正直官吏忧国忧民的爱国情怀。

在《中兴十二策》中，蒋氏曾极力向朝廷推荐王柏心，谓其留心经济，学问淹博，可任同治皇帝的师傅。后因王柏心力辞方罢议。

王柏心《国史馆本传》中亦记有此事：“十一年，前顺天府尹蒋琦龄《中兴十二策》，以柏心留心经济，请旨录用。以母老辞。”③

同治元年（1862 年）十月间，挚友蒋琦龄因上《中兴十二策》万言书得罪朝中权要，遂以老病为由请假省亲。在途经荆南书院时，特停舟登岸前来看望自己三十多年前在荆南书院教书时的这位同事、好友。二人虽然平

---

① 张维：《清代广西古文研究》，广西师范大学出版社 2008 年版，第 212 页。

② 王柏心：《百柱堂全集·墓志铭》卷四十三，《百柱堂全集》，崇文书局 2008 年版，第 1272～1275 页。

③ 王柏心：《百柱堂全集·卷首》，《百柱堂全集》，崇文书局 2008 年版，第 14 页。

时一直都有书信、诗文往来，却是好多年未见过面。两人又在三十多年前相聚的书院相见，真是分外高兴，亦百感交集。两人相聚期间，蒋氏拿出自己的诗集，请王柏心校阅，并希望能为其写一篇序言。王柏心欣然应承，并认真为其写了《蒋申甫先生诗序》[①]相赠。在序中，王柏心简明扼要地概括了蒋氏诗歌创作的主要特点以及形成这些特点的主要原因。其文略云：

同治元年冬，全州蒋先生既奉诏归养。维舟枉顾，出自著诗若干册，授柏心商校，且命序其大指。先生自出守后，始为诗，距今财七年耳。初以清永冲隽为主，己庚以后，则遒而厚，郁而深，雄直而豪宕，开阖变眩，浑茫无际，震骇以为目所未见。何成之速，而奔轶绝尘如是？窃尝探其本矣。古今能言之选，不自言求之，盖有天焉，才是已；有源焉，历代作者体制是已；有所积而充之者焉，忠孝大节与其气识是已。才与源，犹众所同；积而充之，非奇杰莫属。三者不具，终日言无当也；三者具，不言则已，言则未有不居古今能言之极选者……

忧愁感叹，恳恳款款，章疏所不能尽泄，则发愤而寓诸诗。先生即不为诗，已卓然跻名臣之右矣。况其诗又至工，无他，积而充者，莫非忠孝气识故也。彼受才之独厚，导源之独正，特其余尔。嗟乎！先生之为诗，与其诗之苍凉顿挫，壮伟超忽，由不得尽行其志乃然。向使从容翊赞，不逢厄会，即可不为诗；即为之，亦不能变诣若是。然则推先生入能言之极选，殆非先生本志也欤？

柏心忝出先生门，称述过盛，恐涉阿好，谨发明大指，以俟海内识者共论之。

同治二年（1863年）正月，蒋琦龄因老母身体有疾，又颇思乡，遂上折请奉母归养；皇上嘉其孝，乃恩准其奉母归养。于是，蒋琦龄自山西泽州归乡，途经荆州，特地至螺山百柱堂看望老友王柏心并与之告别。王柏心甚是感动，遂作长篇五言歌行《申甫师奉诏归养维舟枉顾敬呈五言一章》[②]赠谢：

鹏翼广千里，南赴天池遥。回翔暂息运，终起摩绛霄。我师蔚时

① 王柏心：《百柱堂全集・序》卷三十四，《百柱堂全集》，崇文书局2008年版，第997～999页。

② 王柏心：《百柱堂全集・诗》卷二十二，《百柱堂全集》，崇文书局2008年版，第595～596页。

栋，峻若凤在条。绛驺领京尹，三辅静不嚣。显皇值多事，跋浪长鲸骄。表饵策不效，鳞介争乘潮。扬鬐感喷沫，势鼓三山漂。虹霓蔽白日，含沙助为妖。乘舆守关塞，远赓黄竹谣。鲛蜃入都市，官守尽奔逃。大臣请西幸，秦中王气饶。师独主三晋，肇都古唐尧。黄河右萦带，太行左岧峣。顾盼接幽蓟，足壮膂与腰。民俗况勤俭，节义兼勇剽。朔漠百万骑，控引尤雄骁。此实万年计，根本不可摇。拜疏伏阙下，沉沉天路迢。策马逾上党，义旅同盟邀。迎驾计不就，鼎湖悲既辽。孤臣滞泽潞，奉母并州侨。今皇始旋跸，复返六龙镳。两宫翼冲圣，宗衮扶斗杓。访落在惩毖，荓蜂忧未消。师复竭罜罜，驰奏陈刍荛。上者自宫府，下以肃百僚。赏罚及征讨，疲瘽宽租徭。魁柄尽还上，徐之元气调。九庙圣神继，八纮氛祲。中兴策十二，拨乱在崇朝。直接古伊傅，何言管与萧。温纶果嘉纳，归阙促登轺。陈情再三上，有目鹤发飘。陛下重孝治，圣慈蒙幸徼。许返旧田里，归侍昼与宵。垂涕谢优诏，岂曰怀场苗。丹悰结葵藿，依依在本朝。安车始发晋，首路枫未凋。易舟更过楚，天寒雨雪瀌。小子违侍坐，复亲鸾凤标。深谈泪交下，世变如冲飙。时艰且未济，莫释中心愮。所怅岁云暮，不得停兰桡。拜送久伫立，瞻望云天寥。国家起神武，灵贶承于昭。皇德懋惇敏，文景不足超。渴贤日侧席，俊乂罗旁招。吾师旧良弼，谁谓安耕樵。天书即继下，望副苍生翘。来仪返阿阁，振羽谐箫韶。

在螺山百柱堂相聚其间，挚友蒋琦龄又告诉王柏心，其归养之所取名曰“赐养堂”，希望他能为之作记。王柏心既感到荣幸，又觉得义不容辞，遂为撰《赐养堂记》①相赠。

同年八月，已有大半年未得到好友蒋琦龄的消息，久盼其音讯，终于接到他从零陵寄来的书信。王柏心立即写了《得申甫师零陵书》②诗表达其心情：

寓公多为好山停，岳色飞来九面青。倚棹遍行张乐地，题诗还上合江亭。移情泉石邀卿月，望气蒸湘识客星。门下侯芭劳远讯，便如亲授太元经。

① 王柏心：《百柱堂全集·记》卷三十二，《百柱堂全集》，崇文书局 2008 年版，第 943～944 页。

② 王柏心：《百柱堂全集·诗》卷二十三，《百柱堂全集》，崇文书局 2008 年版，第 630 页。

同治三年（1864 年）的初夏，王柏心带领诸弟子及同仁继续旅居夷陵，专心一意编纂《宜昌府志》和《东湖县志》。每当闲暇之时，就颇想念好友蒋琦龄。于是便写了《奉忆申甫师零陵》①一诗寄赠，以表达其思念之情：

豺狼仍率野，麟凤未归朝。迹异横山隐，心宁魏阙遥。潘兴随转徙，蒋径任萧条。时有岩廊梦，犹依北斗杓。

同治四年（1865 年）正月，收到好友蒋申甫先生寄示之《合江亭》，王柏心阅后颇为赞赏，遂作五言长篇歌行《奉和申甫先生合江亭追用昌黎韵》②寄赠。

同年的五月间，得知挚友蒋琦龄奉太夫人自湖南零陵回广西全州的消息，王柏心立即写了《闻申甫师奉母自零陵还全州》（二首）③寄赠问候：

赐归仍赐养，长荷主恩优。堂上宽衰疾，溪边忆钓游。紫芝华自秀，乔木泽仍留。门祚虽多故，还宜遣百忧。

已道零陵还，浮湘今又归。湖波鱼不达，过岭雁都稀。世望仲山究，春生莱子衣。问奇益修阻，何日叩岩扉。

自此之后，蒋琦龄隐居老家，著述自娱，不复仕。晚年，蒋琦龄寓居湖南衡阳，受聘主讲秀峰书院（后改名为“天门书院”），以教授生徒、讲艺论文为乐。一生著有《空青水碧斋文集》八卷、《空青水碧斋诗集》六卷、《空青水碧斋尺牍》一卷、《楹联》一卷、《南行和苏》一卷和编辑有“全州蒋氏丛刻”、《问梅轩诗草偶存》行世。

第五节　王柏心与夏承业

夏承业是王柏心年轻时候结识的朋友，两人相交三十余年，成为挚友。

夏承业（？—1863），字秋丞，湖北武昌（今鄂州市）人。道光八年（1828 年）八月，王柏心赴省城武昌（即夏口）参加乡试，与亦来赴试的夏秋丞一见如故，并从此成为好友。乡试结束后，两人曾相偕游览了汉阳、

① 王柏心：《百柱堂全集·诗》卷二十四，《百柱堂全集》，崇文书局 2008 年版，第 654 页。

② 王柏心：《百柱堂全集·诗》卷二十四，《百柱堂全集》，崇文书局 2008 年版，第 671～672 页。

③ 王柏心：《百柱堂全集·诗》卷二十四，《百柱堂全集》，崇文书局 2008 年版，第 683 页。

江夏、洪山、武昌（今鄂州市）等地，王柏心曾写有《答夏秋丞二首》、《冬日偕夏秋丞入宝通寺遂陟洪山绝顶》、《洪山咏岳鄂王松》、《滋阳湖桥冬望》、《鄂州旅次赠赵醴原邑宰》等诗纪述两人的交往①。

后来夏承业考选为拔贡，走上仕途，曾官南漳县教谕、黔南知县等职。虽为了生计各奔东西，却仍保持着书函联系。

咸丰元年（1851 年）十二月，夏承业黔南县令任满，奉旨进京候选，王柏心甚是挂念，乃作《寄夏秋丞都中》②一诗，希望好友在过完春节后就能听到好消息：

驱车仍听帝城钟，绛阙参差望九重。畿辅地形高涿鹿，关门山势抱卢龙。才名荀陆应谁匹，酒市荆高或可逢。遥想春风辞汉殿，翩然飞舄领花封。

咸丰二年（1852 年）正月，夏承业得授黔中天柱知县，即将赴任，特致函告知老友。 王柏心很是为好友高兴，乃作七律《送秋丞宰天柱》③一首寄赠祝贺：

栖栖求禄已三年，新得分符下日边。嗟尔一官邻贼境，何人百战静蛮天。岩疆屯戍能无事，瘠壤耕桑况可怜。为想下车勤抚字，舂陵岂乏次山篇。

王柏心将贺诗寄走后，仍觉不太尽意，故又作五言长篇歌行《答秋丞明府五十韵》④寄赠。

同年十月，王柏心自上次与夏秋丞联系后，就一直没有他的消息，心里颇为挂念，乃作五律《别后寄讯秋丞大令黔中》（二首）⑤寄赠问讯：

转侧虞难达，津途各有屯。远求勾漏令，聊比武陵源。八月浮江汉，全家溯澧沅。黔中何日到，书报与柴门。

昨者过吾里，淹留桂树丛。忧时江海下，惜别鼓鼙中。迹自飞沉判，心原淡泊同。宦成倘招隐，相与老蒿蓬。

咸丰五年（1855 年）七月，得知夏承业在安化（今湖南益阳市安化县）

① 王柏心：《百柱堂全集·诗》卷二，《百柱堂全集》，崇文书局 2008 年版，第 19、20、21、22～24 页。

② 王柏心：《百柱堂全集·诗》卷十三，《百柱堂全集》，崇文书局 2008 年版，第 262 页。

③ 王柏心：《百柱堂全集·诗》卷十四，《百柱堂全集》，崇文书局 2008 年版，第 278 页。

④ 王柏心：《百柱堂全集·诗》卷十四，《百柱堂全集》，崇文书局 2008 年版，第 278～279 页。

⑤ 王柏心：《百柱堂全集·诗》卷十四，《百柱堂全集》，崇文书局 2008 年版，第 289 页。

抗击太平军颇有成绩，王柏心颇为欣慰，遂作七言长篇歌行《安化县令歌·美夏子秋丞守城之绩也》[①]相赠，以表达自己的赞赏之情。

同年九月下旬，收到夏承业的书信，得知其奉旨入京觐见，已因功被朝廷擢升为黔西知府，即将出京赴任。

十月间，夏承业出京赴任，途经荆州，稍作停留，特地去荆南书院看望王柏心。亲朋好友久别重逢，促膝而谈，分外高兴。自然，王柏心对好友仕途上的不断升迁亦表示了由衷的高兴和祝贺。

与夏承业分别后，王柏心虽为好友不断升迁感到高兴，但仍觉不放心，经过仔细考虑，遂写了《寄答秋丞刺史》（二首）[②]寄赠：

潢池甫靖未论功，怙险苗顽又伏戎。岩邑当关群盗侧，书生乘障万山中。仓皇尽职戈矛义，儒雅仍行俎豆风。御侮已堪兼将略，抽毫犹不愧词雄。

河内似闻留子翼，武都还拟擢升卿。需才最是边方急，拨乱无如吏道清。同学几人征实用，分符一旦雪虚声。何当牧守皆君辈，尽遣疮痍得再生。

在诗中，王柏心告诫好友：黔西险恶丛生，不比内地，请他处处小心，谨慎行事；同时也希望他不辜负朝廷重托，建功立业，造福边民。

咸丰八年（1858 年）五月上旬，王柏心收到好友夏秋丞的来信，当即写了《得秋丞书却寄》一诗[③]寄赠：

襜帷行按垒，亭障起挥戈。塞远烽犹接，民残寇转多。尺书何自至，八口幸无佗。倘有莼鲈兴，扁舟返涧阿。

咸丰十年（1860 年）二月，好友夏承业在紧张的军务、政务之余，读完王柏心寄赠的诗集（即《漆室吟》）后，还应邀作序[④]一篇，自黔中寄赠。其序云：

予尝驱车大漠，历旷原，寥天万里，平望无际。俄飞尘蔽日，惊沙

---

① 王柏心：《百柱堂全集·诗》卷十五，《百柱堂全集》，崇文书局 2008 年版，第 333 页。

② 王柏心：《百柱堂全集·诗》卷十五，《百柱堂全集》，崇文书局 2008 年版，第 340～341 页。

③ 王柏心：《百柱堂全集·诗》卷十七，《百柱堂全集》，崇文书局 2008 年版，第 410 页。

④ 此序今收入王柏心《百柱堂全集》卷首，《百柱堂全集》，崇文书局 2008 年版，第 30～31 页。

漫空，阵马奔腾，骄嘶怒吼，人语不闻。舆子仆夫相顾失色，且骇且愕，戚心怵目。倾之狂飙顿息，气和景清，远树遥天，蔚然一碧。乃叹曰："此陆行之奇观也。"又尝浮长江，泛洞庭，溯沅水，峰峦插云，波涛滚雪，湍声石声，澎湃喷激，忽晦忽明，晴雨万状。复叹曰："此舟行之奇观也。"

斯境也，予尝于螺洲子寿比部之诗得之。比部负异才，童年即能诗，自少而壮而老，无昕夕倦，故所为诗，雄宕有奇气。同时竟陵刘子孝长、胡子子重、监利蔡子季举，往来唱和。张楚军顾其才，皆不逮比部。比部含咀经史，浸淫汉魏，高华匹太白，沉痛跻杜陵，盛唐以下耻弗为。昌黎云："李杜文章在，光焰万丈长。"比部有焉。性高澹，不乐仕进，虽释褐登朝，而轩冕立脱，放迹江湖，眷怀盘阿，囊橐萧然，自若也。然而才储匡济，名噪公卿。当粤贼迭陷武昌，制府杨公、中丞胡公，先后延比部参军谋，固辞不果。所议合机宜，决一言无偾事。盖其忠爱之诚，虽身处山林，未尝须臾忘君国也。岂仅扢扬风雅，才名籍甚当时哉！

先是比部为诸生时，与予订交，终日论诗旨趣，无不合。迨壮游雍、凉、燕、蓟，云山间阻，啸咏长通，奔腾澎湃，洵有如陆行舟行之瑰奇杰特者，益叹比部之诗之纵横变化，直追盛唐，高乎其莫京，渊乎其莫测也。近闻比部感时讽事，悉托咏歌，兴愈豪，集愈富，纵未经目睹，吾知其所造，当更有深焉者矣。嗟乎！吾楚诗人，若季举、孝长、子重辈，相继陨殁，惟比部独存。予又以作吏黔中，数载不获一见。忆曩昔良朋萃处，诗酒相征逐，落落晨星，风流云散，噫，可慨也夫！

咸丰十年春仲姻愚弟秋丞夏成业拜撰

同治二年（1863年）二月，王柏心应友朋之邀往游汉阳，途经武昌（今鄂州市）时，稍作停留，就下榻于夏承业的青溪草堂，身处其间，自然勾起对远在黔中的老友的思念之情，乃作《青溪草堂者，吾友夏秋丞太守别业也。今春游鄂，下榻于此。海棠盛开，题二绝寄太守黔中》（二首）① 寄赠：

红霞三丈出檐间，旅客狂吟兴未闲。忽忆昔年花下饮，黔云春满万重山。

① 王柏心：《百柱堂全集·诗》卷二十二，《百柱堂全集》，崇文书局2008年版，第610页。

正好花时胡不归，园林兵后此尤稀。东风吹放旋吹落，日夜红云满地飞。

同年六月，王柏心终于盼来了夏承业寄自黔中的书信。与书函同时寄来的尚有好友幕僚为其整理、编辑的近几年所填之词数百首，谓将刊行，请好友赐序。王柏心细细审读，颇多感慨，立即为其写了《〈研雨斋词〉序》①一文寄赠：

始予与夏子秋丞论诗时，予兼好倚声，秋丞未之好也。久之，乃闲为小令示予，清丽似晏元献。既而秋丞谒选滞都门，则时时贻予长调见示。精炼流稳，近少游、美成矣。又久之服官黔中。其时黔滇数反覆，寇攘充斥，獉狉之俗，鸟言卉服，乐祸嗜杀。秋丞所莅，又皆山谷辽远，与边徼为邻。奸宄跧伏，时虞煽动，日夜督民伍缮守御之具。或有犯境者，则枕戈跃马，亲驰行阵，摧锋逐北，威震境外。盖无日不在戎马间。今年得其书云：近岁所为填词，不下数百阕，门下士为之梓行，因征序于予。益骇叹以为何整暇若是？

尝窃谓文词者，禀之才，受之性者也，而尤成于嗜好之笃。非才与性不能工，有其才性矣，嗜好不笃，虽工不能富。今夫文词家于其所嗜好尤笃者，往往值穷愁牢落，惊鄂（愕）悲叹，愤惋叱咤，俯仰亡憀之中。而染翰濡墨，忽不自禁，沉吟往复，抗膺高歌，伸纸疾书，得丧顿、忘非是，则胸次如大鲠必吐之而后快。填词虽文艺之一体，然与风雅乐章相出入，其深婉挚厚者，可以宣忠孝之怀，见性情之正，非才性具而加以嗜好之笃者，不能至是。予观秋丞近诗，既益壮；而填词豪宕，不减于诗，益叹其能工而且富也。

余尝约秋丞以宦成早退，当结邻山水间。他日倘践兹诺，举酒联吟。予虽老矣，至于激昂慷慨之调，犹能一再赓之。

同年九月，王柏心在教授之余，颇为挂念夏承业，不知他近况如何，王柏心遂作《寄秋丞太守黔中》②一诗寄赠问讯：

日日黔荒宦兴微，流年空惜鬓毛非。前盟松菊虽无负，故国荆榛未可归。酿熟山花窥酒盏，诗成蛮寨绣弓衣。专城须领东方骑，莫使抽簪

① 王柏心：《百柱堂全集·序》卷三十四，《百柱堂全集》，崇文书局 2008 年版，第 1032～1033 页。

② 王柏心：《百柱堂全集·诗》卷二十三，《百柱堂全集》，崇文书局 2008 年版，第 634 页。

说息机。

同治四年（1865 年）三月下旬，王柏心方才得知夏承业已于去年中秋节为国殉职的消息，非常痛惜，遂写了五言律诗《秋丞太守去岁中秋殉节黔西，今春乃知其耗，赋诗追挽》（五首）①，以表达自己的吊唁和缅怀之情。

除了前面提到的几位之外，王柏心一生结交的挚友尚有胡大任（1804—1891，字莲舫，湖北监利人；道光十八年进士，官至河南按察使）、张启鹏（1807—1883，字蔗泉，自号丽江居士，湖南长沙人；道光十五年举人，官知县授同知衔）、叶名澧（1811—1859，又名名沣，字润臣，号翰源，湖北汉阳人；道光十七年举人，累官至浙江候补道）、龚绍仁（1812—1867，字体之，号九曾，湖北监利人；道光二十年进士，官至户部主事，后辞官以授徒为生）、王家璧［1814—1883，字家凤，号连城，湖北武昌人；道光二十四年（1844 年）进士，官至光禄寺少卿］、龚自闳（1819—1879，字应皋，号叔雨，浙江仁和人；道光二十四年进士，官至工部右侍郎）、边袖石（1820—1862，字夔友，号袖石，直隶任丘人；道光二十四年进士，官至河南布政使）、李杭（1821—1848，字梅生，湖南湘阴人；道光二十四年进士，官至翰林院编修）、郭嵩焘（1823—1882，原名先梓，字仲毅，号意城，晚号樗叟，湖南湘阴人；道光二十四年举人，官至内阁中书）等人，限于篇幅，此处不再详述。

---

① 王柏心：《百柱堂全集·诗》卷二十四，《百柱堂全集》，崇文书局 2008 年版，第 673～674 页。

第六章　王柏心与道咸名臣

清朝的嘉庆（1796—1820）、道光（1821—1850）及咸丰（1851—1861）年间，正是大一统封建帝国逐渐走向衰败，中国社会逐步发生变化、转型的时期，一批开明的地主阶级官僚应运登上了历史的政治舞台。为了维护封建帝国的统治，有效地镇压风起云涌的农民起义，抵抗西方列强对中国的侵略，他们积极主张经世致用、革除时弊、广揽人才、抵御外侮。值此国家政权、民族命运存亡的攸关之际，王柏心以其卓越的才识见解，受到各地方大吏的器重，或"飞书求策"①，或争相延聘。因此，王柏心与道咸时期的众多封疆大吏有着广泛的联系，在为他们出谋划策的过程中，与他们建立了深厚的友谊。

第一节　王柏心与林则徐

林则徐是中国近代史上的著名人物，他与王柏心结识于道光十年（1830年），从此成为二十余年的朋友。

林则徐（1785—1850），字元抚，一字少穆，晚号俟村老人。福建侯官（今福州市）人。嘉庆九年（1804 年）取举人，十六年（1811 年）中进士，并被选为庶吉士。散馆后历官翰林院编修、江西乡试主考官、江南道监察御史、江苏按察使、陕西按察使、江宁布政使、湖北布政使等职。

道光十年（1830 年）八月，天门县令唐树义奉湖北布政使林则徐之命赴监利防汛救灾，在完成防汛救灾任务后，将其刊印的监利秀才王柏心撰写的《导江三议》（即《浚虎渡口导江流入洞庭议》）以及王柏心本人的情况，都驰函推荐给上司林则徐，使林则徐对王柏心有了极深的印象。

大约在同年的十二月间，汉高绅民有募修黄鹄山斗姥阁（即"南楼"，

① 彭崧毓：《祭监利王先生文》，《百柱堂全集》附录一，《百柱堂全集》，崇文书局 2008 年版，第 1436 页。

俗名“鼓楼”）之役。竣工后，绅民们恭请湖北布政使林公为其作记；林则徐有意要考察王柏心的才学，遂将此记委托给了王柏心；王柏心应命为林公作《重修斗姥阁记（代）》一文呈上（见《百柱堂全集·骈体文》卷四十八，《全集》第1368～1369页），林则徐阅后甚为满意。

道光十七年（1837年），王柏心在陇右巩昌府做幕僚期间，完成了他的重要著作《枢言》。好友唐树义阅后极为赞赏，不仅出资将其刊印行世，而且驰书再一次将王柏心和他的著作推荐给时任湖广总督的林则徐。

道光十八年（1838年）四月，王柏心告别好友唐树义，自甘肃的巩昌府风尘仆仆地来到湖北武昌（即夏口），并遵照好友唐树义的叮嘱，前往拜访了湖广总督林则徐。林则徐对王柏心的学识、才华早就心中有数，颇为赏识；尤其是对其新撰之《枢言》，不仅感到有才华，而且感到很有思想，甚为推崇，遂将王柏心留在府中课其子。

在林府，王柏心与林则徐及林聪彝[①]、林拱枢[②]二位公子相处十分融洽，常在一起切磋诗文。林则徐的父亲林宾日在嘉庆年间曾绘有一幅《饲鹤图》。一日，林公处理完政务，有闲暇，便以此图为题，嘱几个孩儿作赋。王柏心见了，亦欣然挥毫作有《饲鹤图赋》相赠[③]。

林则徐读了王柏心所作之《饲鹤图赋》，颇为欣赏，遂请王柏心为其父所绘之《饲鹤图》题跋（因字太小，又是草书，辨认不清，故略）。

说起林宾日当年所绘之《饲鹤图》，还有一段为文人雅士所传的佳话：

嘉庆十三年（1808年），林则徐之父林宾日（1749—1827）曾绘有《饲鹤图》，自我形状，借以遣怀。林宾日去世后，林则徐缅怀情深，遂延请好友汤贻汾（1778—1853）、吴荣光（1773—1843）以同一画题，重新创作了两卷各具风貌的《饲鹤图》；更历经多年，遍求达官、学者、名流题跋。

---

① 林聪彝(1824—1878)，号听孙。侯官(今福州市)人。林则徐次子。道光二十一年(1841年)，林则徐谪戍伊犁，与弟拱枢随侍前往。林则徐逝世后，以郡庠生赏举人、补内阁中书。后历任六部主事、衢州知府、浙江候补道、署浙江按察使、杭嘉湖海防兵备道等职。光绪四年(1878年)病逝家中。著有《西行日记》。

② 林拱枢(1827—1880)，字心北。侯官(今福州市)人。林则徐第三子。道光二十一年(1841年)，林则徐谪戍伊犁，与其兄聪彝随侍前往。林则徐逝世后，以县学生赏举人、补内阁中书。后历任刑部坐办、主事、员外郎、湖广司郎中、江南道监察御史、广西道员、兵科掌印给事中、京畿道、山西道、河南道监察御史、汾州知府等职。后因病辞官，逝于家中。

③ 王柏心：《百柱堂全集·赋》卷三十一，《百柱堂全集》，崇文书局2008年版，第921～922页。

自道光十年（1830 年）曹振镛（1755—1837）首作题跋起，至道光三十年（1850 年）林昌彝（1803—1876）最后一个作题跋，二十余年间，共有潘世恩、曾燠、孙尔准、李宗昉、陈寿祺、梁章钜、朱绶、顾莼、汤鹏、张维屏、魏源、张际亮、邓廷桢、祁寯藻、翁心存、黄爵滋、穆彰阿、何淩汉、陶澍、邓显鹤、姚春木、王柏心等六十多位达官、学者、名流为之题跋。第一卷前有陈延恩题引首："饲鹤图。道光辛丑（1841 年）秋七月，陈延恩补题。"第二卷题识："汤贻汾补图。"第二卷前有阮元题引首："饲鹤第二图。阮元题。"第三卷题识："道光丁酉（1837 年）正月，敬为旸谷老伯大人遗照写图。愚侄吴荣光并识。时廿有五日。"第三卷前有程恩泽题引首："饲鹤第三图。旸谷年伯大人遗照。年家子程恩泽题。"于是，便形成了今天我们所能见到的珍贵的设色纸本《饲鹤图》（三卷）手卷（30×29.5 cm，29.5×115.5 cm，29.5×109.5 cm）。清人陈康祺《燕下乡脞录》中曾记载有此事："林文忠公服官中外，常以封翁旸谷先生《饲鹤图》珍藏行胜，遍索题咏，一时作手阐述其先德甚详。"［见中国嘉德国际拍卖有限公司"中国嘉德 2012 秋季拍卖会"——"大观—中国书画珍品之夜（古代）"专场拍卖品，编号：0869］

同年九月，林则徐奉命进京谒见，讨论禁烟事宜。王柏心遂辞去馆席，与前辈好友林则徐告别，前往川陕等地访友、游幕。

自林则徐被朝廷任命为钦差大臣前往广东禁烟后，王柏心便一直关注着广东形势的发展：对林则徐在虎门销烟的正义行动，十分称赞，拍手称快，而对朝廷将林则徐降职四品卿衔调赴浙江军营协办海防之事，感到非常愤慨和惋惜。

道光二十一年（1841 年）四月，当粤东大捷的喜讯传来，王柏心非常高兴，立即和好友姚春木写了《喜闻粤东大捷奉寄前制府林公三首同樗翁作》诗纪其事①。

不久，当道光皇帝听信投降派谗言，以广东的军事失败归罪于林则徐、邓廷桢"废弛营务"，下令革去林则徐四品卿衔，将林则徐、邓廷桢遣戍新疆伊犁效力赎罪的消息传来，王柏心甚是愤慨，当即写了《闻侯官林公谪伊犁》一诗②，表达自己的心情：

万里伊吾北，孤臣鬓已霜。奏书无耿育，持节少冯唐。曲突谋犹

① 王柏心：《百柱堂全集·诗》卷七，《百柱堂全集》，崇文书局 2008 年版，第 116 页。

② 王柏心：《百柱堂全集·诗》卷七，《百柱堂全集》，崇文书局 2008 年版，第 117 页。

在，高墉射易伤。鼓鼙思将帅，终望扫欃枪。

同年的十月，王柏心又回到荆南书院执教。与姚春木分别几年，老友相见分外高兴，有说不完的知心话，很自然地也谈到了他们的好友林则徐的遭遇。林则徐在广东禁烟，令行禁止，成绩卓著；尤其是虎门销烟，大长中国人民的志气，大灭帝国主义列强的威风，全国人民拍手称快，但却受到投降派的陷害，得到不公正的待遇，被革职充军，真是没有天理！于是，他俩同时给林则徐写了信和诗寄去，向老友表示问候和安慰。

道光二十二年（1842 年）十一月，王柏心从京城回到书院。回到书院不久，就收到了林则徐的来信，这就是著名的《遣戍伊犁行次兰州致姚春木王冬寿书》①：

春木、冬寿两先生师席：

别已四载，思何可言？去年仲冬及岁暮，在祥符河干先后奉到春翁三书、冬兄二札，并各赠谪戍一诗及附录数首，所以爱惜而诲注之者，皆从胸膈中推诚而出，岂寻常慰藉语所能仿佛一二哉！三复紬绎，背汗心铭，恨不能作累日面谭以倾衷臆。又值河事孔艰之际，昕夕在畚锸间，未遑裁答。迨河上蒇工，则仍有何戈之役矣。行至西安，痁作而伏，几濒于殆。因是迟迟无以奉报，万罪万罪。

夏杪疟始渐止。秋初由长安西行，比于兰州晤唐观察，询知两先生仍馆荆州，吟著如旧。虽皆不免依人，而韩孟云龙合并之缘，为可羡也。近者时事至此，令人焦愤填胸。贱子一身休咎，又奚足道？第爱我者，既以累纸长言，反覆慰谕，亦姑陈其厓略，不敢贻贤者以失德也。

徐自亥年赴粤，早知身蹈危机，所以不敢稍避者，当造膝时训谕之切，委任之重，皆臣下垂泣而承者，岂复有所观望。及至羊城，以一纸谕夷，宣布德威，不数日即得其缴烟之禀。禀中既缮汉文，复加夷字，画夷押，盖夷印，慎重如彼，似可谓诚心恭顺矣（原禀进呈，现存枢省）。遂于虎门海口收烟，徐与夷舶连樯相对者，再阅月。其时犬羊之性，一有不愿，第以半段枪加我足矣。何以后来猖獗诸状，独不施诸当日？且毁烟之时，遵旨出示诸夷观看。彼来观者，归而勒成一卷书，备纪其事，是明知此物之当毁亦彰彰矣。收缴以后，并未罪其一人。惟谕以宽既往、儆将来，取其切结，以为久远通市之法度。它国皆已遵具，

① 此信原收入《道咸同光名人手札》第二集卷一（见《鸦片战争》二，第 567 页）；亦见王柏心《百柱堂全集》附录三，《百柱堂全集》，崇文书局 2008 年版，第 1489～1493 页。

即英国人亦已取具数结。惟义律与积贯卖烟者十余人，屡形反覆，致与舟师接仗。我师叠挫其衄，彼即禀恳转圜。是冬明奉上谕，禁其贸易，且叠荷密旨：区区税银，不足计较。徐曾奏请彼国已具结者，仍准通商。奉谕究系该国之人，不应允准。钦此。此办理禁烟之原委也。

英夷兵船之来，本在意中。徐在都时所面陈者，姑置勿论，即到粤后，奏请敕下沿海严防者，亦已五次。各省奉到廷寄，率皆覆奏。若浙中前抚军则胪列六条入告矣。定海之攻，天津之诉，皆徐所先期奏闻者。庚子春夏间，逆夷添集兵船来粤，徐已移督两广，只有添船雇勇，日在虎门操练，以资剿堵。而逆艘之赴浙，有由粤折去者，亦有未至粤而径赴浙者。是秋知有变局，徐犹自陈赴浙收复定海，而未得行。于是在羊城杜门省愆，不敢过问。迨和议不成，沙角、虎门先后失守，不得已仍自雇水勇千人，拟别为一队。未几奉有赴浙之命，遂以离粤。彼四月间事，固徐所未与闻也。到浙兼旬，奉文遣戍，行至淮扬，蒙恩改发河工效力。自八月至今年三月，仍复西行。此三年来踪迹之大略也。

自念祸福死生，早已度外置之，惟逆焰已若燎原，身虽放逐，安能诿诸不闻不见。润州失后，未得续耗，不知近日又复何似？愈行愈远，徒觉忧心如焚耳。窃谓剿夷而谋船炮水军，是自取败也。沿海口岸防之已不胜防，况又入长江与内河乎？逆夷以舟为窟宅，本不能离水，所以狼奔豕突，频陷郡邑城垣者，以水中无剿御之人，战胜之具，故无所用其却顾耳。

侧闻议军务者，皆曰不可攻其所长，故不与水战而专于陆守。此说在前一二年犹可，今则岸兵之溃更甚于水，又安所得其短而攻之？况岸上之城郭廛庐、弁兵营垒皆有定住者也，水中之船无定住者也。彼以无定攻有定，便无一炮虚发，我以有定攻无定，舟一躲闪，则炮子落水矣。彼之大炮远及十里内外。若我炮不能及彼，彼之炮先已及我，是器之不良也。彼之放炮如内地之放排枪，连声不断；我放一炮后，须辗转移时，再放一炮，是技不熟也。求其良且熟焉，亦无他谬巧耳。不此之务，即远调百万貔貅，恐只供临敌之一哄。况逆船朝南暮北，惟水军始能尾追，岸兵能倾刻移动否？盖内地将弁兵丁，虽不乏久历戎行之人，而皆觌面接仗，似此相距十里八里，彼此不见面而接仗者，未之前闻。故所谋往往向左。

徐尝谓剿夷有八字要言："器良、技熟、胆壮、心齐"是已。第一要大炮得用，今此一物置之不讲，真令岳韩束手，奈何奈何！前曾觅一炮书，铸法、练法皆与外洋相同。精之，则不患无以制敌。扬州有刊本，惜鱼豕尚多，未知两君曾见之否？徐前年获谴之后，尚力陈船炮事，若彼时专务此具，今日亦不至如是棘手。为今之计，战船制造不及。惟漳、泉、潮三郡民商之船，尚可雇用；其水军亦须于彼募敢死之士，缘其平日顶凶舍命，有死无生；今以重资募其赴敌，尚有生死两途，必能效命。次则老虎颈之盐船与人，亦尚可以酌用，但须善于驾驭耳。逆艘深入险地，是谓我中原无人也。若得计得法，正可殄灭无遗。不然咽喉被梗，岂堪设想耶！两先生非亲军旅者，徐之觑缕此事，亦正为局外人，乃不妨言之，幸勿以示他人，切祷切祷！

大作未及尽和，惟谪戍五律，专为徐而作，谨次韵各一章，附请削正。孝长先生作亦所深佩，张蔗泉孝廉向所未识，承摘示名句，实堪心写。龚木民已调上元令，不知履任否？渠上年在丹徒相晤，尚有到兴化后再约春翁之语，今非其时，只可事定再说。建木兄事，因上年祥符工员皆不出东南河之人，故无可图。曾与诗舲兄商明，由渠奉复，谅早鉴及矣。

子寿仁兄抱道藏器，不患不传，寻常科名奚足为君重，亦为其可传者而已。三四两儿年已渐长，而连岁奔波，学俱不进。三儿于己亥岁乘便在里中小试，谬掇一衿，现在却携此两儿出关。缘大儿汝舟不能擅自随去，须奏明请旨。而大府均惮于代奏，是以遂至关中，仍不能赴关外耳。诸叨注问，故以附陈。

此时江左军情，果能大得捷音，则如天之福。倘被久踞，则恢复之策，扼要首在荆襄，须连结秦蜀以为之，不识局中筹及否？龙沙万里，鳞羽难通，但有相思，勿劳惠答也。子方观察诚意慨挚，心甚感之，此函托其代寄，谅不浮沉。

余惟道自重，不宣。愚弟林则徐手顿首。

壬寅仲秋上浣兰州旅次

林则徐在这封寄给姚春木、王柏心的长信中，尚附有其和姚、王二人的诗二首，即《次韵姚春木王冬寿谪戍五律二首》①：

太息恬嬉久，艰危兆履霜。岳韩空报宋，李郭或兴唐。果有元戎略，休为谪宦伤。手无一寸刃，谁拾路边枪。

① 此诗见于王柏心《百柱堂全集》附录三，《百柱堂全集》，崇文书局 2008 年版，第1499 页。

时事艰如此，凭谁议海防。已成头皓白，遑问口雌黄。绝塞不辞远，中原吁可伤。感君教学《易》，忧患固其常。

道光二十四年（1844 年）春，王柏心进京参加会试，与亦赴京参加会试的广东高要（今肇庆市高要区）才子、书画家、鉴赏家、收藏家冯誉骥结识，并成为挚友。冯氏不仅与自己的好友、老诗人张维屏关系密切，而且与自己的老友林则徐亦为好友，并做过林则徐的幕僚。王柏心在赠送冯氏的《相见行赠冯展云同年兼忆张南山司马林少穆尚书》七言长篇歌行中，还对好友林则徐表达了深切的怀念之情①。

道光二十五年（1845 年）十月，王柏心的长子家遇成婚，林则徐闻知消息，曾不远千里致送礼金表示祝贺。

同年九月，诏命林则徐回京候补；同年底，朝廷重新起用林则徐，先后出任署理陕甘总督、陕西巡抚、云贵总督等职。

道光二十九年（1849 年）秋，林则徐因病重奏请朝廷，辞官归里休养。

道光三十年（1850 年）九月，鉴于南方严峻的形势，朝廷不得不起用在家养病的林则徐为钦差大臣，总督广西军务，前往镇压农民的反清起义。

同年十月十九日（11 月 22 日），当林则徐的大营行至广东潮州普宁县洪阳镇时，在行馆中病发去世。闻知消息，王柏心甚为悲痛，含泪作有《挽侯官林公》五首以悼之②。

第二节　王柏心与唐树义

王柏心与唐树义相识、结交二十四年，并成为终生的挚友。

唐树义（1793—1854），字子方，贵州遵义老城人。嘉庆二十一年（1816 年）举人。道光六年（1826 年）以大挑一等分发湖北补知县用。曾任咸丰、天门知县。

道光十年（1830 年）夏，监利尺八季湾段的江堤溃口，湖北布政使林则徐指派时任天门知县的唐树义到监利县担任临时知县，负责筑堤与抗灾的工作。唐树义是一位颇为干练而又清廉的地方低级官员。一到监利，就冒着风雨上堤和附近居民一道护堤。他的行动不仅感动了当地的老百姓，积极

① 王柏心：《百柱堂全集·诗》卷九，《百柱堂全集》，崇文书局 2008 年版，第 154 页。

② 王柏心：《百柱堂全集·诗》卷十三，《百柱堂全集》，崇文书局 2008 年版，第 260～261 页。

协助他守堤；也感动了王柏心这位读书人，主动为唐树义出谋划策。由于官府与民众的密切配合，溃口很快修好。

在监利期间，唐树义听说王柏心对治江有独到的见解，遂乘防汛救灾的间隙，曾专程来到邹码头村塾拜访王柏心。此次相会，二人一见如故，谈得十分投机。王柏心将自己已写好的《导江三议》（即《浚虎渡口导江流入洞庭议》）[①]和一些诗文拿出来请唐树义批评指正。唐树义看后惊叹不已，非常钦佩、赞赏他的才华。

王柏心还将唐树义请到螺山的百柱堂做客。适值柏心之父王与典公正在家中整理王氏族谱。唐树义乃欣然应允等族谱编成后为王氏族谱作序。从此，两人往来密切，成为数十年的至交。

八月上旬，唐树义出资，将王柏心所写之《导江三议》刊刻印行，并将王柏心和这篇文章推荐给湖北布政使林则徐。

道光十一年（1831 年）春，王柏心应召赴武昌（即夏口）省会拜见湖北布政使林则徐。一番交谈，林则徐对王柏心的印象甚好，对其才学亦颇为赞赏，将其许为“国士”，称赞其言行、诗文完全可以与古代贤士郭林宗、冠仲平相提并论[②]。

同年底，应时任汉阳同知唐树义之请，王柏心为其父、已故广东阳山县知县唐源准（1767—1820）撰写有《赠湖北布政使广东山阳县知县唐公神道碑铭》一文相赠[③]。

道光十三年（1833 年）二月上旬，王柏心专程来到江夏县署，将其父王与典花数年时间编纂完成的王氏族谱，送给好友、时任江夏县令的唐树义阅览。唐树义甚是高兴，阅后即践诺撰写了《监邑王氏族谱序》相赠：

> 昔明允苏氏自叙其家谱，五世以上不可考者，阙而不书，惧渎宗也；五世以下书之綦详，重收族也。其法最为简明。厥后，其子轼之论曰：“古大宗之制，不可复矣。有天下者，宜复古小宗之法，合天下不相亲属之人，而使之有所尊，则忠厚和柔而易治者，其必自小宗始矣。”谅哉，言乎！散而有所统，密而不相渎，本原之心日以笃，亲睦之气日

---

① 王柏心：《浚虎渡口导江流入洞庭议》，《百柱堂全集·杂著》卷四十六，《百柱堂全集》，崇文书局 2008 年版，第 1338～1345 页。

② 王柏心：《国史馆本传》，《百柱堂全集》卷首，《百柱堂全集》，崇文书局 2008 年版，第 20 页。

③ 王柏心：《百柱堂全集·碑铭》卷四十一，《百柱堂全集》，崇文书局 2008 年版，第 1234～1236 页。

以敦，是即明允之遗意也。

吾友王子寿持其尊甫慎斋先生所著家乘相示，且属为序。按王氏系出江右子邳公后。一世祖文政公者，始由豫章商于楚南，因寄籍焉。其后徙居楚北监利之螺市，枝叶繁昌，今且十余世矣。先生乃纂而录之，为《祠祀》一卷、《茔域》一卷、《系图》三卷、《世次》三卷，溯渊源，审昭穆，申霜露之敬，重墟墓之哀，一举而四善以备。至其体例，精严明辨，昭析则一准诸史法。盖先生博习修洁，隐居未仕，故敦行之素，致用之具，惟于是编寓之。昔明允屡征不就，而子瞻子由相继以文章节义名动天下，则皆明允之教也。今先生虽盘桓居贞，他日嗣君辈扬光飞文，安知不有如眉山之盛者？倘举是编而倡之州邑，吾见忠厚和顺之俗易成，而小宗可复也。

余家乘久未纂辑，自入楚为吏，拟属诸刘孝长及子寿共为修订，而鞅掌驰驱，未克竟所愿。览是编，益增余愧云。

道光癸巳仲春月上旬①

道光十五年（1835 年）初，唐树义出资将《楚四家词》刊刻行世。

《楚四家词》指的是刘淳的《云中集》（一卷），张其英的《角山集》（一卷），王柏心的《子寿集》（一卷），蔡以偁的《黄楼集》（一卷）。但今天所见之道光十五年唐树义刻本《楚四家词》，仅前面三种，蔡以偁的《黄楼集》并不在其中。而《黄楼集》目前所见钞本和刻本两种，前者藏于湖北省图书馆，后者藏于南京图书馆；刻本上未署刊刻者姓名，也无刊刻的地点与时间，仅于卷首录唐树义、王柏心序各一篇，卷末附涤子元词二首、李石梧词十首、蘅兄（未知其姓名）词二首、王柏心词一首。由此推断，可能是前三种先刻好，《黄楼集》后刻，且收作品相对较多，故另本单行。

王柏心《子寿词》（又名《秋词》）一卷，有道光十五年（1835 年）贵阳唐树义《楚四家词》刻本；另有光绪二十四年（1898 年）贵阳唐炯《百柱堂全集》刻本。

道光十七年（1837 年）初春，应时任甘肃巩昌府知府、署理道员唐树义的盛情邀请，王柏心安顿好家中和书院的相关事宜，经过大半年的艰苦跋

① 唐氏此叙存于光绪二十一年乙未（1895 年）所刻王氏族谱；今已收入张俊纶点校、王柏心著《百柱堂全集·附录六》（第六册），《百柱堂全集》，崇文书局 2008 年版，第 1561～1562 页。

涉，终于到达陇右唐树义的巩昌府。巩昌府坐落在巩昌镇，而巩昌镇位于陇西县城区，渭河的上游，是历代郡、州、府的所在地，为古代丝绸之路上的经济文化重镇之一，更是历代的边防重地。

在唐树义的幕府中，王柏心要做的事不是太多，有大量空余的时间。于是，他趁机游览了巩昌周边的边塞风光，考察了大西北的山川形势，并仔细了解和熟悉大西北的风土文化，为其后来给各地方大吏出谋划策奠定了坚实的基础。

同年八月，王柏心在唐树义等人的陪同下，登临陇右威远楼。威远楼位于陇西县城中心，是陇上的著名古建筑。它构造精妙、雕梁画栋、巍峨壮丽、气势雄伟，始建于北宋仁宗天圣元年（1023年），是陇西悠久历史和灿烂文化的象征。但因战乱频繁，年久失修，已破旧不堪。唐树义到任后，因边防的需要，将其修葺一新，并请王柏心为其撰写了《重修巩昌威远楼记（并铭）》[①]，以纪其事。

站在修葺一新的威远楼上，放眼眺望无边无际的大漠，不禁百感交集：不仅一种奋发豪迈的气概油然而生，而且有一股人到中年却一事无成的悲情在胸中涌动。王柏心又欣然命笔，作《秋登陇右威远楼》（二首）诗[②]以纪其情：

群山绕郭势岧峣，朱栱浮空擢丽谯。列郡东连三辅近，雄边西控五凉遥。天低古戍环亭障，云涌危栏荡斗杓。便觉九阍真咫尺，将凭六翮鼓扶摇。

万里登楼夕照开，凭栏一望气悲哉。陇山风急苍鹰啸，渭水秋高白雁来。破入羌笳多出塞，长歌楚客自生哀。君看射虎英雄老，何必封侯定将才。

在陇右期间，王柏心有时间、也有精力深入思考自己以前所思考的一些重要问题，并完成了他的重要著作《枢言》。《枢言》是一部政论著作，计有《审宜》、《旌意》、《责实》、《修约》、《核才》、《广议》、《择吏》、《寓政》、《禁末》、《导俗》、《王言》、《正谀》、《学誉》、《疑信》、《量交》、《辨言》十六篇[③]。其主旨是论述当政者应该如何因

① 王柏心：《百柱堂全集·骈体文》卷四十八，《百柱堂全集》，崇文书局2008年版，第1369～1370页。

② 王柏心：《百柱堂全集·诗》卷五，《百柱堂全集》，崇文书局2008年版，第76～77页。

③ 王柏心：《百柱堂全集·枢言》卷三十，《百柱堂全集》，崇文书局2008年版，第883～903页。

时、因人而异，广纳良言，不拘一格使用人才。

唐树义阅读过后，既惊又喜，甚是钦佩老友的忧怀天下的境界和通晓古今、博学多识的才华，不仅立即出资将其刊行问世，还驰函将此书及王柏心其人向自己的老上司、现任湖广总督林则徐作了推荐。

其间，王柏心曾应唐树义之请，为其已故夫人王氏①作有《唐母王恭人墓志铭》一文相赠②。

岁末，王柏心因十分思念家中的亲人，不得不谢绝唐树义的诚挚挽留，踏上返回故乡的旅途；临别之际，王柏心写了一首五言歌行《发陇右留别子方太守》③赠给好友，以表达其感激之情：

客如经天宿，岁尽回其躔。自我适陇表，寒暑一以迁。明发望白云，揽辔遂言旋。岂不眷翕羽，晨昏谁为欢。所愧荷光惠，未报心惓惓。故人酌斗酒，良会嗟渺漫。翔鹍摩紫氛，栖凤归苍山。文采远相耀，万里犹联翩。丈夫耿志尚，磊落天地间。出处各不昧，山海何足叹！

道光二十一年（1841年）十月，得知唐树义已奉旨入京觐见，王柏心乃作《遥送子方观察入觐》一诗寄赠问候④：

春风谒帝向神京，诏奖河西治有声。万里星占骢马使，九霄云拥凤凰城。海滨犹急飞刍役，关内方屯细柳营。圣主忧边劳拊髀，故应前席待论兵。

道光二十五年（1845年）正月，仍在刑部候补的王柏心，偶然得与已多年未见面、奉命入京觐见的唐树义相遇，分外高兴。相谈中得知，好友不久即将出京赴陕西按察使任所。临别之际，王柏心乃作七言长篇歌行《雪声堂研歌送唐子方廉使之关中》相赠⑤。

道光二十六年（1846年）八月中秋，收到时任陕西按察使唐树义寄自秦中的书信，王柏心颇为高兴，当即写了《中秋得子方廉使秦中书却寄》一

---

① 王氏于道光十三年（1833年）八月卒于湖北江夏官邸。

② 王柏心：《百柱堂全集·骈体文》卷五十，《百柱堂全集》，崇文书局2008年版，第1411～1412页。

③ 王柏心：《百柱堂全集·诗》卷六，《百柱堂全集》，崇文书局2008年版，第83页。

④ 王柏心：《百柱堂全集·诗》卷七，《百柱堂全集》，崇文书局2008年版，第127～128页。

⑤ 王柏心：《百柱堂全集·诗》卷十，《百柱堂全集》，崇文书局2008年版，第194页。

诗寄赠致谢[①]：

寥天宾雁暮遐征，书到江干问友生。哀乐莫嗟人士改，婵娟休负月华明。澄辉迥应南楼夕，流影分悬北斗城。千里凭栏同不寐，关山谁奏笛中声？

道光二十八年（1848 年）三月，王柏心刚刚完成《黄冈县志》的编纂、回到荆南书院执教不久，原陕西按察使、新到任的湖北布政使、王柏心的挚友唐树义，便带着湖北学政龙启瑞、荆州知府明善等官员来到书院看望王柏心。好友相聚、饮酒，分外高兴。

六月间，荆江南岸的公安、石首、松滋以及北岸监利所辖之薛家潭等地江堤因连日暴雨多处决口，王柏心闻知消息，忧心如焚，立即赶赴实地考察，又撰作了《导江三议·导江续议（上）》一文[②]，提出了“勿塞决口，藉以分流杀江怒”的治水方案，呈给唐树义参考。

同年八月，原陕西按察使唐树义在离开陕西之前，已应士绅之请，募集资金，准备修葺寇准祠；随即调任湖北布政使，此役遂委托继任华州知府叶椿龄负责。今是役已竣工，叶知府遂致函唐公，求刊石之文。唐公乃属之柏心。王柏心遂为之作《重修寇忠愍祠堂记》相赠[③]。

道光二十九年（1849 年）四月间，雨越下越大，且下个不停，江水越长越高。王柏心听说监利的下车湾和松滋的高家套段江堤决堤，百姓无家可归，十分伤痛，乃作《哀彼氓·吾邑车湾堤决，漂民数百家，王子哀之，赋是诗也》一诗抒发其忧虑[④]：

哀彼氓兮蚩蚩，托性命兮危堤。堤不可恃兮卒戕汝，命化白骨兮为涂泥。化为泥兮筑不歇，畚土盛兮半白骨。泥杂骨兮骨为泥，筑未举兮倏漂没。率水食人兮毒倍长，蛟谁造祸兮生厉阶。结筏赈粟兮汝弗逮，汝不知兮谓天实为灾。披发骑鲸兮诉苍天，天不闻兮亦不怒。汝命在堤兮不在天，汝死堤兮汝曾不悟其故。

① 王柏心：《百柱堂全集·诗》卷十一，《百柱堂全集》，崇文书局 2008 年版，第 222～223 页。

② 王柏心：《百柱堂全集·杂著》卷四十六，《百柱堂全集》，崇文书局 2008 年版，第 1346～1348 页。

③ 王柏心：《百柱堂全集·记》卷三十二，《百柱堂全集》，崇文书局 2008 年版，第 933～934 页。

④ 王柏心：《百柱堂全集·诗》卷十二，《百柱堂全集》，崇文书局 2008 年版，第 247 页。

作为湖北布政使、署理巡抚的唐树义，一方面向朝廷报告情况，请求朝廷拨款赈灾；一方面积极组织地方救灾，又主动向王柏心请教解救办法。

王柏心见当年松滋的高家套、监利的下车湾的决口，比往年更加厉害，十分忧虑；同时，他觉得自己不能坐视不管。于是，他在亲临堤段、考察水灾实际情况后，不仅写了《导江三议导江续议（下）》[①]，提出“勿塞决口，顺其势而导之”的治水策略，呈给唐树义；而且相继写了《上唐子方布政书》、《上唐子方抚军书》[②]，毫无保留地向好友阐明了自己关于抗洪救灾的意见和看法。

不仅如此，王柏心还以将自己刑部主事的俸禄百十担米拿出来平价出售，抑压米价；又精心绘画了不少兰草和梅竹，让学生聂定焜、李桓等人拿到荆州城去义卖，想尽一切办法来帮助抗洪赈灾，以减少灾害所造成的损失。

同年九月，因当年湖北有四十余州县发生洪灾，损失巨大，唐树义作为布政使和署理巡抚，首当其冲，受到地方百姓的责难，也受到朝廷的指斥。唐树义经过反复思量，只好引咎辞职，回到贵州遵义老家隐居。此前，唐树义曾在老家盖了三间房屋，取名“待归草堂”。草堂落成的时候，王柏心曾应好友之请，为他写过一篇《待归草堂记》[③]。当唐树义离开湖北返回家乡之际，王柏心又为其写了一首七言歌行体长诗《待归草堂歌奉送方伯唐公归黔阳》相赠[④]，对挚友表示安慰和鼓励。

这一年的十二月间，已辞官归隐的唐树义，遵照先慈遗愿，组织族人将族谱编撰完成，特驰函向好友求序。王柏心立即为其作《遵义唐氏族谱序》寄赠[⑤]。

咸丰元年（1851年）间，因南方爆发了太平天国起义，且其声势甚大，

① 王柏心：《百柱堂全集·杂著》卷四十六，《百柱堂全集》，崇文书局2008年版，第1348～1350页。

② 王柏心：《百柱堂全集·书》卷三十七，《百柱堂全集》，崇文书局2008年版，第1074～1079页。

③ 王柏心：《百柱堂全集·记》卷三十二，《百柱堂全集》，崇文书局2008年版，第931～933页。

④ 王柏心：《百柱堂全集·诗》卷十二，《百柱堂全集》，崇文书局2008年版，第248页。

⑤ 王柏心：《百柱堂全集·序》卷三十三，《百柱堂全集》，崇文书局2008年版，第961～962页。

王柏心颇担心好友的安危，曾写有《寄怀播州唐公》（二首）①寄赠问候：

送客巴州湖上楼，西南天尽洞庭浮。忠勤暂辍陶公甓，勋业翻归少伯舟。紫极正悬新日月，白云仍恋旧山邱。遗荣共羡悬车早，高蹈真居第一流。

宾馆平津总未忘，楚江高会遂茫茫。孤吟泽国双蓬鬓，万里黔山一草堂。何日更看龙剑合，经年惟盼雁书长。眼中不见刘公幹（谓孝长），回首西园各断肠。

咸丰二年（1852 年）十月，因好长时间没有得到唐树义的消息，王柏心颇为思念，遂作《寄播州唐公》寄赠问讯②，盼望好友能早日出山，扫平“贼寇”，报效国家：

五岭频年战骨悲，潭州城外有旌旗。明公属在退居日，天下此非高卧时。未老身犹夸矍铄，出众才足任安危。方当强饭须明诏，起扫妖氛也未迟。

咸丰三年（1853 年）初夏，鉴于眼下紧张的局势，已经六十高龄的唐树义，终于被咸丰皇帝重新起用，任为湖北按察使。唐树义到任后，便率军四处追击太平军，大小数十战，战果频传。但由于唐树义个性耿直刚烈，不计个人得失，无意中得罪了顶头上司、湖北巡抚崇纶。崇纶心胸狭窄，不仅处处与唐树义为难，还上奏朝廷以莫须有的罪名革除了唐树义的职务，令其戴罪立功。

咸丰四年正月二十三日（1854 年 3 月 11 日），唐树义带领身边的随从数十人坚守江夏金口，遭到太平天国大军的重重包围。在外无援兵、内无粮草的情况下，唐树义留下“疆吏不和，群情解体，独力难支，惟有一死”十六个大字，投江自尽，以身殉国。

闻知好友殉国的消息，王柏心大哭了一场。

同年九月，应弟子、唐树义的次子唐炯之邀，王柏心专程赴贵州遵义住了两个月，不仅为唐树义写了《湖北按察使唐公行状》③、《梦研斋遗诗序》④；而

① 王柏心:《百柱堂全集·诗》卷十三,《百柱堂全集》,崇文书局 2008 年版,261～262 页。

② 王柏心:《百柱堂全集·诗》卷十四,《百柱堂全集》,崇文书局 2008 年版,第 289～290 页。

③ 王柏心:《百柱堂全集·行状》卷三十九,《百柱堂全集》,崇文书局 2008 年版,第 1171～1180 页。

④ 王柏心:《百柱堂全集·序》卷三十三,《百柱堂全集》,崇文书局 2008 年版,第 964～965 页。

且为唐炯的诗集写了《成山庐诗序》①。 最后王柏心又应唐炯之请，为唐树义的亲家、时任云阳知县的秀东高写了一篇《皇清诰授奉政大夫晋赠通奉大夫原任同知衔四川云阳县知县秀高公家传》［案：此文今《百柱堂全集》不存，惜笔者亦未曾见］。

这一年的十二月，王柏心告别弟子唐炯，经宜昌回到螺山老家度岁；快过年了，王柏心十分怀念唐树义，遂写了《祭湖北按察使前湖北布政使唐公文》一文②以表达其缅怀之情。

同治二年（1863 年）二月，王柏心应邀自螺山老家乘舟往游汉皋，船行至金口（今武汉市江夏区金口街）时，王柏心特地停船至唐树义沉江殉节处凭吊，并作《舟过金口追吊播州唐公·公沉江殉节于此》（二首）以吊唁亡友③：

孤臣拊剑泪潺湲，权落兵移势独艰。纵逐鸱夷沦楚水，终归马革葬黔山。声留南国讴吟在，路过西州恸哭还。家有奇儿能继将，知公地下破愁颜。

当日孤危身岌岌，憸人谤毁论纷纷。出山不作生还计，握节难麾战溃军。匣里龙渊方跃水，机中贝锦尚成文。表忠深赖南丰疏，昭雪终能慰圣君［案：公殉节后，楚北某中丞尚有异词，今相国湘乡曾公以公死事闻，论乃定］。

同年的三月二十五日（5 月 12 日），王柏心为了亡友唐树义大儿子唐濮生的前途，还特地向自己的好友、两江总督曾国藩写了一封推荐信，将唐濮生举荐给他，由此亦可见其对待友朋的一片赤诚之心。

第三节　王柏心与李星沅

李星沅是王柏心早年结识的朋友，也是终其一生的挚友。

李星沅（1797—1851），一作星源，字子湘，号石梧，湖南湘阴人。未

① 王柏心：《百柱堂全集·序》卷三十四，《百柱堂全集》，崇文书局 2008 年版，第 1006～1008 页。

② 王柏心：《百柱堂全集·祭文》卷四十七，《百柱堂全集》，崇文书局 2008 年版，第 1353～1355 页。

③ 王柏心：《百柱堂全集·诗》卷二十二，《百柱堂全集》，崇文书局 2008 年版，第 601 页。

第时，曾客江苏巡抚、两江总督陶澍幕府多年，为其掌管章奏。道光五年（1825年）中举人，十二年（1832年）成进士，被选为庶吉士，散馆后历官翰林院编修、四川乡试主考、广东学政、汉中知府、河南督粮道、陕西按察使、四川按察使、江苏按察使、江西布政使、陕西巡抚等职。

道光二十五年十一月初八日（1845年12月6日），王柏心的长子家遇大婚，时任陕西巡抚、署理陕甘总督的李星沅闻知消息，因公务不能前来参加，特致送礼金祝贺。

同年底，李星沅由陕西巡抚调任江苏巡抚，途经荆州监利，因朝廷催任甚急，不能上岸拜访、看望好友，只好写了《舟过螺山怀王子寿比部》一诗①寄赠老友王柏心。

道光二十九年（1849年）十一月，因前一年朝廷曾有罢天下漕粮、改为征银的旨意，时任两江总督的李星沅，三次犯颜上书，直言谓此赋法弊大于利，不可行；继而，时任江苏巡抚的湖北沔阳人陆建瀛亦上书支持李公之议，亦言不可，致使上意改变，朝野赞之。王柏心以乡人的忠直敢言为荣，遂作长篇七言歌行《楚两公行·两公者，湘阴李公及沔阳陆公也。道光二十八年冬，中旨罢天下漕，改征银。李公时督两江，三上疏争之，陆公相继陈奏，事得寝，王子美之，作是诗也》②相赠，以赞扬溢美之：

两公奋起楚南北，今之李陆古禹稷。天子无复东南忧，总制三吴继宣力。国家漕粟输中都，租庸大半资三吴。迩来岁阙百万石，大农廪廪唯嗟吁。是时宵旰重国计，公卿上殿日论事。请罢漕挽皆征银，关辅粜粟自足济。帝曰试可先颁之，诏出外廷不得议。李公引义陈疏争，经常赋法难变更。农不出镪但出粟，责以纳银非所征。大历两税制一变，折钱遂废谷与绢。无益于国徒病农，法虽简易实非便。京师和粜自一策，不幸脱有水旱迫。天庾无粟支十年，缓急谁当任其责。臣为大臣分主忧，军国深惟根本谋。严旨敦促事难已，辰告何敢忘远犹。疏入廷议尚见沮，奏牍不惮再三补。陆公继之言略同，先后竟获回天功。有诏赋法悉如旧，天下归功楚两公。两公侃侃善持正，臣直由来恃主圣。稽谋从众尧舜心，一言转圜四海庆。和气感召回上苍，三登太平昭降康。有君如此岂可负，两公遭逢信非偶。吾侪小人农家流，努力疾耕事南亩。请为太仓补升斗。

---

① 见李星沅《芋香山馆全集》，清同治四年(1865年)李氏芋香山馆刻本。

② 王柏心:《百柱堂全集·诗》卷十二,《百柱堂全集》,崇文书局2008年版,第249页。

道光三十年（1850 年）正月十四日（2 月 25 日），道光皇帝驾崩。时已辞官正在湖南长沙家中养病的李星沅，闻知道光皇帝驾崩噩耗，悲痛欲绝，立即上书朝廷，请求入京拜谒先皇梓宫。

四月初五日（5 月 5 日），李星沅奉旨入京拜谒道光皇帝梓宫后，复以母老多病陈请归养，亦获恩准回乡养病；在返抵湖南岳州时，因身体不支，未能前往南郡看望、拜访好友，遂专门给王柏心写来一封书札［即《致王子寿（手札）》］①：

子寿先生仁兄函丈：

前因蔡世兄附上片缄，旋见惠寄恒儿书，拳拳挚爱，三复滋感。当令肃笺中谢，并陈疏止折漕颠末，度邀青电。

辰惟皋比讲学，望重荆州，文藻江山，晖映千古，可胜仰羡。弟家居却扫，借遂乌私。怆闻轩驭升遐，何敢因疾不临。顷遵旨由汉口北上，能于印渴之余，蒙恩即予归养，幸何如之。

杭儿诗刻奉政，其显言时事者，留俟续出，非得已矣。舟次率泐，专请道安。诗片并祈郢削。临颖神驰。

愚弟李星源顿首　　四月初五日岳州手书

说到王柏心与李氏家族的关系，可谓渊源颇深：王柏心与李星沅是好友，与李星沅之弟李星渔也是朋友；李星沅的长子李杭与王柏心亦是同年、好友，李星沅的第三个儿子李恒，则是王柏心荆南书院的学生，可见李氏一家与王柏心的关系非同一般。李星沅将长子的遗诗委托给王柏心整理、审订并请其赐序，可见对王柏心的信赖和赞赏。这封书札，因其短小精悍，情意真切，后来被收录至《道咸同光名人手札》第二集中。

同年十一月十二日（12 月 15 日），因十月十九日（11 月 22 日），钦差大臣林则徐行至广东潮州普宁县行馆时，病发去世。朝廷遂任命已辞官在家养病的前两江总督李星沅接替林则徐为钦差大臣，驰赴广西办理军务。

是年底，王柏心自荆南书院回螺山老家度岁，方才看到李星沅四月初写给自己的信函，最近又得知好友被朝廷委以重任，驰赴广西平乱。于是，王柏心立即给好友写了《上李石梧制军书》②寄赠：

---

① 王柏心：《百柱堂全集》附录三，《百柱堂全集》，崇文书局 2008 年版，第 1496～1497 页；此手札又见于林则徐等《道咸同光名人手札》，（台北）台湾商务印书馆 1972 年版，第 491 页。

② 王柏心：《百柱堂全集·书》卷三十七，《百柱堂全集》，崇文书局 2008 年版，第 1079～1080 页。

客岁之春，钧函再贲；道经敝里，复辱存问，兼以梅生同年遗集见颁。其时柏心远在敝郡讲舍，未能肃复，且失迎候，感悚不可为言。意谓年丈入都，必遂相天子光赞维新，宣麻之日，然后肃修笺贺。至秋杪，始闻仍效疏传还乡。方将奉书左右，敬讯起居，则又闻诏起督师两粤，拜表即行矣。遥传玉帐甫临，捷书屡奏；天颜大悦，兵气始扬。裴相视师而淮蔡告平，潞公按垒而贝州献馘；诚折冲之明效，破胆之先声也。敬惟师中贞吉，勋福交崇。伏计治兵以来，胜算久操，蠢兹小丑，不难克日荡平。

窃有愚言，愿进于麾下者。两粤之地，山箐阻深，猺獞盘结，久习为乱。妖贼煽诱，滋蔓尤易。承平已久，将士恬嬉，惮于战斗，往往倡为招抚之策。以管见揣之，则非一大创艾，不足绝其根株。汉朱俊有言：“纳降无以劝善，讨之足以惩恶。”今若受之，更开逆意。贼利则进战，钝则乞降，纵敌长寇，非良计也。历观前史，以此贻误者多矣。但贼党既众，势难尽剿，择其有名号而势最强者，痛加诛翦，则余者不烦兵而下。狄武襄之夺昆仑，韩襄毅之捣大藤是也。亦有击其寡弱，而凶党自溃者，所谓“偏败则众摧”，兵法出奇，难以一端尽也。大抵先扼险要，制彼奔轶，开通津路，联我声势；或燔其积聚，或断其樵采；或购间其党，使自相屠僇；或声东击西，使不知所备；或诱之离巢，或困之绝地。高垒临其前，间道袭其后，奇兵击其左右，申吾号令，作吾将士，明吾赏罚，如是而贼不殄者，未之有也。又兵闻拙速，未睹巧迟。粤西用师，将及两载，贼所焚掠，官军所往来，彼土贫瘠何以堪此？若破竹拉朽，出以神速，斯善之善者矣。

年丈为今之范龙图、王新建，凡此诸策，皆属囊底余智。柏心特以夙昔受知之深，敢效许历一言，冀万一有补于军府焉。幸赐采择，无任战惧。肃陈笺记，祗颂勋安。惟筹笔之余，以时珍卫。

在这封书函中，王柏心向好友简单地说明了未及时回函的原因后，重点为他分析了两粤人（泛指广东、广西的边民）的习性，指出前人治理两粤的方法，并详细地为好友列举了平定两粤农民起义的战略战术，希望能对好友在前线平乱有所帮助。

只是可惜得很，王柏心为李星沅提供的平定两粤农民起义的策略却没有机会实施。

咸丰元年（1851 年）的三月下旬，李星沅亲赴武宣（属今广西来宾市）督战。 而此时广西巡抚周天爵和广西提督向荣二人因并有重名，皆负意气，互不买账，议辄相左，屡战屡败；李星沅居中调和，仍然不协，军事多受牵掣，以致旧病复发。朝廷只得命其赴岳州（今湖南岳阳市）驻防、养病。

四月十二日（5月12日），钦差大臣李星沅病逝岳阳军中。

当得知好友李星沅殉国的消息，王柏心十分悲痛，曾写有《挽湘阴李文恭公》（七首）诗悼之，其第一、第七首诗[①]云：

粤峤腾妖雾，营门落大星。辞亲传壮烈，报国托精灵。露布频相继，云车遂不停。犹余忠赤在，耿耿照丹青。

闽海摧人杰（谓林文忠公），熊湘失大贤。沉埋双剑气，涕泪八哀篇。贱子平生契，名公赏誉偏。山邱均已矣，私感独茫然。

同治三年（1864年），弟子李桓将其父李星沅的著述整理、编辑成《李文恭公遗集》四十六卷（其中文集十六卷、诗集八卷、奏议二十二卷）刊印。付梓前，李桓曾专程来荆南书院，恭请老师为其父的奏议作序。王柏心对好友的去世颇为痛心，乃欣然应承，当即为其作《湘阴李文恭公奏议序》相赠，以吊唁、缅怀好友[②]。

第四节　王柏心与李孟群

李孟群是王柏心结识时间较晚的一位后辈挚友之一。

李孟群（1830—1859），字少樵，号鹤人，河南光州（今信阳市潢川县）人。湖北督粮道、署理按察使李卿谷之子。道光二十七年（1847年）三甲进士，曾官广西灵川、桂平知县；时值南方太平军起义，遂率军与之对抗，以勇猛多谋著称，累败太平军，以功历升南宁同知、泗城知府、浔州知府等职。咸丰三年（1853年），以道员衔调江西九江府，仍留广西。

咸丰四年（1854年），曾国藩侍郎统率湘军陆师和水师与太平军正式对抗后，闻知李孟群之名，立即上奏将其调入湘军大营。

也就是在这一年，李孟群之父、署理湖北按察使李卿谷在省城武昌（即夏口）城破之时殉难。李孟群得知父亲死讯，发誓要报此仇；但他仍上书

---

① 王柏心：《百柱堂全集·诗》卷十三，《百柱堂全集》，崇文书局2008年版，第273～274页。

② 王柏心：《百柱堂全集·序》卷三十三，《百柱堂全集》，崇文书局2008年版，第978～979页。

请求停职守丧，朝廷则下诏要其夺情留任。于是，李孟群偕同其他湘军将领与太平军激烈水战，很快收复武昌、汉阳，奔往其父死难之处恸哭、收殓。捷报奏上，朝廷授予李孟群按察使衔。从此，李孟群亦成为曾国藩麾下的悍将之一。

咸丰五年（1855年）八月上旬，王柏心与好友曾国藩麾下悍将、署理湖北按察使李孟群正式结识。李孟群多次听上司曾国藩和其他同僚称赞王柏心的人品、学识，将信将疑，便去信求教，以作试探。王柏心亦闻其名，颇愿意与其交往。

同年八月二十七日（10月7日），王柏心收到署理湖北按察使李孟群求教的来信后，当即给他回了一封《答李鹤人廉访书》①：

客秋闻麾下自将水军，击楫转斗，所向无前，遂殄鲸鲵，进复江汉蕲黄，直抵湓城。威名之壮，不减王龙骧。今岁复闻溯流援鄂，力保上游，凶焰所以不敢遽骋者，实赖艨艟百舸，横截而逆折之。继又闻麾下亦有不能尽行其意者甚矣。英豪怫郁，宜事机之多沮也。柏心钦迟勋略，向风慕义，为日久矣。恨未得一谒细柳，瞻大树耳。乃蒙云笺俯逮，辱垂记注，兼荷揄扬，碔砆燕石而邀卞氏之品题，愧可知也。敬惟忠勤，方茂苾祉，骈蕃为颂。我师新挫，士无固志，得麾下宏远之度，公诚之心，宽仁英毅之量，收辑而拊循之，涣者可复萃，怯者可复奋，始虽垂翅，终当鼓翼，收效桑榆，未为晚也。

方今贼势虽炽，然南未过金口，北未过黄陵矶。我军诚鼓其锐气，力与相持，何难再振？水师精悍，初无损折，外据长江，内断湖港，彼不能旁骛横逸，无足惮也。我之饷饵，仍属通行。荆郡筹济，骆驿供亿，军资战械，次第增补，无忧乏阙。军心系属，惟倚麾下，慷慨倡率，人思用命。荡涤尘氛，拯援涂炭，非麾下之任而谁任哉？新堤仅可暂驻，非久屯之地。招募稍广，便望进发，择有险隘可驻，有港渚可泊，距金口数十里之遥，外可扼长江，内可联络黄陵矶，始得临制之势。分战舰数十艇，游奕（弋）江湖，令彼不得偷渡窜越，以窥吾后。徐蓄兵势，为进取恢复根本。不然，则蹙地太甚，前路军势必孤，难相应援。又使贼得掠地自广，粮食益丰，驱胁益多，愈形难制矣！凡此皆麾下早计而熟虑者，无待鲰生纳说也。莲舫仪部来行营，必能商议及

① 王柏心：《百柱堂全集·书》卷三十七，《百柱堂全集》，崇文书局2008年版，第1095～1096页。

此。渠于各营将校，皆所雅游，往来开说，合辑众心，必收其效。又将力赞中丞前赴大营，重加整理，军威当可复壮。麾下随而弥缝匡救，相与转败为功不难也。

柏心素乏筹略，然近事所触，时有臆说。念麾下欲广忠益，乐闻谋策，窃不自量，别纸录出，愿效管蠡，惟明哲财择焉，幸甚。

在这封信函中，王柏心对李孟群廉访的英勇善战、卓著战绩表示了由衷的赞扬和钦佩；随后根据当时敌我双方的形势，重点阐发了湘军在新败之后应该如何整顿、布局，重振军威的看法，供李廉访参考。随信还附有《得李鹤人廉访书却寄》一诗[①]：

使君忠孝胆纵横，三楚烽烟誓扫平。白浪黄龙高战舰，黑山青犊惮威名。挥戈直指妖星落，移垒旋看广汉清。闻道条侯求剧孟，犹能折节用豪英。

李孟群一口气看完王柏心的回信和赠诗，顿时对王柏心极为佩服，颇想请他前来入幕。于是，他利用战争的间隙专程去了一趟监利螺山，拜谒王母；随即赶往荆南书院面见王柏心，诚邀王柏心出山相助。王柏心婉言谢绝了李孟群的邀请。两人诗酒流连、倾心交谈数日，甚为相得。临别之时，李孟群又以家父墓志相托，王柏心乃作《鹤人廉访过访以诗见赠并属撰其尊甫方伯公墓志赋此奉答》（二首）相赠[②]：

威名小队访潜夫，暂领楼船驻郢都。墨绖兴师身将帅，黄巾流祸世艰虞。挥戈志扫群凶尽，摇笔诗惊万马驱。只拟甲兵森武库，谁知篇翰压文儒。

顶踵捐糜当死地，干戈寝枕在前军。国仇家祸人闲恸，子孝臣忠天下闻。百尺丰碑标隧柏，千秋遗庙壮乡枌。段公逸事中丞传，援简犹惭不朽文。

此后，李孟群又曾多次托友人、来信邀请王柏心出山相助，王柏心仍然没有答应。

咸丰七年（1857年）三月，已升任安徽布政使的李孟群，求贤若渴，自安徽派人携重金前往荆南书院，再次邀请王柏心前去相助。王柏心便给他

---

① 王柏心：《百柱堂全集·诗》卷十五，《百柱堂全集》，崇文书局2008年版，第336页。

② 王柏心：《百柱堂全集·诗》卷十五，《百柱堂全集》，崇文书局2008年版，第337～338页。

写了一封《答李鹤人布政书》[1]。信中对好友“前锋所指，当者立摧”，为朝廷立下赫赫战功表示祝贺，对好友珍爱人才、礼贤下士的行动表示由衷的赞赏，向好友解释了自己不能前去相助的原因，并以东汉末年的徐庶和东晋时的温峤为喻，表明自己为了母亲，可以舍去功利，舍去前途，绝不轻易离开母亲而远去的决心。

王柏心虽然没有答应出山去帮助李孟群，却颇感李孟群之盛意，不久，他便写了《军事臆说·与李鹤人方伯》（即《论议变更》、《论夺贼所恃》、《论联乡团》、《论借南师保南岸》、《论战船泊停宜择地》、《论请援于江右》、《论明法令》、《论图恢复》）八篇寄赠[2]，以供其平日作战参考。

同年七月，王柏心思量再三，觉得上一封信尚未尽意，便又给李孟群写了一封《再答鹤人布政书》寄赠[3]：

月前使弁言，旋谨将未能趋赴之苦衷，沥情肃复矣。随往敝郡，甫至讲舍，又奉到六安。行营赐书，欣悉肤功三捷，进克霍山，席卷而前，飙驰电扫，岂止澄清江北已哉！义真秉，曾未淹时而黄巾尽殄，麾下威名，正相敌耳。闻此次师行，艰苦极矣。士不宿饱，野惟赤地，孤军转战，环境皆寇，而能临危获济，竟著奇功。此由忠义奋发，不啻神功，非但嫖姚深入，常有天幸也。读之忭跃。

书词于柏心翘盼之切，至再至三，肫诚若此，饥渴无殊矣。循讽数四，继之感泣，直以老母春秋过高，不忍为绝裾之行耳。前笺所陈，无一语涉于虚假者。麾下仁孝人也，其不忍夺人亲也审矣。夫所恃以决策料胜者，此心耳。分此心以筹军事，又分此心以念亲闱，虽在明智之才，犹多遗误，何者？其方寸先乱也，况柏心之暗汶者乎？且自审生平，未履行阵，未习韬钤，安敢用未经尝试之学，以人之师侥幸？愿麾下且舍柏心，别求奇士，何患无才略奇杰之流辐辏而至者？使柏心得以白首奉母，全其虚名，而又不至上累麾下知人之明，何幸如之。若不蒙

① 王柏心：《百柱堂全集·书》卷三十七，《百柱堂全集》，崇文书局2008年版，第1110～1111页。

② 王柏心：《百柱堂全集·杂著》卷四十六，《百柱堂全集》，崇文书局2008年版，第1315～1318页。

③ 王柏心：《百柱堂全集·书》卷三十七，《百柱堂全集》，崇文书局2008年版，第1111～1112页。

察鉴，复辱后命，虽使者十返，柏心亦惟有坚守本志而已。

敢布腹心，怜而恕之，感且不朽。

在这封书函中，王柏心不仅对李孟群近几个月以来所取得的战绩赞赏有加，而且进一步说明了自己不能前去给他帮忙的原因，望他体谅，请他别求“奇士”。并强调，如果好友不能“察鉴”，就是“使者十返”，自己也是不会违背“本志”的。

李孟群刚收到王柏心的来信，尚未回复，王柏心所写的《答鹤人布政第三书》就又到了①。随此信寄来的还有应好友之邀为其父李卿谷②所写的墓志铭——《布政使衔署湖北按察使原任督粮道愍肃李公墓志铭》一文③。

咸丰八年（1858年）四月下旬，王柏心自己不能入其幕，便应李孟群之请，极力向他推荐自己的好友鄢友石为其幕僚。在鄢友石临行之际，王柏心写了长篇五言歌行《送鄢友石赴皖入李鹤人方伯军幕》相赠④。

同年五月二十八日（7月8日），好友李孟群已升任安徽巡抚（王柏心尚未得到消息）。此前，李孟群曾派人持书函及聘金再至荆南书院，恳请王柏心能出山协助他。王柏心阅完好友的书函，当即给他写了一封《答李鹤人布政书》⑤寄去。

在书函中，王柏心对好友最近一段时间的战绩大加称赞，希望好友再接再厉，再立奇功，并再一次向好友解释了自己不能入其幕府，出来襄助他的原因，最后向他极力推荐自己的同年好友、桂林的著名古文家朱琦。在李孟群收到这封信的时候，他已经因为安徽首府庐州的失守，被朝廷撤职，由一位封疆大吏顷刻变成为一个在军中效力的士兵了。

咸丰九年二月十六日（1859年3月20日），太平天国英王陈玉成率领

---

① 王柏心：《百柱堂全集·书》卷三十七，《百柱堂全集》，崇文书局2008年版，第1112～1114页。

② 咸丰四年六月初二日（1854年6月26日），太平军再次攻克武昌，时任湖北督粮道兼署湖北按察使的李卿谷，自杀殉国。

③ 王柏心：《百柱堂全集·墓志铭》卷四十三，《百柱堂全集》，崇文书局2008年版，第1260～1264页。

④ 王柏心：《百柱堂全集·诗》卷十七，《百柱堂全集》，崇文书局2008年版，第413～414页。

⑤ 王柏心：《百柱堂全集·书》卷三十八，《百柱堂全集》，崇文书局2008年版，第1124～1126页。

太平军主力并联合捻军再次进攻安徽，在庐州城外活捉了原安徽巡抚李孟群；李孟群是陈玉成所钦佩的清军将领中少有的几个将领之一，敬佩他是一员猛将，遂劝说他投降，结果，李孟群破口大骂，拒不投降。

三月十四日（4 月 16 日），李孟群在庐州被太平天国英王陈玉成斩首。消息传来，王柏心异常悲痛，立即写了《哭鹤人中丞，同九曾农部作》三首[①]，以表达其悲痛之情和吊唁好友的不幸早逝：

经年成债帅，所至用饥军。寇炽援先断，功迟谤益闻。夷伤仍苦斗，身首遂横分。耿耿孤臣志，惟持死报君。

登坛惊齿少，操翰患才多。纵有威名盛，其如龋龁何。志悲周处剑，力尽鲁阳戈。得计豺狼辈，欢呼醉复歌。

崎岖完大节，毁誉任当时。将略谁无短，家声实不隳。绁鹰安得击，絷骥岂能驰。局外持公论，非因荐祢私。

李孟群殉难时年仅三十岁，还可为朝廷建立不朽功勋，还应该有着大好的前程，却英年早逝。王柏心在诗中不仅为好友感到惋惜，为其鸣不平，还给予他很高的评价，表现出两人之间深厚的友谊。

同年九月初，王柏心来到荆南书院任教。闲暇之时，常常回忆起李孟群对自己的尊敬和倚重，心情久久不能平静，遂作《祭前署安徽巡抚李公文》[②]以祭奠之。

第五节　王柏心与陶梁

陶梁是王柏心中年时期结识的前辈好友，也是其终生的挚友之一。

陶梁（1772—1857），字宁求，号凫香（一作字凫香）、荣堂，江苏长洲（今苏州市）人。嘉庆十三年（1808 年）进士，选庶吉士，散馆授翰林院编修。后历官直隶永平、正定知府、清河道、大明知府、湖北荆宜施道等职。陶氏不仅工诗词，精于书画鉴赏，家富藏书；而且所至之处，提倡风雅，喜提携后进，与王柏心一见如故，成为挚友。

① 王柏心：《百柱堂全集·诗》卷十七，《百柱堂全集》，崇文书局 2008 年版，第 430～431 页。

② 王柏心：《百柱堂全集·祭文》卷四十七，《百柱堂全集》，崇文书局 2008 年版，第 1355～1357 页。

道光二十年（1840年）春，湖北荆宜施道道台陶梁听说好友王柏心游幕西北南归后，尚未重回荆南书院任教，便邀请他前来入幕。王柏心与前辈好友已有几年未见，甚是思念，遂欣然应允，来到荆州，进入其幕府。同在幕府者尚有好友徐季雅、沈花农等人。公务之余，柏心时常与好友们相聚唱和，相继写有《郡城春望同春木翁》、《寄郭南村》（二首）、《送陶若卿之衡阳谒其季父》（二首）、《寄怀春木丈》等诗纪其事①。

同年九月中旬，陶梁已经接到朝旨，将入京觐见。王柏心此时身体亦不太舒服，遂辞幕回螺山老家休养，并作有《遥送凫芗观察入都》一诗②纪其事：

> 三年南国使君旟，得失尊前一笑余。谪宦几人犹恋阙，浮家何地可悬车。名高耆宿今词伯，蒙绕承明旧直庐。鹰隼得时方搏击，避风且作鲁鶢鶋。

道光二十一年（1841年）七月，王柏心应同人们的再三邀请，仍然回到荆南书院执教；而他已有大半年没有陶梁的消息，甚是挂念，乃作《寄怀凫香观察都中》一诗③寄赠问讯，盼望前辈好友早膺重任：

> 闻公解组帝城还，日日开尊未许闲。垂老丹心依魏阙，中宵清漏忆朝班。三秋风雨黄流岸，百战旌旗沧海间。圣主宵衣求国士，肯令安石久东山。

同年十月，得知陶梁还在京中候补，王柏心实在放心不下，遂又写了《寄凫香观察》一诗④寄赠问候：

> 清樽曾接鄂城游，人去京华两度秋。又见使星来北阙，依然明月满南楼。漕通巴汉于艘下，江入河淮万里流。雪夜傥思梁苑赋，宾筵犹有旧枚邹。

道光二十二年（1842年）十月下旬，陶梁已接到朝命，准备动身前往暹罗（泰国的旧称），代表清朝政府护送暹罗国进贡使臣回国并进行回访。得知消息，王柏心为前辈好友荣膺重任感到高兴，立即写了五言长篇歌行

---

① 王柏心：《百柱堂全集·诗》卷七，《百柱堂全集》，崇文书局2008年版，第104～106页。

② 王柏心：《百柱堂全集·诗》卷七，《百柱堂全集》，崇文书局2008年版，第107页。

③ 王柏心：《百柱堂全集·诗》卷七，《百柱堂全集》，崇文书局2008年版，第120～121页。

④ 王柏心：《百柱堂全集·诗》卷七，《百柱堂全集》，崇文书局2008年版，第133页。

《皃香观察护暹罗贡使出境赋此奉寄》①寄赠，表示祝贺：

圣德訖八埏，声教罔不暨。憬彼海外夷，占风久译至。拜表通象胥，方物烂盈笥。犀珠及文鳐，间以织成被。皇日惟其德，所宝非珍异。有诏大鸿胪，谕勿献奇丽。其王遣陪臣，衔命修岁事。令吾贤有司，所在善抚慰。连帅承诏书，推择外台使。过境善护视，用答远人意。公也衣绣衣，乘骢率候吏。宾馆储饩牵，刍禾盛委积。赠遗悉却之，丰采可敬畏。远夷感且悦，下拜尽怀惠。购公诗卷归，鸡林价可贵。公亦考异闻，编辑续海志。我昨甫谒公，一见即揽辔。公行犹未旋，烟汀伹遥企。行役有新诗，折梅望相寄。寄我五色笺，定化海云气。

道光二十三年（1843 年）五月，王柏心应友朋之约，往游黄州，与友朋燕集；其间，前往拜访了时任汉黄德道道台的陶梁。陶梁见到好友王柏心到来，十分高兴，立即将自己以前所作、新近整理、完成的《红豆树馆词稿》出示王柏心，请其题赠。王柏心阅后欣然作《红豆树馆词跋》②相赠，并表明了自己的词学主张：

余考词之始兴，大抵流连风月，泛咏皋壤，感物而动，其绪无端，以凭虚为奇，以超旷灵澹为宗。至子瞻、幼安辈为之，泛滥于子史，驰骋议论，其体一变，然特以发抒其壮气雄心而已。未有综贯生平、标举志行，若年经月纬，粲然可睹指者也。兹则体沿协律，义兼纪事，排比敷陈，开昔人未辟之町畦。其伦则君亲昆弟夫妇师友，其事则遨游羁旅敷文纬典，其情则忻愉悲戚，其境则壮老穷达，析之各有宗旨，合之互相首尾，又能分忖节度，穷极窈眇，有启涂拓宇之观，无官凌羽替之疾。于此体为创见而仍不失其正宗，盛矣哉，前此未尝有也！昔者司马子长、杨子云、班孟坚皆有自叙，杜子美《北征》、《昔游》等篇，亦隐括出处，览者资为援据，独填词家无之。世遂以为束于体格，无能恢廓，至有目诗余为小道者。今读《红豆树馆词》，包含宏大，直举胸情，然后知此境正自无穷，人特未能穷其所至耳。集中他美，诸公论之详矣。余以为自有倚声以来，兼众长而扩其境之所未至者，独于兹集

① 王柏心：《百柱堂全集·序》卷三十四，《百柱堂全集》，崇文书局 2008 年版，第 144 页。

② 此文见于陶梁《红豆树馆词稿》，道光二十三年（1843 年）百媚书屋刻本；而今所出之王柏心著《百柱堂全集》（崇文书局 2008 年版）未见收录。

见之。

同年十二月，已于几个月前考取举人的王柏心，听从陶梁的建议，将丁酉至癸卯年（1837—1843 年）期间所作之诗，汇编成集，曰《子寿诗钞》，由前辈好友陶凫香出资序而刻之。

道光二十五年（1845 年）春，王柏心终于下定决心，辞去刑部候补主事之职，出京南归；途中，颇为思念前辈好友陶梁，不知其近况如何，乃作《寄怀凫乡观察》一诗①寄赠，以表达自己的思念之情：

词林尊老凤，门馆盛登龙。人物三朝志，风流西海宗。养空恒啸咏，缮性得从容。信美黄州地，天留晚福供。

道光二十六年（1846 年）春初，王柏心应同年邓小耘与学生吴又恒、陈雪樵之邀，到鄂城游览；适逢弟子、好友张韵仙前往应州（今山西省朔州市应县）赴任，路过鄂城，得与欢聚。王柏心写有《鄂城看海棠忆润臣展云》、《答孝长》、《送张韵仙之应州》、《和春木翁病中言志之作》、《江上》等诗②作纪其行。

其间，王柏心曾应陶梁之请，过江至道台衙署拜访、看望好友，与其促膝夜谈，并作有《与凫翁夜话》一诗③，以表达好友阔别相见之情：

铃阁江干鼓吹长，中宵白发话苍凉。衣冠禁陛思仙仗，弓剑桥山泣睿皇。师友累朝闻正始，风流一老属灵光。杜陵贪倚严公幕，已谢云霄画省郎。

不久，陶梁相继擢升甘肃按察使、江西布政使、太常寺卿等职；尽管从此天各一方，但两人却一直保持着书札、诗文的往来联系。

咸丰元年（1851 年）十二月，南方太平军的声势颇大，因陶梁的年岁大了，王柏心不知其近况如何，有些担心，乃作《寄呈凫乡太常》（二首）④寄赠闻讯：

鹤发巍然典奉常，升平礼乐有辉光。帝廷班列陪鸠扈，天老从容答凤凰。四海词流尊斗宿，三朝寿俊壮岩廊。即今退食清斋暇，犹自挥毫数举觞。

---

① 王柏心：《百柱堂全集·诗》卷十，《百柱堂全集》，崇文书局 2008 年版，第 178 页。

② 王柏心：《百柱堂全集·诗》卷十一，《百柱堂全集》，崇文书局 2008 年版，第 216～218 页。

③ 王柏心：《百柱堂全集·诗》卷十一，《百柱堂全集》，崇文书局 2008 年版，第 217 页。

④ 王柏心：《百柱堂全集·诗》卷十三，《百柱堂全集》，崇文书局 2008 年版，第 260 页。

爱士风流天下闻，夔龙不忘野鸥群。将令小草征安石，曾拟长杨荐子云。霄汉空悬阊阖梦，渔樵虚负圣明君。遥传大雅扶轮意，丛桂深山已吐芬。

此后，前辈好友陶梁于咸丰二年（1852 年）擢升内阁学士，又于四年（1854 年）迁为礼部侍郎。然陶氏不恋官位，于其仕途正盛之时，毅然于咸丰六年（1856 年）以年迈有病为由，辞官归里。次年，陶梁在家乡去世，享年八十有五。陶梁有《红豆树馆诗稿》十四卷、《红豆树馆词》八卷、补遗一卷、逸稿一卷等著作行世，另辑有《国朝词综补遗》二十卷。

除以上几位之外，与王柏心关系密切的道咸名臣尚有罗文俊［1789—1850，字泰瞻，号萝村，广东南海人；道光二年（1822 年）进士，官至内阁学士兼礼部侍郎］、常大淳［1792—1852，字正夫、兰陔，号南陔，湖南衡阳人；道光三年(1823 年)进士，官至湖北巡抚］、陆建瀛（1792—1853，字立夫，一字仲白，湖北沔阳人；道光二年进士，官至两江总督）、罗遵殿［1798—1860，字有光，号澹村、淡村，安徽宿县人；道光十五年(1835 年)进士，官至浙江巡抚］等人，限于篇幅，此处不再详细介绍。

第七章　王柏心与道咸名流

阶级矛盾的激化，民族矛盾的加深，社会变革的加剧，为大批忠贞爱国的知识分子提供了施展才华的舞台。王柏心在满怀济世雄心、奔走大江南北、积极探索报效国家途径的过程中，得以与这一时期和自己有着相同志趣的社会、文学名流们相交往来，诗酒唱和，结下了深厚的友谊，从而共同为这一时期社会的发展进步、为中国传统文学的发展、繁荣而奉献出了自己的聪明才智。

第一节　王柏心与姚春木

姚春木是王柏心荆南书院早、中期的同事，也是相交往来二十余年的前辈挚友。

姚春木（1777—1853），字春木，一字子寿，号春水，又自号樗寮生、蹇道人，金山廊下人等。江苏娄县（今属上海松江）人。少时以国子监生应顺天乡试，才名噪京师；后累试不售，不以为意。道光元年（1821 年）与彭兆荪同被荐为孝廉方正，故辞不就。后以授徒为生，曾主讲河南夷山、湖北荆南书院。

道光十二年（1832 年）二月，因湖北布政使林则徐的推荐，王柏心自邹码头村塾至荆南书院执教，与姚春木等人同事。在书院，王柏心以前辈、师长之礼尊之，两人相处极为融洽，从此结为挚友。

道光十九年（1839 年）二月，王柏心辞幕南归，因事来到南郡，适遇好友姚春木要去长沙，遂为其送行，并写有《送姚春木之长沙》（二首）[①]诗纪其事，表达其依依不舍之情，并希望好友早早归来：

片帆空际悬，青草望绵绵。地势临湖尽，天形入浪圆。轩皇留广乐，帝子送灵弦。不有骚人作，谁将大雅传？

---

① 王柏心：《百柱堂全集·诗》卷六，《百柱堂全集》，崇文书局 2008 年版，第 95 页。

托兴成孤往，何心历九州。醉歌朱凤曲，豪驾百鼋游。三秀还堪采，重华未可求。从来卑湿地，慎莫久淹留。

三月初一日（4 月 14 日），姚春木在鄂城稍作停留，读完王柏心的《枢言》后，甚是赞赏，当即为《枢言》写了一篇序言寄赠王柏心：

昔人云："有治人，无治法。"吾以为有治人，即有治法。法者，依人以立者也。人之所不至，而法生焉。法制于人之所显为，而人遁乎法之所不及。于是乎法穷枢言者，所以济乎法之所不及，而使人以自为者也。监利王君柏心，字子寿，博学笃行，名闻诸方，而吾以为是天资近道人也。尝客游西塞，以所见闻，综辑为是编。予来楚中，读而爱之。君之为书通达，似荀悦激发，似王符纯粹，似徐干不为危言极论、迂词诞语，而使人悠然自得于简编之外。读之掩卷，而慨然有余思也。

君志行醇洁，有慕东汉诸君子，有所著书，亦辄近之。有宋曾巩氏谓："中论之书，不悖乎理。"又能充其所得乎？内者既察其意而贤之，而又知其行之可贤，况予之亲见君而得之。又其文词明白昭著如此，虽未知他日所以见诸行事者何若，而执志纯固，较然不欺，岂非所谓天资近道者与？

《易·系词》之言曰："言行，君子之枢机。"昔之人，有因言而信其行者矣，况予之亲见君之行如此者哉。或曰："子引曾氏之美中论，以美是书，当矣。顾曾氏又有言曰：'法者，所以适变也，不必尽同。'盖亦因其所遇之时，所遇之变，而为当世之法，使之不失乎先王之意而已。而子乃欲废法而任意，得毋过欤？"

"子曰所贵乎法者，贵其能适变也。有不适，则虽圣人之法，亦有可议者矣。孔子所谓'与时损益'者也。王子之意，非谓废法而任人，乃欲任人而用法也。而子乃以刺谬讥之，子则过矣。且王子方为世之贤智者言之，而子顾以庸陋乖刺为虑，岂其然与？"

客既退，遂书以为序。

道光十九年季春朔日，娄姚春木序于鄂城之古楚楼。①

道光二十年（1840 年）二月，王柏心应邀来到南郡，进入前辈诗人、好友、时任荆宜施道道台的陶梁幕府。 在南郡，好友们经常宴集唱和，王柏

① 姚春木此序已收入《百柱堂全集》卷二十九，《百柱堂全集》，崇文书局 2008 年版，第 881～882 页。

心曾写有《郡城春望同春木翁》、《寄怀春木丈》等诗①纪其事。

同年十一月，已经辞幕的王柏心因事再回南郡，颇思念好友姚春木，遂作有七律《南郡至日简樗翁》一首②寄赠，以表达其思念之情：

葭灰缇室阳初转，蓬鬓苍江感不禁。天上六龙方驻景，云间二鸟合悲吟。盈盈竹叶光浮盏，袅袅梅花香满林。逆旅三逢长至节，登楼同起望乡心。

道光二十一年（1841 年）二月，王柏心旅居南郡（荆州），常与张蔗泉、姚春木等好友往来唱和，相继写有《南郡逢张子蔗泉歌以赠之》、《饮酒诗和樗翁》（七首）、《闻蔗泉移寓讲院并简樗翁》、《杏花绝句和樗翁》（三首）、《南郡春兴同蔗泉作》（八首）、《春兴六首和蔗泉》等诗作纪其交往③。

三月初三日（3 月 25 日），本与姚春木、张蔗泉等友朋相约出游，因天雨未成行，王柏心乃作《上巳雨不果游简樗翁蔗泉》一诗④纪其事：

寂寂春将晚，潇潇雨未阑。楚天云总湿，泽气昼多寒。消息迟挑菜，风光罢采兰。出门愁屐滑，况复少花看。

寒食⑤那天，王柏心甚是想念好友，本想邀好友外出游览，天却又下雨，乃作《寒食雨中简樗翁蔗泉》一诗⑥寄赠好友：

江陵寒食节，高馆客愁新。天外云垂地，人间雨断春。莺花殊未见，裙屐转难亲。二客风流士，空然忆垫巾。

四月中旬，王柏心和姚春木闻知粤东大捷的喜讯，都为好友林则徐感到

---

① 王柏心：《百柱堂全集·诗》卷七，《百柱堂全集》，崇文书局 2008 年版，第 104、106 页。

② 王柏心：《百柱堂全集·诗》卷七，《百柱堂全集》，崇文书局 2008 年版，第 108 页。

③ 王柏心：《百柱堂全集·诗》卷七，《百柱堂全集》，崇文书局 2008 年版，第 108～114 页。

④ 王柏心：《百柱堂全集·诗》卷七，《百柱堂全集》，崇文书局 2008 年版，第 111～112 页。

⑤ 寒食，又称“寒食节”、“禁烟节”、“冷节”、“百五节”，在农历冬至后一百零五日，一般是清明的前一两日。按照民间习俗，当日禁烟火，只吃冷食，有祭扫、踏青、秋千、蹴鞠、牵钩、斗卵等风俗活动，称为民间第一大祭日。此年的清明为三月十四日，即公历的 4 月 5 日。

⑥ 王柏心：《百柱堂全集·诗》卷七，《百柱堂全集》，崇文书局 2008 年版，第 115～116 页。

高兴和骄傲；王柏心还写了《喜闻粤东大捷奉寄前制府林公三首同樗翁作》[①]纪其激动兴奋的心情：

风扫鲛人泣，霆驱蜃母奔。始闻警破胆，谁议纵游魂。戈甲南天耆，梯航北户尊。连朝传露布，喜气遍江村。

汉家杨仆将，横海立功名。一战潮迎舰，三春雨洗兵。刑徒趋购赏，义士激忠贞。亟僇中行说，恬波此自清。

智略裴中立，清名宋广州。麒骥仍在驭，蛟鳄不须忧。坐策无遗算，登坛已伐谋。貂蝉原异数，况乃出兜鍪。

八月间，王柏心与姚春木时常往来，或外出登高，或宴集唱和，王柏心相继写有《咏白菊和樗翁》、《仲闳至郢偕樗翁龙山秋望》、《海警同樗翁作》等诗作纪其交往[②]。

九月初九日（10 月 23 日）是传统的重阳节，王柏心与姚春木等友朋外出登高，写有《九日偕樗翁寿林登城西楼》一诗[③]纪其事：

令节无烦出郭劳，朱楼俯瞰极纤毫。孤城影卧沧波静，千里秋悬白日高。欲障百川空有志，深愁群盗尚如毛。仲宣怀土难成赋，意气殊惭二客豪。

同年十月，在姚春木和同仁们的一再邀请下，王柏心又回到荆南书院执教。老友又携手共事，分外高兴，有说不完的知心话，很自然地谈到了他们的好友林则徐的遭遇。林则徐在广东禁烟，令行禁止，成绩卓著；尤其是虎门销烟，大长中国人民的志气，大灭帝国主义列强的威风，全国人民拍手称快，但却受到投降派的陷害，得到不公正的待遇，被革职充军，真是没有天理！于是，他俩同时给林则徐写了信和诗寄去，向老友表示问候和安慰。

道光二十二年（1842 年）正月，王柏心仍在京城访友，寻求“干禄”，其间曾收到前辈好友姚春木问讯的诗章，自己出来的时间也不短，颇思念好友，曾写有《停云四章和春木翁》、《寄春木翁南郡》等诗[④]作寄赠，以表

① 王柏心：《百柱堂全集·诗》卷七，《百柱堂全集》，崇文书局 2008 年版，第 116 页。

② 王柏心：《百柱堂全集·诗》卷七，《百柱堂全集》，崇文书局 2008 年版，第 117、119、122 页。

③ 王柏心：《百柱堂全集·诗》卷七，《百柱堂全集》，崇文书局 2008 年版，第 129 页。

④ 王柏心：《百柱堂全集·诗》卷八，《百柱堂全集》，崇文书局 2008 年版，第 135～137 页。

达其思念之情。

同年十一月，王柏心仍从京城回到书院执教。刚回到书院不久，就收到了林则徐的来信，这就是著名的《遣戍伊犁行次兰州致姚春木王冬寿书》①。

林则徐在这封寄给姚春木、王柏心的长信中，尚附有其和姚、王二人的诗二首，即《次韵姚春木王冬寿谪戍五律二首》②：

太息恬嬉久，艰危兆履霜。岳韩空报宋，李郭或兴唐。果有元戎略，休为谪宦伤。手无一寸刃，谁拾路边枪。

时事艰如此，凭谁议海防。已成头皓白，遑问口雌黄。绝塞不辞远，中原吁可伤。感君教学《易》，忧患固其常。

两人接到久盼的来信非常高兴，一口气将其读完，其间，时而拍案叫好，时而顿足叹气，时而怒气冲天，他俩都为好友遭奸佞小人诬陷，自己身陷囹圄却仍忧怀国事的宽广胸怀而感到由衷的敬佩。

道光二十三年（1843 年）六月，王柏心应友朋之邀，前往鄂州和黄州（齐安）与友朋燕集。在齐安时，适接姚春木寄自南郡的诗作，甚是思念老友，乃作长篇七言歌行《余在齐安，春木征君自南郡赋长句见贻，用东坡武昌西山诗韵，即依韵答之》诗③回赠。

道光二十五年（1845 年）正月，王柏心尚在京城任刑部候补主事，适有姚春木寄自黄州的问候书函；王柏心亦颇思念好友，乃作《春木翁适齐安赋此奉怀》一诗④寄赠：

老病逢春减，东为赤壁游。故人劳折简，吾道任扁舟。落落浮生计，茫茫绝学忧。一身文献在，珍重系千秋。

道光二十六年（1846 年）二月，应同年邓小耘、学生吴又恒、陈雪樵之邀，王柏心自螺山老家赴鄂城游览。其间，前辈好友姚春木正在病中，闻知柏心有鄂城之游，遂作有言志诗寄赠；王柏心阅后，感慨良多，乃作《和

① 此信原收入《道咸同光名人手札》第二集卷一（见《鸦片战争》二，第 567 页）；亦见王柏心《百柱堂全集》附录三，《百柱堂全集》，崇文书局 2008 年版，第 1489～1493 页。

② 此诗见于王柏心《百柱堂全集》附录三，《百柱堂全集》，崇文书局 2008 年版，第 1499 页。

③ 王柏心：《百柱堂全集・诗》卷八，《百柱堂全集》，崇文书局 2008 年版，第 147～148 页。

④ 王柏心：《百柱堂全集・诗》卷十，《百柱堂全集》，崇文书局 2008 年版，第 178 页。

春木翁病中言志之作》一诗[①]寄赠：

生才真宰意何如，一老清时海上居。王霸学严千载辨，艺文功在五朝书。遥遥各自怜邛蟨，落落何须羡乌鱼。寄语松风旧亭长，芰荷吾已制衣裾。

第二年，前辈好友姚春木因年事已高，身体亦多病，遂辞去荆南书院教职，回松江老家养老。然刚回到家，还是被松江景贤书院聘为主讲，直至其去世。姚氏颇勤奋，教学之外笔耕不止，有《通艺阁诗录》八卷、《和陶诗》三卷、《晚学斋文集》十二卷等著作行世，另选有《国朝文录》八十二卷等。

姚春木去世不久，其弟子陈克明专程前来荆南书院，请王柏心为其师撰写墓志铭。王柏心慨然作《姚君春木墓志铭》一文相赠，以表达其哀悼之情[②]。

同治七年（1868年）二月，此时姚春木已去世十五六年；一日，王柏心站在荆南书院的庭院中，见阶下原来因枯死被砍伐的那棵旧梨树的根部长出了一大丛木耳，遂让厨房师傅采取烹饪。食用佳肴时，自然而然地想起从前与姚春木在树下谈诗论文的情景：先是梨树半枯，姚春木曾抚之叹息道："我要为它写一篇《病梨赋》。"后一直因事未果。时间一长，梨树枯死，被伐去。想起这些往事，王柏心不禁悲从中来，遂作七言长篇歌行《菌盘行·南郡讲舍阶下旧有梨，半枯矣。姚征君椿察拊之太息云："欲作〈病梨赋〉。"未果，岁久伐去。根下作菌蓓蕾连蜷，土色斑斓，如盘盂者然。劚取登诸几案，遂赋是篇》纪其事[③]。

第二节 王柏心与梅曾亮

梅曾亮是王柏心入京会试、在京为官时结识的前辈好友。

梅曾亮（1786—1856），原名曾荫，字伯言、柏枧，又字葛君，亦署柏

---

① 王柏心：《百柱堂全集·诗》卷十一，《百柱堂全集》，崇文书局2008年版，第217页。

② 王柏心：《百柱堂全集·墓志铭》卷四十三，《百柱堂全集》，崇文书局2008年版，第1258～1260页。

③ 王柏心：《百柱堂全集·诗》卷二十六，《百柱堂全集》，崇文书局2008年版，第760页。

岘，江苏上元（今南京市）人。祖籍安徽宣城，曾祖时移籍江苏。其母为修订《再生缘》的弹词女作家侯芝，幼受母教，少时喜作骈文，与同邑管同交好，转攻古文。姚鼐主讲江宁钟山书院，二人俱出其门，与管同、方东树、姚莹称为“姚门四大弟子”。道光二年（1822年）进士，以知县签分贵州，因父母年迈，未去赴任。次年告病辞归。十四年（1834年）援例为户部郎中。梅氏居京师二十余年，嗜学笃古，承姚鼐余绪，文名颇盛；姚鼐去世后，梅氏继主文坛，成为桐城派的中坚，时京中曾国藩、王拯、朱琦、龙启瑞、孙鼎臣等治古文者皆从之问义法。

道光二十四年（1844年）四月，王柏心中进士并留京任刑部候补主事后，与梅曾亮正式订交。平时，王柏心皆以师长之礼尊之，两人过从甚密。一日梅曾亮来访，两人闲谈时谈到一个名叫冯树堂的人。王柏心十分钦佩他的言行、气节，便写了一首七言长篇歌行《宣城梅伯言丈过予，为言冯君树堂志行甚奇。某御史上书击奸，报闻而已，君走叩御史门曰：“言不用，可以去矣；某虽贫，请醵金以治装。”又尝馆要人宅，心薄其所为，一旦辞曰：“若不任吾主，人无久溷。”公为遂拂衣去。乡人曾涤生闻而招之往，下榻焉，相得欢甚。予壮其节，仍用前韵，赋诗一篇赠冯君》[1]赠给冯君：

绕指为柔刚则摧，秕糠性乃随人簁。士无定力丧厥守，冯君见之诋且咍。布衣虽贱守直节，人祸鬼责焉能灾。宣城梅叟昨道子，使我喜笑腾颜腮。霜台御史号敢谏，击奸未去穴深坯。君也叩门谓御史，曷不挂冠神武哉。诤臣作论今复见，闻者尽觉心胆开。君又假馆贵游宅，日夕车马声相豗。主人门庭颇似市，谈笑可使生风雷。长揖径谢主人去，丈夫岂惮沟壑哀。曾侯招君往下榻，海鸥无复机心猜。我相奇士始得子，廉劲可匹汉乐恢。人才根本在气节，中流砥柱澜可回。国之隆替岂一旦，视彼佞直先坯胎。正直在位世必治，其受委任犹腰脢。冯君冯君古遗直，览辉当为卷阿来。好持直道佐明主，我行日醉山中杯。

这首诗名义上是赠给冯树堂的，对冯氏奇特的言行、气节给予了高度的赞扬，但他实际上是写给好友梅曾亮和曾国藩看的。因为此诗写得慷慨浏亮，正气凛然，故梅、曾二人看后，都非常赞赏王柏心的文采、学识。

道光二十五年三月二十五日（1845年5月1日），友朋、在京的诸弟子

---

① 王柏心：《百柱堂全集·诗》卷九，《百柱堂全集》，崇文书局2008年版，第166～167页。

赴龙树寺设宴为梅曾亮做六十大寿，还绘制了《龙树寺寿燕图》纪其事，王柏心则专门写了一首长篇七言歌行《寿梅丈伯言六十》[1]为好友祝寿：

国初以来盛文苑，商丘宁都相继驰。桐城侍郎稍后出，绍明古训遵庄馗。惜抱受之晚矻矻，独造柔澹刊支离。配林恶池先有事，弟子得翁宏其施。翁家达人亦不少，图纬奥学陈轩羲。数传至翁扩文囿，位不配才郎署卑。往往覃思出宙合，觥之不异渴与饥。厥初敷言首贯道，用弼政典光民彝。粤若姚姒逮邹鲁，大文经纬苞两仪。董贾迁雄道厥委，乃始专骛于文词。横翔捷出稍一变，其视六艺犹未歧。有唐韩子约经旨，攘斥佛老固藩篱。功施两宋久弗替，仁义不患邪说漓。嗟乎后来体益裂，决防溃岸不可治。捃摭章句竞钩瓠，不者浮治如繁枝。破碎大义骋小辨，百家日出言犹卮。雕刻众巧等技艺，翁起慨然一扫之。经纶训典翼大道，奖述忠孝昭穹碑。上者承明石渠彦，下至山林文学师。见翁述作尽敛手，旋其面目惭测蠡。斯文统系有专属，此论至公吾何私。翁今矍铄始六十，健笔战走千熊罴。海棠初红酒初熟，介翁寿康福履绥。小子举觞述作者，词林万羽徒尔为。韩欧往矣旷千秋，余子琐琐皆庶支。天其以翁续文统，愿翁永保黄发期。

在这首贺寿长篇歌行中，王柏心简要勾勒了桐城古文发展的脉络，高度评价了梅曾亮承继桐城文绪，将其发扬光大的功绩，并真诚地希望前辈好友永葆青春，在古文创作上更上一层楼，取得更多、更高的成就。 好友王拯还遵同人之属，专门写了《龙树寺寿燕图记》一文纪其盛况："同会者监利王子寿、曲阜孔绣山、桂林朱伯韩、平南彭子穆、代州冯鲁川、临桂唐子石、位西及余合九人。"[2]

同年十一月初八日（12 月 6 日），王柏心的长子家遇大婚，梅曾亮得知消息，虽人没有前往，然贺仪却是早早就寄到了。

道光二十六年（1846 年）十一月下旬，与王柏心分别快两年了，梅曾亮甚是思念好友，遂自京城致书螺山问候；收到前辈好友的书函，王柏心十分高兴，立即写了《答梅伯言丈》（二首）[3]寄赠致谢：

潜郎高卧帝城春，倦看车前十丈尘。破的清言倾座客，闭门元草谢

---

① 王柏心：《百柱堂全集·诗》卷十，《百柱堂全集》，崇文书局 2008 年版，第 182～183 页。

② 王拯：《龙壁山房文集》卷五，光绪七年（1881 年）陈宝箴刻本。

③ 王柏心：《百柱堂全集·诗》卷十一，《百柱堂全集》，崇文书局 2008 年版，第 225 页。

时人。朝中偃蹇吾龙蠖，海内文章孰凤麟。材力起衰功不易，须凭一发系千钧。

疏麻千里讯江干，归客狂歌兴已阑。旧梦云霄双凤阙，秋风天地一鱼竿。城南胜赏空惆怅，冀北离心正渺漫。东马严徐皆俊侣，几时联骑更追欢。

道光二十九年（1849 年），梅曾亮辞官归里，被聘主扬州梅花书院，直至其于咸丰六年（1856 年）去世。其间，两人一直保持着书函、诗文联系。

梅曾亮与王柏心一样，勤于笔耕，一生留给后人的有《柏枧山房文集》十六卷、《续集》一卷、《柏枧山房诗集》十二卷、《骈体文抄》二卷；咸丰元年（1851 年）梅氏合刻为《柏枧山房集》三十一卷。另编有《古文词略》二十四卷行世。

第三节　王柏心与孙鼎臣

孙鼎臣是王柏心入京会试、留京为官期间结识的好友。

孙鼎臣（1819—1859），字子余，号芝房，湖南善化（今长沙市）人。少聪慧，喜作赋，有才名。十一岁时作《西王母赋》，轰动一时，长辈惊其才。后从梅曾亮游，受梅氏影响，乃变骈体为桐城古文。

道光十六年（1836 年）中举人，选内阁中书；二十四年（1844 年）四月，亦参加本年会试而落第的孙鼎臣，因曾国藩、郭嵩焘、梅曾亮等师友的关系，与同科会试中进士的王柏心正式结交。王柏心极其欣赏孙鼎臣的才华，两人过从甚密，从此成为挚友。

道光二十五年（1845 年）三月，王柏心以父母年迈需要赡养为名，正式向刑部请假南归，孙鼎臣闻知消息，曾前来为好友送行。临别之际，王柏心写有七言长篇歌行《长歌赠别孙子芝房》①相赠：

峄桐蹶根剑跃水，人间失却浮邱子。后来健者复有谁，眼中无过孙与李。李子倜傥龙为媒，孙郎自是珪璋材。屹然词雄复张楚，青天骤觉生风雷。嗟乎大雅九不作，峥嵘日下浮邱阁。霜台（谓伯韩侍御）凤池（谓润臣舍人）多俊英，晚得孙李益恢廓。回澜障川宁不劳，太息六义

① 王柏心：《百柱堂全集 · 诗》卷十，《百柱堂全集》，崇文书局 2008 年版，第 201～202 页。

江河滔。洪钟一振细音革，当时颇受群儿嘲。我生才薄惭潦倒，自失浮邱意枯槁。喜逢二俊来湘东，不遣风骚委蔓草。沧海年来敛袄彗，耿耿鲛蜃非无事。下士犹闻陈皋言，公卿得不进至计。李子才略赞皇侪，孙郎感激贾生涕。讽谕均通忠孝心，词臣献纳自古义。李也暂出孙也留，予亦归乘江上舟。枯桑天风九河东，国门帐饮走相送。觚棱日落浮云生，野鹤褭回别丹凤。凤飞直傍九天阙，回首森然天庙骨。岂无雅颂流管弦，况有精忱通日月。侍御舍人在朝宁，诸公努力复元古。登车独出国西门，蓬蒿之人何足数，不见浮邱泪如雨。

在京师时，王柏心对好友、湖南益阳人汤鹏和他的政论著作《浮邱子》非常赞赏；他认为，在汤鹏去世后，才华能承继其绪的恐怕只有湖南的孙鼎臣和李杭了。随后，王柏心以典雅的文辞、反复铺陈，对孙鼎臣和李杭的人品和文采给予了高度评价。

同年四月，孙鼎臣再次入闱，亦考取进士，并被选为庶吉士，进入翰林院深造。

这一年的十一月初八日（12 月 6 日），王柏心的长子家遇举行新婚大典，孙鼎臣得到消息后，亦致送了礼金。

道光二十六年（1846 年）十二月，王柏心正在黄州访友，得与由岭南入都、途经黄州的好友、湖南善化人凌丰叔相聚；并由见到好友凌丰叔自然而然地思念起凌氏的同乡、自己的好友李杭和孙鼎臣，遂作七言长篇歌行《海有巨鳌行，送凌丰叔水部岭南入都，兼忆梅生、芝房二子》[①]寄赠。

道光二十九年（1849 年）十月，孙鼎臣奉旨以太史的身份去四川巡视，路过荆州，专程到荆南书院来看望王柏心。老友重逢，相拥而泣。谈到同年好友李梅生的去世，二人都非常悲痛。临别时，王柏心写有《芝房太史使车过南郡喜申良晤兼感李子梅生》（二首）[②]诗相赠：

宾贤千载会，衔命五云光。道路占星使，山川入夜郎。停骖江国外，揽袂郢门旁。向晓锋车发，仍怜别思长。

逝矣谪仙子，吟魂不可招。风骚失雄伯，宙合莽萧条。楚国龚生

① 王柏心:《百柱堂全集·诗》卷十一,《百柱堂全集》,崇文书局 2008 年版,第 220 页。

② 王柏心:《百柱堂全集·诗》卷十二,《百柱堂全集》,崇文书局 2008 年版,第 247～248 页。

没，天年贾傅凋。因君话畴昔，回首酒炉遥。

咸丰二年（1852年）十月，由于南方太平军势力颇大，社会动荡不安，王柏心甚是思念在京都的诸位友朋，因作长篇五言歌行《青云行，寄袖石太史、孝凤兵部、润臣、展云、芝房三侍读》①寄赠。

咸丰四年（1854年）二月，王柏心自几年前与孙鼎臣在荆州分别后，因为战事的原因，两人此后就没有再见过面，不知其近况如何，颇为怀念，遂作《与芝房别后却寄》②一诗寄赠问讯：

请急单车出帝城，嵩河千里骨纵横。归来道路差无恙，乱后乡园复苦兵。一疏赤墀摅鲠亮，九阊白日照精诚。相逢多难仍挥手，愁听沿江鼓角声。

咸丰六年（1856年）六月上旬，王柏心因患伤寒病自沧州回到螺山老家休养，左宗棠、孙鼎臣、郭崑焘、唐炯等人得知消息，先后致函问候，王柏心颇为高兴，乃作《季高、芝房、意城、鄂生兵后以书存问，先后继至，喜赋一律》③寄赠。

咸丰七年（1857年）五月中旬，孙鼎臣自长沙入都，途经监利螺山，遂上岸至百柱堂拜访王柏心，并写有七律《江上访王子寿比部》④一首相赠：

大湖南北阻烽烟，乱后相逢岂偶然。高卧未忘天下事，悲歌深望中兴年。鏖兵江汉新恢复，分阃旌旄尚接联。后会几时难预计，暮帆惆怅一樽前。

老友相见，不胜欢喜，促膝交谈至深夜。时值王柏心的《漆室吟》付梓刊行，孙鼎臣应邀欣然命笔，作《百柱堂全集序》（实际为《漆室吟序》）⑤相赠：

道光之季年，子寿在京师，余时相从饮酒赋诗，泛言天下之务。是时宣宗在位久，法度具备，务以安静，修养元元。英夷就抚之后，益重

---

① 王柏心：《百柱堂全集·诗》卷十四，《百柱堂全集》，崇文书局2008年版，第290～291页。

② 王柏心：《百柱堂全集·诗》卷十五，《百柱堂全集》，崇文书局2008年版，第311页。

③ 王柏心：《百柱堂全集·诗》卷十六，《百柱堂全集》，崇文书局2008年版，第353页。

④ 此诗见于同治版《监利县志》，又被收入《百柱堂全集》附录三，《百柱堂全集》，崇文书局2008年版，第1501页。

⑤ 此文见王柏心《百柱堂全集》卷首，《百柱堂全集》，崇文书局2008年版，第29～30页。

用兵，中外晏然，佥谓无事。子寿尝深矉太息，抱无穷之忧。人皆迂之，以是特文人之习云尔。

子寿久以文章名海内，及解褐以主事候补刑部，而年逾四十。二亲笃老，刑名又非所乐，年余即谢归，居监利之螺山。已而贼出广西，蹂躏东南，洞庭荆口之间，贼屡出没，购子寿甚急，走山中乃免。螺山去岳州仅一舍隔江，弥望皆湖南山也。方贼披猖时，江湖骚然，远近云扰，余亦伏身穷谷，与子寿绝不相闻。居闲处，独念曩在京师游宴时，诚不意遽至此。两人之聚散离合，益未敢知已。今年入都过螺山，访子寿之居，故无恙，相见大喜，遂留纵谈剧饮至夜分。酒间出诗曰《漆室吟》者，谓“余此壬子以来，感时述事之作也。”

用兵之方略，与夫政理之要，皆见于是。前人无此体也。君于诗，雄丽深博，源出汉魏，要归于杜甫，奄有明季李梦阳、何景明之长，余最所爱慕。及观于是，又非徒笔墨驰骋，极文辞之能。世以君为文人，傎也。以君之才，内而与庙堂之谋议，外而使从军旅之事，其所建树，必震耀当时。君既磊落自重，其遇晚而官又不高，不得行其志，乃遂绝意进取，寂寞于荒江旷野之中，狎麋鹿而侣鱼虾。遭时多虞，流离兵革，然而忠爱悱恻之意，须臾未尝忘。身处荒远，不能自致，独时感激哀吟，舒其堙郁，自比于鲁漆室之女，重可悲矣。

汉唐以来，未有治平二百余年，民物康阜如本朝者。户孳而寖贫，兵销而寖弱，民俗薄，吏道偷，而封疆由此多故。虽盈虚消息，理数之自然，抑岂不关人事欤？天下之病，当其责者不忧，忧者不当其责，子寿前日之忧，既不幸而验矣。今之所忧，亦徒垂之空文，天下之患何时弭？君之忧何时释乎？子寿之发日白，其殆将以是老也。夫既别舟至天门，书而寄之，以为序。

咸丰七年五月善化孙鼎臣

王柏心对孙鼎臣所写之序言十分满意，临别之际，遂写了《答芝房》（二首）[①]相赠，深表感激之情：

兵戈相望久愁颜，何意簪裾得再攀。暂遣留宾三径里，仍看谒帝五云间。飞鸿忽堕迢遥讯，彩凤方归侍从班。奖借不因元晏序，谁怜吟苦为时艰（承为拙诗制序）。

---

① 王柏心：《百柱堂全集·诗》卷十七，《百柱堂全集》，崇文书局2008年版，第406～407页。

朝隐萧然素士风，著书怀抱有谁同。词多司马徵文外，事尽长沙太息中。图贡万方凝宝箓，声灵七叶纂神功。兴邦自昔由屯难，禁闼无忘献纳忠。

此后不久，因孙鼎臣在朝中忠直敢言，为权贵所忌，久不能升迁（自咸丰二年至今仍任翰林院侍读），遂乞假归里，读书奉母，专力于学术。其间，曾被聘主石鼓书院。有《苍莨集》二十一卷（其中《诗集》十卷、《文集》六卷、《词、赋、骈文、试帖》五卷）和《番塘鱼论》、《河防纪略》等著作行世，于咸丰九年（1859 年）三月在家乡郁郁而逝。孙鼎臣去世时，王柏心尚不知消息。

直到同年九月，王柏心在荆南书院才得知孙鼎臣去世的消息，甚是悲痛，乃作《芝房没半载矣始能为诗以述哀》（二首）[①]以表达对好友怀才不遇、英年早逝的痛惜之情：

昨岁维舟访，空然怅薜萝。只言增契阔，谁道渺山河。故里风尘接，况忧骨肉多。长离返丹穴，不复翙卷阿。

雄词金马客，寂寂向蒿莱。竟作终童夭，徒深楚老哀。著书表微旨，体国失通才。二俊俱凋谢（兼谓梅生），湘云郁不开。

同治六年（1867 年）三月，王柏心应挚友、钦差大臣、陕甘总督左宗棠之约，赴汉口后湖军营与其相聚期间，左宗棠曾拿出自己以前所题孙鼎臣的《筤谷图》七言古诗来给王柏心看。王柏心一见此图和诗，就忍不住潸然泪下，当即写了一首长篇七言歌行《宫保左公以旧题孙芝房侍读苍筤谷图七古见示，次韵呈宫保，兼悼侍读》[②]，以表达自己对亡友深深的怀念之情：

玉楼人往谁能知，万玉图中烟雨滋。当时题句独公壮，雄略已负安攘规。东南惜昔烽烟逼，公亦有山卧不得。书生颇牧起登坛，江海澄清豁胸臆。偶然垂忆及田里，飞到衡门书一纸。大将军乃重揖客，痛饮豪吟态犹是。河魁上将来衡湘，西征但诛虎与狼。尽销刀剑返农耜，手挈赤子还虞唐。苍筤故人足嗟咨，王生老大徒堪嗤。槁相深山大幸事，世有雄峻无颠危。泛扫六合不用帚，疾如大风起吹诟。淮阴纵下七十城，笑汝犹驰辨士口。

---

① 王柏心：《百柱堂全集·诗》卷十七，《百柱堂全集》，崇文书局 2008 年版，第 440 页。

② 王柏心：《百柱堂全集·诗》卷二十五，《百柱堂全集》，崇文书局 2008 年版，第 718 页。

第四节 王柏心与郑珍

王柏心与贵州遵义著名学者、文学家郑珍的诗函往来，最早见于文字记载的，是始于咸丰三年（1853 年）的初夏，且两人的结识都是因为挚友唐树义的牵线搭桥。

郑珍（1806—1864），字子尹，晚号柴翁，别号五尺道人、且同亭长，又自署巢经巢主，贵州遵义人。道光十七年（1837 年）举人。以大挑二等选荔波训导，后历官贵州古州厅（今榕江县）训导、威宁学正、镇远训导等职。同治二年（1863 年），大学士祁寯藻荐于朝，特旨以知县分发江苏候用，未赴任。早年受教于舅父黎恂，精研经学、小学、文字、训诂之学，崇尚考据，治学严谨，著述丰富，有《经说》、《说文大旨》、《说文逸字》、《说文新附考》、《仪礼私笺》、《巢经巢说》、《论语三十七家辑注》等七十余种，被学者推为“西南巨儒”。又工诗善文，尤以诗名见称于时，是宋诗派早期代表诗人；其诗被同光体诗派奉旨为宗祖，有《巢经巢诗钞》前集九卷、后集四卷（后结集为《巢经巢全集》）传世。

这一年的初夏，朝廷鉴于当时紧张的局势，重新起用闲居在家且已六十高龄的原湖北布政使、署理巡抚唐树义，任命其为湖北按察使，并敦促其立即动身前往赴任。

唐树义在离黔赴鄂就任之前，好友、著名学者、文学家郑珍曾作有《送唐子方方伯奉命安抚湖北，兼寄王子寿柏心主事》一诗为之送行；诗中涉及王柏心的部分写道：“容城王坚木，胸罗万戈矛。我读其《枢言》，跂望怅阻修。知应抱成竹，江边迟故侯。见时道闻讯，此意还痴否？早晚持罍具，相逢黄鹤楼。”①

唐树义辞官归乡后，郑珍、莫友芝等名流皆是其“待归草堂”的座上宾。通过唐树义、唐炯父子，郑珍与王柏心虽然未曾见面，却早已神交。从其诗中所写来看，此前二人应该有诗文、书函往来，只是今天我们无法见到而已。诗中的“容城”即今荆州市监利县的容城镇，系监利县县治；“坚木”，乃王柏心的字。

唐树义到任后，在省城武昌（即夏口）曾与好友、时在湖广总督张亮基幕府的王柏心相聚过，并将好友郑珍托他带来的、即将刻印的诗稿交给王柏

① 白敦仁:《巢经巢诗钞笺注》,巴蜀书社 1996 年版,第 126 页。

心，属其为诗稿作序。

王柏心收到郑珍的诗稿后，因当时时局比较紧张，事情比较多，没有及时审读、写序。直到第二年的正月初七日（1864 年 2 月 4 日），王柏心才完成《〈巢经巢诗集〉序》一文，并给好友寄去，其文云：

诗言其志而已矣。志者，不可伪为，志之所向，情泄之辞宣之，乃始有声、有貌，数者不备，不可为诗。然数者末也，以志为其本。夫诗无伪，诗之有伪，则驰情溺辞，繁声饰貌者，为之也。古之贤圣、奇杰、忠孝大节之人，不皆为诗，及其为诗，亦无所假于数者，而自足以格神示，昭日月，彼之志固宜有是。若夫学士大夫之从事于诗，则亦有道矣。道安在？在范其志。志有广狭高卑，善范者，植之以仁义，秉之以礼度，履之以忠信；廉洁而又覃思专精，必在经训，则志益广且高，然后发诸诗者，达吾之胸臆，悲愉喜愠无所缘饰，矫揉其间，包络三才，经纬万端。壮者，锵金石幽者，穷要眇上侪之古人，而无整下质之千百世；而悲愉喜愠，若觌面敷衽，披露肝肺，无不尽者。此惟善范其志，乃能有是。

吾读播州郑君子尹诗而善之。子尹居贫，尚孤介，仕卑官，无怨尤躬身行孝悌，恻隐民物。其学深博精核，无所不综。尤好治经，研究于康成、叔重而折中，以闽洛之说至其为诗，则削○○猥，探诣奥赜瀹灵思于赤水之渊，而拔隽骨于埃壒之表，不规规肖仿古人，自无不与之合。

余未识子尹，读子尹诗，悲愉喜愠如见子尹焉。进而求之，则蔼然者，仁义也；秩然者，礼度也；较然者，忠信廉洁也。其宗主又不离六经甚矣。子尹能范其志，非若他人沾沾情辞声貌，可以伪为者也。

唐子方方伯者，子尹乡人也，道子尹意欲余序之。余无当于知言，然自谓能言子尹之诗之志，遂书所见，浼方伯贻诸子尹。咸丰四年，岁在甲寅新正人日，监利王柏心。

郑珍在收到王柏心所写的这篇序文①后，按理说应该有回函致谢，但由于种种原因，我们今天已经无法知晓。

两人的再次书函往来，已是几年以后的事情。

咸丰九年九月二十四日（1859 年 10 月 19 日），郑珍在收到好友王柏心的书函（此书函今天已无法见到）后，曾给好友回过一封书函：

---

① 此序文见于郑珍《巢经巢诗集》（九卷）卷首，咸丰四年（1854 年）刻本。

子寿仁兄先生侍右：

前月末，奉七夕所作手函，环诵再四，谆恳无量，窃怪吾兄好成人美，抑何过也？《逸字》小稿，珍私意海内无专荟此事，致病郸君，故忘简陋，拟与通人裁榷，庶复见南阁之旧。而吾兄顾不屑指斥，反极其奖论，人所不为，苦心穿穴，诚属好难。然若麐先生于六书可谓精极，而如珍至不足数者，犹时时觉有遗义。而今谓管窥之说，都无一非，其谁信之？俟后尊见望签出寄示，所心祷耳。

《漆室吟》大著，柏容表兄处竟留下，亦其佩不忍释而然。印本多，乞再一分，寤寐萦之矣！

黔中尽为害马蹂躏，官不能救民，贼到处，民率化为贼；官到处，贼又化为民。递减递炽，何时能了？家与湄潭界一山耳，去冬适鄂生南溪旋，贼入焚掠吾里。珍闻乱，除日及家，妻儿已崎岖避入蜀矣。正月，贼复逼近，遂只身出，及桐梓，与家人遇，因留至五月始归。迄今乱靡有定，拾像随狙，非所云苦，悬悬此身，特未知经落何地？望吾兄螺洲，思根钜郁洲矣。比田帅前队已近，待乡里可无虞，或即出峡相晤，未可定。

昨得鄂生书，渠以病举代解军柄，后复奉调到省养病。此时计已行摄南溪依然也。莫紫湘在京候选已两年，积薪尚多，其季九堇，现摄怀宁，拟往彼，此时当至徽州耳，并附闻。

惟动履颐适是颂，神驰无暨

愚弟郑珍顿首　　九月二十四日①

此书函中包含了不少信息：“《逸字》小稿”系指郑珍所著之《说文逸字》，咸丰八年（1858 年）正月完稿，同年秋刻印于望山堂，即戊午家刻本。郑珍曾将其寄赠王柏心，请其提意见；王柏心没有意见，并对其大加赞赏，故郑珍回信中说：“都无一非，其谁信之？”

王柏心曾将自己的《漆室吟》寄赠郑珍，不料被其堂兄黎兆勋（1804—1864）见到，爱不释手，竟自拿去。书被堂兄拿走，郑珍自己就没有了，故来函中请王柏心再寄一本来。黎兆勋亦是王柏心的好友。

黔中苗乱颇凶，郑珍去年底曾入蜀避乱，备尝艰辛，直至今年五月里才归乡；“待乡里可无虞”时，有可能出峡与好友相晤。郑珍还给予王柏心很高的评价，将其比作东汉的北海朱虚（今山东临驹东）人邴原（字

① 林则徐等:《道咸同光名人手札》,(台北)台湾商务印书馆 1972 年版,第 685 页。

根矩）。

信中还提到相关友朋的近况：鄂生即唐炯（1829—1909），唐树义（1793—1854）之子，当时正署理四川南溪知县；莫紫湘即莫友芝（1811—1871），时正在京师候选；九堇即莫祥芝（1827—1890），莫友芝之弟，时任安徽怀宁知县。这些人也都是王柏心的好友。

按照王柏心的为人和性格，在收到这封信函后，是一定会写回信的，只是今天已无法见到了。而自此也再没有见到两人互通往来的文字记载了。直到郑珍去世后，郑珍之子郑知同撰写《敕授文林郎徵君显考子尹府君行述》一文，在记述郑珍与唐树义的友情时，又提到王柏心：“辛亥夏归，乡前辈唐子方树义方伯时致仕，与先子往来最洽。癸丑，叠膺召命往剿抚湖北，挽先子同行，谓可与监利王子寿先生共图厥政，子寿先生负经济才者也。先子不欲远适，力辞谢。后方伯以战不利，殉难金口，先子极悲之。”①

王柏心与郑珍诗书、函札往来十余年，相互推重，可称得上是推心置腹的好友；然而，直到郑珍离开人世，两人都未曾相聚、谋过面。

第五节　王柏心与王拯、龙启瑞

王拯和龙启瑞都是广西人，并于道光二十一年（1841年）同科中进士，又都与王柏心是好友。

王拯（1815—1876），初名锡振，因钦佩北宋名臣包拯，故改名拯、锡拯；字定甫，号少鹤，一作少和，又号龙壁山人；别署忏甫、忏庵、茂陵秋雨词人。广西马平（今柳州市）人。四岁时父亲去世，七岁时母亲亦病亡，靠姐姐做针线活督学，将其抚养成人。王拯少时聪慧好学，道光十年（1830年）即考中举人，二十一年（1841年）又取为进士，授户部主事。留京任职后，曾拜古文名家梅曾亮为师，学习桐城古文，与吕璜、朱琦、龙启瑞等号称“岭西古文大家”。

道光二十四年（1844年）四月，王柏心考取进士并授职刑部候补主事，留京任职，并与王拯结识；且两人一见如故，很快就成为好友。不久接姐姐来书，王拯亦颇思念寡居的姐姐，遂请假回乡祭扫父母之墓和看望姐姐。

同年九月，王拯自广西回京后，遂请自己的好友陈铄画了一幅《媭砧课

① 白敦仁：《巢经巢诗钞笺注》，巴蜀书社1996年版，第1426页。

诵图》，自己则写了一篇《嫛砧课诵图序》，述其身世，感念大姊的养育之恩，并将其呈送给好友阅览。王柏心看后非常感动，便写了七言歌行《少鹤农曹幼失母。其姊为刘氏妇，走依之。姊新嫠，又丧厥孤，茕茕然，惟姊与弟而已。课少鹤，诵甚勤。阶有石二，姊捣衣，弟受书，恒分据焉。少鹤官京师，时时忆童丱事，不忘也。顷归拜墓，且省姊柳州，为作诗纪其事》[①]相赠：

弟幼失母走依姊，姊复嫠居丧其子。捣练者姊读书弟，石苔分扫碧阴底。弟业不进姊涕姨，不记母氏劬劳时。弟闻姊语悚且泣，母亦地下吞声悲。年少含香入华省，凤城秋深夜漏永。梦中执卷如童年，一片砧声催梦醒。有之杜生道周，零丁姊弟犹离忧。弟宦京师忽不乐，昨得姊书来柳州。请急南还柳州道，焚黄恸哭墓门草。锦衣拜姊悲复欢，弟作台郎姊未老。愿姊寿与金石期，韡萼何殊棠棣枝。训励申申常在耳，请歌明发鹡鸰诗。

王拯的《嫛砧课诵图序》是一篇短小精悍、情文并茂、广为传诵的佳文。在古代，楚人称姐姐为“嫛”。“砧”为捣衣石，指在石上捣衣。“课诵”，指按规定的进度读书。王柏心在这里不仅将王拯的生平遭遇高度浓缩于诗中，纪述王氏姊弟的深情；而且发幽探微，让人读后从中受到诸多启发。后其师梅曾亮读了《嫛砧课诵图序》后，亦写有《王少鹤嫛砧图》诗赞之。

道光二十五年三月二十五日（1845 年 5 月 1 日），是户部郎中、古文大师梅曾亮的六十寿诞，王柏心与王拯、朱琦、邵懿辰、孔宪彝等好友在龙树寺设宴为其贺寿，并绘有《龙树寺寿燕图》以纪其事。

在这次为梅曾亮祝寿的活动中，王拯作有《三月廿五日梅伯言先生六十生日》、《龙树寺寿燕图记》，朱琦作有《伯言先生六十初度》，王柏心则作有《寿梅丈伯言六十》等诗篇纪念此次燕集活动。

王柏心出京归乡后，两人天各一方，联系渐少。咸丰（1851—1861）年间，王拯由军机章京累官至大理寺卿。同治三年（1864 年）后，历官太常寺卿、左副都御史、通政使等职。后因多次上疏议政，以直言见忌权要，被降职，遂告老还乡。曾主讲桂林榕湖精舍、秀峰讲舍。工诗词、古文，亦善书画。勤于笔耕，有《龙壁山房文集》十二卷、《龙壁山房诗集》十六卷、《归方评点史记合笔》六卷、《茂陵秋雨词》二卷、《龙壁山房

① 王柏心:《百柱堂全集·诗》卷十,《百柱堂全集》,崇文书局 2008 年版,第 197 页。

词》五卷和《瘦春词》、《渝斋文钞》、《谈艺录》等著作行世。

王拯与龙启瑞不仅是同乡、同年，而且还有师弟之谊。

龙启瑞（1814—1858），字揖五，号翰臣（一作字翰臣），广西临桂（今桂林市）人。出身书香之家，幼聪慧，才思敏捷，且刻苦好学，六岁时不仅能背诵四书五经，而且善于对对联。八岁能背诵不少唐诗宋词，十岁就能写文章诗赋，十一岁即考中秀才，十三岁补为廪生[①]，成为当时广西最年少的秀才廪生。后曾相继拜吕璜、朱琦、王拯等名流为师，学习诗文，成为闻名广西的少年才子。道光十四年（1834 年）中举人。二十一年（1841 年）与王拯同赴京师参加会试，考取第一名进士，即“状元”。历官翰林院修撰、顺天乡试同考官、广东乡试副主考等职。在京为官期间，龙氏又从梅曾亮学，专攻桐城古文，成为“岭西五大家”之一。

道光二十七年（1847 年）春，在翰林院举行的詹事大考中，龙启瑞名列二等，迁升为翰林院侍讲；同年七月，又简授湖北学政。

道光二十八年（1848 年）二月下旬，王柏心刚刚完成《黄冈县志》（二十四卷，首一卷）的编纂工作，时任湖北学政的龙启瑞的聘书就寄到了。龙启瑞在京师时就常听老师朱琦、王拯称赞王柏心的人品和学问，还未来得及与其结识，他便辞官归乡了；在刑部为官期间，王柏心亦常听好友朱琦、王拯称赞龙启瑞的为人和才学，只是各自奔忙，未得谋面。去年底姚春木辞职归乡，龙启瑞听从士绅们的请求，非常诚恳地邀请王柏心为荆南书院的主讲。自姚春木先生离开荆南书院后，师生们也都说，主讲的位置非王柏心莫属。王柏心经过认真考虑，觉得这样的安排也不错，就答应下来了。

同年三月，王柏心刚刚来到荆南书院，并带领书院的教师、校工和学生一起动手，将书院整治得焕然一新。

也就在此期间，原陕西按察使、新到任的湖北布政使、王柏心的挚友唐树义，便带着湖北学政龙启瑞、荆州知府明善等官员来到书院看望王柏心。除学政龙启瑞是第一次见面之外，都是老友。好友分别数年而相聚、饮酒，分外高兴。临别之际，王柏心还写了五言歌行《赠龙翰臣学使》（三首）赠送给龙学政：

苍梧有威凤，苞羽成文章。虞廷拊球石，奋飞来帝旁。引吭中嶰竹，百鸟安能望。一鸣景星见，再鸣万国昌。帝日凤鸟氏，往哉荆楚

---

① 廪生，亦称“廪膳生”、“廪膳生员”，是指明清时期由府、州、县按时发给银子和粮食以补助其生活的“生员”。

疆。率先众羽族，养翮生辉光。山鸡及泽雉，俾化鸾与凤。凤来羽族喜，从之云间翔。殷勤为衔致，霱霱游朝阳。和声协韶濩，用赞我圣皇。

昭代多儒林，经述迈前轨。末流趋荣名，禄利半相诡。惟楚称多材，迩来亦云靡。峨峨輶轩来，正宜励髦士。群籍罗山渊，探原必经史。希圣当有基，约之自践履。精贯通天人，宏毅建奇伟。营道无两歧，致用但一理。诸生如发蒙，翕然返根柢。济济桢干材，翘秀自兹始。

岱岳自忘峻，尾闾不知盈。浩乎哲人量，吐纳何其宏。畴昔忝倾盖，邂逅犹平生。今来益折节，款款申中情。小人信固陋，何以酬肫诚。偻指计师友，桂材多俊英（谓蒋申甫师及朱伯韩侍御、王少鹤农曹）。夫子最腾上，籓节儒臣荣。枋用自此兆，所欲吾道亨。康屯在人杰，瞻望良非轻。吾侪得饱食，幸托名公卿。

道光三十年（1850 年）十二月，龙启瑞的父亲、原浙江台州同知病逝，龙氏循例归家丁忧，两人联系渐少。

咸丰元年（1851 年）六月起，广西巡抚邹鸣鹤奏办团练，并请龙启瑞总领其事，后因功升翰林院侍讲学士，赏戴花翎。五年（1855 年）奉命回京，次年迁通政司副使，不久改派为江西学政。七年（1857 年）擢升江西布政使，卒于任。龙氏工诗词、古文，通经义，精小学、音韵，擅书画，富藏书，是有名的才子、学者，惜英年早逝。有《经德堂诗文集》十二卷、《古韵通说》二十卷、《字学举隅》一卷、《尔雅经注集证》三卷、《经籍举要》一卷和《是君是臣录》、《小学高注补证》、《班书识小录》、《诸子精言》等著作行世。

除前面提到的几位之外，与王柏心关系密切的道咸名流尚有李宗传［1765—1840，字孝曾，号海帆，安徽桐城人；嘉庆三年(1798 年)举人，官至湖北布政使］、姚景衡［1770—1845，原名持衡，字振重，号庚甫，安徽桐城人；乾隆五十七年（1792 年）举人，官至泰兴知县］、张维屏［1780—1859，字子树，又字子曙，号南山，别号树心子、松心子，晚署珠海老渔、唱霞渔者、癖爱松等，广东番禺人；道光二年（1822 年）进士，官至署理江西南康知府］、姚莹［1785—1853，字石甫，号明叔，晚号展和、幸翁，安徽桐城人，姚鼐侄孙；嘉庆十三年（1808 年）进士，官至湖南按察使］、魏源［1794—1857，原名远达，字默深，又字墨生、默生、汉士；晚年皈依佛教，法名承贯，湖南邵阳人；道光二十四年（1844 年）贡士，后参加殿试，官至江苏高邮知州]、戴炯孙[1795—1857，字袭孟，号云帆，一作筠帆，云南昆明人；道光九年（1829 年）进士，官至贵州道监察御史]、陈庆镛[1795—1858，字干翔、笙叔，号颂南，福建晋江人；道光十二年（1832 年）进士，官至光禄寺署正]等人，限于篇幅，此处不再详述。

第八章　王柏心与中兴名臣

在镇压国内风起云涌的农民反清起义和抵御西方列强野蛮侵略的历史进程中，清王朝迎来了一个短暂的“同治中兴”时期，一批“中兴名臣”亦应运而生。由于王柏心的卓越识见和出众谋略，曾受到这些“中兴名臣”的赏识和敬重——“一时将帅诸公往往飞书求策，而世人未之知也”①，并都从王柏心那里获益匪浅——“有事焉必就咨，有谋焉必待断”；正所谓“言治术必达民情，言兵事必明地险”②。因此，王柏心与这些“中兴名臣”之间，不仅联系广泛，而且感情深厚。

第一节　王柏心与曾国藩

曾国藩与王柏心自道光二十四年（1844 年）结识，直至其去世，诗书往还近三十年，成为挚友。

曾国藩（1811—1872），原名子城，字伯涵，号涤生，长沙府湘乡荷叶塘白杨坪（今湖南省娄底市双峰县荷叶镇大坪村）人。早年曾就学于湘乡涟滨书院、岳麓书院。道光十三年（1833 年）中举人，十八年（1838 年）成进士，选庶吉士；为军机大臣穆彰阿的门生，后又从名臣倭仁、唐鉴讲习程朱理学。散馆后授翰林院编修。

道光二十四年（1844 年）五月，留京任刑部候补主事的王柏心与时任詹事府宫允（负责太子事务的官员）的曾国藩正式结交，并从此成为挚友。

王柏心一人在京，显得颇为孤独。曾国藩常邀王柏心过府宴饮、讨论诗艺。一日，曾国藩又邀王柏心到他家，请王柏心看他刚为好友陈岱云太

---

① 彭崧毓：《祭监利王先生文》，《百柱堂全集》附录一，《百柱堂全集》，崇文书局 2008 年版，第 1435 页。

② 郭嵩焘：《王子寿先生墓志铭》，《郭嵩焘诗文集·文集》卷二十一，岳麓书社 1984 年版，第 450 页。

史的夫人易安人所写的墓志铭，提修改意见。王柏心看后觉得很好，也很受感动，便挥笔写了一首五言长篇歌行《题曾涤生宫允所撰陈岱云太史室易安人墓志铭后》①以纪其事：

判合肇二仪，贞义无敢渝。譬彼木连理，枝叶同荣枯。我读曾侯铭，彤史光石渠。云有易安人，奇行世所无。巾栉事夫子，黾勉忘其劬。自从列朝籍，入践承明庐。相对拥黻佩，五载情则愉。夫子忽遘厉，侵寻三月余。灵草不可致，涕泪霑罗襦。安人祷神明，愿以身代夫。计穷无所出，臂肉躬自刳。仓皇纳沸鼎，药饵潜相濡。手此进夫子，沉痾顿已苏。方在割臂时，血痕渍衣裾。有弟诇得之，悚然起嗟吁。安人戒无道，祸福在须臾。济否尚难卜，名誉非所图。妾命且不顾，何论尺寸肤。果然遂获济，神力良有诸。磅礴大宇宙，民彝实相扶。倾侧孰撑拄，全仗忠孝愚。结发戴所天，义岂臣子殊。患至任补救，赴蹈轻微躯。伟哉安人志，实与神明孚。彼苍何不吊，祐善理则虚。疢疾丁其躬，冥漠归泉途。况瘁靡不任，安乐忽已徂。至性秉奇杰，但以济艰虞。虽无金石寿，名与天壤俱。湘水清无极，湘山连海隅。百丈镂青珉，奋笔为大书。白日照其上，垂光朱鸟墟。激烈振颓懦，千载犹欷歔。

同年十月十六日（11月25日），曾国藩官升翰林院太史（管理翰林院事务的官员，也负责修史）。当晚，曾国藩招友朋至家燕集。正在大家酒酣之际，曾国藩将他前几天所写的《雨中怀人诗》拿出来请大家欣赏、批评。在场的人看后都称赞诗写得好。

王柏心亦被邀参与此次燕集并住在曾氏斋中，事后，他曾用曾韵写了一首七言古体歌行《上月十六夜宿涤生太史宅，出雨中怀人诗见示，辄用其韵纪兹夕情事，赠太史且简郭云仙冯树堂两孝廉》②纪其事：

高槐敌霜不可摧，月华如水空中簁。退直已下九门钥，曾侯留我听然咍。烹鱼沽酒饮达旦，慰我幸脱鼋鼍灾（是时荆郡大水）。座间二子抗英辨，相与抵掌奋颐腮。羁宦胸臆久结约，骤若春霆轰蛰坯。相逢为乐在今夕，尚书期会安知哉。侯昔驷马入剑阁，五丁运斧天为开。嘉陵

① 王柏心：《百柱堂全集·诗》卷九，《百柱堂全集》，崇文书局2008年版，第160～161页。

② 王柏心：《百柱堂全集·诗》卷九，《百柱堂全集》，崇文书局2008年版，第165～166页。

之水泻不尽，奔涛万折何雄尨。归来汲古日键户，大笑世俗喧蚊雷。偶然愁霖动高唱，缩瑟翻为三君哀。荣辱劳佚孰主宰，掉弄造物然且猜。读诗知侯意何广，万千间厦胸中恢。今夕不乐日月逝，黄河走海不可回。急书长句起相和，速藻惜乏奇花胎。懦夫一旦见贲育，奋臂不欲艮其脢。明年我归事耕钓，几时过访山中来。江上有鲂复有鲤，请注江水添金杯。

郭嵩焘阅完王诗后，激发诗兴，当即写了七言长篇歌行《次韵王兄子寿比部〈雨过曾伯涵学士饮〉》一诗回赠[①]。

道光二十五年（1845 年）正月，曾国藩得知王柏心已下决心要辞官南归，特地前来为他送行。

自此分手后，曾国藩官运亨通，历官翰林院太史、侍读学士、侍讲学士、内阁学士等职，几年间便擢升为吏部左侍郎。

咸丰二年（1852 年）六月，曾国藩丁母忧回籍。同年十一月，因南方太平军势头甚旺，朝廷下旨，命曾国藩在湖南帮办团练；后曾国藩将此支队伍扩编为湘军，转战南北，成为清政府与太平军对抗的主要军事力量之一。

咸丰三年（1853 年）三月，曾国藩带领罗泽南、高嵩焘、李元度、胡大任等手下一干人等，曾专程过江前来螺山百柱堂，邀请王柏心出山相助。只可惜，此时王柏心不在螺山家中，而是在武昌（今鄂州市）访友。曾国藩未见到老友，只好让胡大任给王柏心留下一封信，便怅然离去。

王柏心自鄂州回家后，见到老友曾国藩留下的信函，经过一番认真考虑，他给胡大任回了一封《与胡莲舫仪曹言兵事书》的信，一方面为曾公分析敌我形势、建议用兵策略；一方面则婉言谢绝了曾国藩的盛情邀请。

咸丰四年（1854 年）六月间，太平天国将领韦俊曾率领太平军进攻湘潭，被曾国藩侍郎率领的湘军击败；湘军又与太平军在湘潭大战七天七夜，给予太平军重创。王柏心闻知消息甚为高兴，立即致书曾氏，建议他决策深入，乘胜东下，直取金陵。“国藩用其策。”[②]随后又写了《喜闻湘潭大捷》一诗[③]纪其事：

---

① 郭嵩焘：《郭嵩焘诗文集・诗集》卷一，岳麓书社 1984 年版，第 574 页。

② 王柏心：《百柱堂全集・卷首》，《百柱堂全集》，崇文书局 2008 年版，第 13 页。

③ 王柏心：《百柱堂全集・诗》卷十五，《百柱堂全集》，崇文书局 2008 年版，第 314 页。

湘西力战殄凶顽，残贼宵奔仅得还。春洗甲兵三月雨，威驰草木八公山。村团义愤争持梃，女子传闻助守关。乘胜追师宜速下，直封京观海门间。

咸丰五年（1855 年）二月初，王柏心见曾国藩在鄱阳湖内建造战船，重新整顿水师，遂写了《兵事臆议五则・乙卯二月作，此上少司马曾公》（即“论固根本通餫道”、“论进剿宜三路出师”、“论审虚实”、“论量胜算”、“用兵先后之序”）寄赠曾国藩[①]，为他分析敌我形势，并提出用兵之策。这些建议对湘军水师重整旗鼓，起了重要作用。

四月间，曾国藩率领湘军主力以湖南岳州为根据地，分兵四出清剿分散在各地的太平军。王柏心见状，作《上曾涤生侍郎书》寄赠[②]，分析、阐明长江中游的重要战略地位，建议曾国藩要集中主力，乘胜打击太平军的主力，主动出击，追剿盘踞武昌（即夏口）的太平军；随后一直追到太平军的老巢南京去，做到“擒贼先擒王”。曾国藩收到此信后，应当有回信，惜今日已见不到了。

为了支持湘军对太平军的作战，王柏心等人还利用自身的影响，在地方豪绅中劝募。同年八月，曾国藩在给朝廷上《调派罗泽南一军取道崇通回剿武汉奏折》中就说道：“臣又咨札编修孟培桢、主事胡大任、王柏心等在荆州劝募，以资接济，赞可无虞缺乏。”[③]

咸丰六年（1856 年）初春，江汉平原大部分的地区都被太平军占领，而监利、沔阳一带的地方假太平军亦遥相呼应，监利的形势非常危急。王柏心曾去信请求曾国藩派军前来围剿、打击那些假太平军。曾国藩接信后，慨然分兵前来，将假太平军击溃，使监利及螺山的安全得以保证。

同年九月间，经过对当时太平军与清军双方作战形势的分析和考量后，王柏心相继写了《论军政》、《论四间》、《论秦豫宜备》三篇军事文章[④]，立即托人转给曾国藩。其《论军政》主要是强调军队要有严明的纪律，对临阵脱逃者必须军法从事。其《论四间》主要阐述擒贼必须先擒

---

① 王柏心:《百柱堂全集・杂著》卷四十六,《百柱堂全集》,崇文书局 2008 年版,第 1310～1313 页。

② 王柏心:《百柱堂全集・书》卷三十七,《百柱堂全集》,崇文书局 2008 年版,第 1092～1093 页。

③ 曾国藩:《曾国藩全集・奏议》,岳麓书社 2011 年版,第 520 页。

④ 王柏心:《百柱堂全集・杂著》卷四十六,《百柱堂全集》,崇文书局 2008 年版,第 1304～1306、1306～1308、1308～1310 页。

王，攻城必须先攻取金陵的道理。其《论秦豫宜备》主要是建议将秦、豫二地建立为清军的后备基地，最好是能将秦、豫合而为一，以利于整个军事的调遣。由于这几篇文章观点鲜明，论据充分，说服力强，实用价值大，曾国藩看后，颇受启发，对王柏心的看法和建议深表钦佩和赞同。正如《国史馆本传》中所说："柏心寓书国藩，谓宜乘胜东下，决策深入，先取金陵。国藩用其策。"①

咸丰七年（1857年）六月上旬，王柏心得知曾国藩正在家丁父忧，便专程前往湖南湘乡，去为曾国藩的父亲吊唁并看望、安慰曾国藩，与曾国藩促膝交谈数日。其间，王柏心曾将自己所作之《拟陈形势制置疏》呈送给曾国藩②，为他分析当前的形势和制胜之策，使曾国藩很受启发。

临别之际，曾国藩遂作《送王子寿归荆州五首·以高步追许由为韵》③为王柏心送行，以表达其对王柏心才能的赏识和离别时的不舍：

冠组堕尘海，与世日滔滔。岂知鲁连子，脱身美遁逃！十辈蜩与莺，跳踉不能高。黄鹄冥一举，大地如秋毫。

挥鞭拾科名，咄嗟踏天路。四十非不强，万卷非无具。寻直如可期，须臾得少驻。侧闻冯潜郎，庞眉守故步。

盛年窟关辅，结客颇支离。负米半天下，有妇愁朝饮。诗名满湖海，持是欲安之？菰中一渔笠，怀哉不可追。

天人互转旋，时势有虎鼠。结交贵结心，宁当变寒暑。可怜拙匠斤，谬被玃人许。一杯君强釂，无人解觞汝。

皇明烛八极，小范卧西洲。嗟君老从事，招招岂无舟？废兴难可道，时来不自由。投竿要强起，何代无马周。

同治二年三月二十五日（1863年5月12日），王柏心为了好友唐树义大儿子唐濮生的前途，特地向两江总督曾国藩写了一封推荐信，将唐濮生举荐给他。

同年四月中旬，两江总督曾国藩在围攻天京太平军十分紧张的情况下，

---

① 王柏心：《国史馆本传》，《百柱堂全集·卷首》，《百柱堂全集》，崇文书局2008年版，第13页。

② 王柏心：《百柱堂全集·奏议》卷二十九，《百柱堂全集》，崇文书局2008年版，第878～881页。

③ 曾国藩：《曾国藩全集·诗文》，岳麓书社1986年版，第15～16页。

还给王柏心写了回信（即《复王子寿》），感谢他对自己的信任：

子寿尊兄大人阁下：

濮生来，接三月二十五日手书，具悉一切。弟以愚蒙，叠膺非分，忧惧不暇，敢辱奖饰？

本年春夏之交，军事稍顺。芜、太克复后，前敌已抵金陵雨花台。本请多礼帅东下会剿，而多军奉命援陕，不克践约。竟陵城大贼众，敝军过形单薄，又苦无兵可调，恐非一时所能克复。尚须另筹劲旅，或剪其旁近州县，或由东坝、常州两路进攻，使苏州、金陵隔断，再图并力老巢。尊意欲以两浙委贼，目下左公分布徽、衢之间，屏蔽江西、皖南，已无余力；蒋芗泉到尚需时，势难进取，虽欲不以委贼而不可得。至以闽、粤舟师分扼海口，隔省呼应难灵，殊无把握。然贼人水面伎俩向非所长，其沿江炮船，经我焚夺殆尽，既不能肆行于内地，又何至纵横于外洋？宁波及温、台各属，闻具克复。似贼势趋重浙西，盖防我沪军进剿，又将回援金陵。乱靡有定，深以为虑。

濮生现无差可派，芜湖新复，渠亦急于还乡。敝处委署芜湖之刘令在省曾与濮生相见，其地方善后各事或有借重之处也。并问台安。不宣。①

同治六年（1867年）四月中旬，王柏心曾给曾国藩写了一封书函寄去，通报其“今年灯节后曾为宫保左公邀赴汉皋行营，从容话旧，留半月即归”②。

同治九年（1870年）八月，王柏心得知曾国藩因处理天津教案事，仍从直隶总督调任两江总督，心情不是太好，曾去书函问候、安慰。

同年十月，王柏心的母亲蔡老夫人去世，曾国藩曾致函安慰并致送奠仪。

同治十年（1871年）七月上中旬，曾国藩收到王柏心去年所寄书函后，因事多一直未来得及回复；直到手头事情稍微轻松一点，便给王柏心回了一封书函③，其中云：

---

① 曾国藩：《复王子寿》，《百柱堂全集》附录三，《百柱堂全集》，崇文书局2008年版，第1476页。

② 此函见林则徐等《道咸同光名人手札》，（台北）台湾商务印书馆1972年版，第313页。

③ 此书函见于江世荣编：《曾国藩未刊信稿》，中华书局1959年版，第602页。

三月间增发疝气，起居不便，入夏甫就全愈。目光昏蒙如故，近又两脚浮肿，衰态毕增，一切军政吏治均未能悉心经理。江海各防虽拟及时整饬，而事体重大，亦且茫无端绪，曷胜兢兢。

中秋以前尚拟出省一行，补行大阅。先赴淮、徐，次至苏、沪，大约十月内方可竣事。虽无搜乘补卒之实，亦聊循行旧典，稍壮观瞻耳。

客岁津门之事诸多棘手，以致办理过柔，为清议所不韪。神明内疚，至今耿耿。乃来示无盐，曲加原谅，或者爱而忘其丑，为此过情之誉耶？昔岁谬窃虚声，自省羌无故实，瓦缶雷鸣，终当陨越。今仅一事见讥于时，犹为至幸。然自此弥悚惧知勉矣。

同治十一年二月初四日（1872 年 3 月 12 日），曾国藩病卒于两江总督任上，惊悉噩耗，王柏心悲痛不已，遂作了《侯相湘乡公挽词》六首①：

诸将云台总后尘，中兴跃起赞维新。地犹磅礴衡湘气，天不留遗社稷臣。心力已销筹国日，威名长忆折冲人。九重今日临朝叹，柱石伊谁继秉钧。

义师桴鼓震沧洲，忆昔戈船出上游。殄尽鲸鲵江海窟，挈还龙虎帝王州。桓文实佐天威肃，方召能兼将略优。不似平津徒傅会，但持经术取通侯。

殷勤荐表达神京，文武无惭国士名。麾下偏裨皆将帅，幕中宾佐必豪英。龙文紫剑何曾掩，骥尾青云尽有声。报国人才功第一，至今垂拱乐升平。

寰中屈指几雄才，人杰应符闲气来。吹垢大风原有兆，藏舟半夜竟难回。关西上将悲歌起，淮北元臣雪涕哀。利涉印须犹怅少，长城何意遽先摧。

赠恤荣施缛典浓，易名加秩渥酬庸。人闲伊吕符三代，天上宣文侍二宗。鸿雁断行增永恸，麒麟高冢表崇封。忠勋青史书难罄，留与千秋勒景钟。

日下文谈侍举尊，归来犹愧托攀援。青油幕府闻开阁，白发潜郎断扫门。涕泪羊公思旧德，山邱谢傅怆生存。和戎魏绛休轻毁，危地孤臣未易论。

王柏心与曾国藩是几十年的挚友，对曾国藩也是非常仰慕和敬佩的。

① 王柏心：《百柱堂全集·诗》卷二十八，《百柱堂全集》，崇文书局 2008 年版，第 837～838 页。

在这几首诗中，他不仅对曾国藩的一生事迹、功业作了高度的评价，而且对那些想诋毁曾国藩的人提出了严厉的批评，其赞颂、爱慕和痛惜之情溢于言表。

曾国藩一生勤奋，政务之余笔耕不止，著述甚丰；后人辑有《曾文正公全集》（李瀚章编辑）一百六十卷。1986年岳麓书社又出版有《曾国藩全集》。另编选有《经史百家杂抄》、《十八家诗抄》等行世。

第二节　王柏心与胡林翼

胡林翼与王柏心结识于咸丰五年（1855年），是其挚友之一。

胡林翼（1812—1861），字贶生，号润芝，一作润之、咏芝，湖南益阳县泉交河人。出身世代书香官宦之家。六岁即从祖父启蒙，聪颖好学，同乡名臣陶澍见之，赞赏有加，并将自己的女儿许配给他（娃娃亲）。后师事同里蔡用锡前辈数年，又至两江总督督署年余，亲见陶澍兴利除弊措施，聆听陶澍教诲，深受熏染，不仅学业大进，而且仕途顺利。道光十六年（1836年）中进士，选庶吉士。散馆后历官翰林院编修，会试同考官，江南乡试副主考，贵州安顺、镇远、黎平府知府，桂东道、四川按察使等职。

咸丰五年（1855年）正月，朝廷擢升已率军在湖南、湖北作战的胡林翼为湖北布政使。

同年的三月初三日（4月18日），因省城武昌（即夏口）失陷，湖北巡抚陶恩培投紫阳湖殉国，清政府乃任命刚刚到任的湖北布政使胡林翼署理湖北巡抚。

武昌（即夏口）为湖北的首府，江南的重镇，军事位置非常重要。胡林翼接任后，即率军与李孟群的水师驻扎汉阳的金口，作规复武昌的准备。胡林翼素闻王柏心之名，刚一到任，就写信盛情邀请王柏心到其幕府来帮助他；并称他“忠荩有加，隃度兵事，如壮侯指类羌情，又如马忠成聚米言形势”，甚“欲引与共商筹策”①。

四月初八日（5月23日），接到胡林翼的邀请函后，王柏心立即写了《答胡润芝抚军书》②。在信中，王柏心一方面说明了自己不能入其幕府的

① 此函见于林则徐等《道咸同光名人手札》，（台北）台湾商务印书馆1972年版，第515页。

② 王柏心：《百柱堂全集·书》卷三十七，《百柱堂全集》，崇文书局2008年版，第1093～1095页。

原因，另一方面则向他郑重地推荐左宗棠。只是此时左宗棠已经在湖南巡抚骆秉章的幕府，且极受重用。胡林翼自然知道左宗棠现在的情况，也不可能去挖骆秉章的墙角，更不愿强迫王柏心入其幕，只好再次写信给王柏心，希望他今后多保持联系，多赐教。话已至此，王柏心马上回信应承。

同年的九月十五日（10 月 25 日），得到武昌（即夏口）再度失守的消息，又收到了胡林翼求教的信函［案：惜今尚未见到此函］。王柏心经过一番认真思考，提笔写了一封《答胡润芝抚军书》[①]。信中安慰好友说："兵家胜负何足为名将累哉！"并以古代名将也有失利为例，勉励他"减兵省将，明罚思过，布所失于境内，校变通之计于将来"；又根据武昌（即夏口）的地理位置，仔细分析了清军各路将帅的驻防情况和当前的敌我形势以及未来战事的发展走向，使胡林翼甚受启发。

咸丰六年（1856 年）三月上旬，胡林翼率清军攻打省城武昌（即夏口），想要夺回这个江南的军事重镇。但久攻不下，伤亡很大。而此时石达开率太平军攻入江西，形势严峻，曾国藩在江西的处境危急，奏请正在攻打武昌城的部将罗泽南率兵回援。朝廷催促胡林翼甚急。胡林翼乃约定十日期限，若武昌城仍未攻下，则让罗泽南带兵回援江西。罗泽南[②]深知"武汉为南北枢纽，上绾荆襄；下控吴皖，关系较他省独大，未可弃而不顾，此不容不权其轻重"[③]，故备感压力，督战甚急，以致负重伤死于城下。临死前举荐弟子李续宾接替自己。闻知消息，王柏心颇为难过，写了《方伯罗山罗公挽词》（三首）[④]以悼之。

三月中旬，按规定的期限已过，武昌城（即夏口）仍未攻下，曾国藩又

① 王柏心：《百柱堂全集·书》卷三十七，《百柱堂全集》，崇文书局 2008 年版，第 1097～1098 页。

② 罗泽南（1807—1856），字仲岳，号罗山，一号悔泉。湖南湘乡人。咸丰元年（1851 年）由附生举孝廉方正。咸丰二年（1852 年）太平军进攻长沙，在籍倡办团练。次年协助曾国藩编练湘军。自此率湘军转战江西、湖北、湖南三省。因战功卓著，历迁任知县、同知、知府、道台，先后加按察使、布政使衔。六年（1856 年），在规复武昌的战斗中，中弹伤重而死。他与曾国藩标榜程朱理学，门徒多为湘军悍将。著述颇丰，有《西铭讲义》、《读孟子札记》、《周易附说》、《小学韵语》、《人极衍义》、《姚江学辨》、《黄舆要览》及诗文集等。卒后辑有《罗山遗书》，今人辑有《罗泽南集》。

③ 汪士铎：《胡文忠公抚鄂记》，岳麓书社 1988 年版，第 37 页。

④ 王柏心：《百柱堂全集·诗》卷十六，《百柱堂全集》，崇文书局 2008 年版，第 344 页。

派其弟曾国华来武昌急催，欲调李续宾部驰援江西。胡林翼则急得手足无措，左右为难。就在这时，他收到了王柏心写给他的《上胡润芝抚军书》①。王柏心在信中为胡巡抚仔细分析了湖北与江西的战争局势，强调指出：湘军留楚则两得，离楚则两失；可以先分出部分兵力驰援江西，待攻克武昌（即夏口）后，再水陆并进，全力攻剿江西。若用此策，需要调度“粤师”前来攻打武昌，并建议胡巡抚上书朝廷，制定先鄂后赣的策略。

胡林翼一口气看完信，心里豁然开朗，非常高兴，欣然接受王柏心的建议，立即给朝廷上《分兵应援疏》，既得到了朝廷的肯定，又获得了曾国藩的理解，还解决了胡林翼自己眼下的困境，可谓三全其美。事后，胡林翼曾给王柏心写回信［案：只是可惜得很，胡林翼所写的这封信今天已经看不到了］，表示感谢。

四月初八日（5 月 11 日），王柏心收到署理湖北巡抚胡林翼致谢的信后，又写了《答胡润芝抚军书》②寄赠。信中建议胡巡抚如其武昌（即夏口）、汉阳两处分兵围攻不下，不如抽调围攻汉阳的主力前来合力攻打武昌城，一旦武昌城破，汉阳城就会不攻自破。胡林翼收信后，仔细琢磨，从王柏心的建议中受到启发，后来他反其道而行之，结果，一举攻破汉阳城。

六月初三日（7 月 4 日），王柏心在七弟柏馨的陪同下自河北沧州请人治伤寒病回到螺山老家后，听说武昌（即夏口）城还没有攻下，颇有些担心，便主动给署理湖北巡抚胡林翼写了《上胡润芝抚军书》一函③寄赠：

> 两月以来，水陆连战皆大捷。孤城残孽，粮源悉断，飞走无路，直笼槛中物，计成擒即在旦暮。此皆麾下胜算先操，将士感激用命之效也。惟戎车六月，零雨三年，独令麾下肩兹汎瘁，则事势万难，适与之值耳。然忠勤励伐，固已邈焉寡俦矣。响风驰仰，钦忭莫名。柏心自四月中旬，即患伤寒，侵寻四十余日。疾少差，老母召归，命且静摄。元气虚弱，非调护月余不能复初也。

---

① 王柏心：《百柱堂全集·书》卷三十七，《百柱堂全集》，崇文书局 2008 年版，第 1103～1105 页。

② 王柏心：《百柱堂全集·书》卷三十七，《百柱堂全集》，崇文书局 2008 年版，第 1105～1107 页。

③ 王柏心：《百柱堂全集·书》卷三十七，《百柱堂全集》，崇文书局 2008 年版，第 1107～1108 页。

贼之穷困，外形昭然；然不降不走，岂城内尚有积粮耶？伪众多寡，此间无真耗，难以悬揣。窃闻贼起草埠门，出入自如。以我军悉屯南路，故不防北面，此可乘之隙也。凡临江各门，地势迫狭非战地，攻之不便。鄙意谓可盛兵鼓噪，见形于南路，以分贼势，而潜师衔枚于草埠门左右。彼处稍东有凤凰山，城趾跨其麓，可梯而上。约于五鼓时，或日晡后，侦其无备，一面攀堞，一面夺门。但一处得手，贼即惊溃，不暇拒我矣。以老成之见论之，贼穷不待攻，攻之徒损士卒。但相持太久，恐江右败贼，倏忽阑入，令彼顿增气势，而我又有腹背受敌之患。且贼固乏粮，我亦乏饷，殆略相当。所恃者，贼衰而我锐耳。此所以不得不急与贼竞者也。若鄂城先拔，彼江右败贼，即犯吾境，我力有余，折棰驱之，譬以汤沃雪也。

妄议揣度，无当兵机，惟麾下财察，幸甚。

在这封书函中，王柏心根据眼前的形势，特向胡巡抚建议：一方面让围城士兵在其他各门“盛兵鼓噪”，以分散其注意力；一方面派一支精锐部队埋伏在草埠门左右，再派一支部队潜伏在凤凰山城墙下（届时攀墙而上），至晚上半夜，或者傍晚突然发起攻击，一举夺取草埠门。只要夺取了草埠门，城中的敌军就会不战自溃，四处奔逃，夺取武昌城就易于反掌。原来，明清时期武昌城共有九个城门：东有大东门，东南有新南门，南有保安门、望泽门，西南有竹簌门，西有平湖门，西北有江汉门，东北有小东门，正北有草埠门（明嘉靖十四年，即 1535 年已改名为“武胜门”）。这“草埠门”就位于今天的螃蟹岬和凤凰山之间。尤其是凤凰山在武昌城的地位非常重要，曾有“欲制武昌，先制蛇山；欲制蛇山，先制凤凰山”之说。

胡林翼与他的部将们看了王柏心的信函，都认为这是一个攻打武昌城极好的方案，只是时间要稍微往后推迟一些，因为此时武昌城中的太平军仍然兵精粮足，还没有到一触即溃的时候；相反，此时的太平军有如笼中困兽，正想寻找机会与清军厮杀一番。

十一月二十二日（12 月 19 日），胡林翼乘太平天国发生内讧、太平军战斗力大大削弱的有利时机，率围城清军按照王柏心谋划好的抢占草埠门的方案，一举攻陷武昌、汉阳，江汉一带告平，侥幸逃脱的太平军则分别逃窜至江西、安徽。随后，湖北援军水、陆东下，攻向江西。

王定安曾在《湘军记》中记载说：“（十一月）胡林翼复武昌，官文复汉阳，李续宾分三道追贼……十二月湖北肃清。”①

① 王定安:《湘军记》,岳麓书社 1983 年版,第 37 页。

十一月二十三日（12 月 20 日），因夺取省城武昌（即夏口）之功，朝廷实授胡林翼湖北巡抚之职，并赏戴头品顶戴。王柏心闻知消息，深为好友高兴，便写了《事机臆议》（又称《上胡润芝抚军》）①寄赠，为好友提出“进剿（指进剿金陵）、防御、抚治三策”。

王柏心得到消息，十分高兴，马上又写了《上胡润芝抚军书》②寄赠，表示祝贺：

月前廿二日之捷，喧传露布，喜动江天。狂丑狺狺，埽之朽枯之际；残黎惵惵，拯之汤火之中。此皆麾下忠贯日月，气壮风霆，动九天九地之兵，运百下百全之策；佐以迪庵方伯之智深勇沉厚，塔军门之骁武雄杰，遂使鲸鲵枭獍，褫魄丧精，折角摧牙，望风溃北。昔裴相平淮蔡，路公入贝州，不过号令指撝，坐收功效而已。未若麾下暴露寒暑，淹时逾岁，擐甲挥戈，大小数十百战，如是之勤且久者也。

闻麾下复毅然以东征自任，乘此威势，直捣建康。四年逋寇，将一举而犁其巢穴，以清氛孛，以慰宸衷。从此锡鬯卣铭，景钟懋赏，崇封骈阗，赫奕直与方召比隆矣，何桓文之足道哉！柏心孱懦文儒，不能请缨提剑，属櫜鞬以效前驱，惟有竭其思虑，振藻摛词，摩江汉常武之篇，仿柳雅韩碑之体，为麾下阐述威勋，与长江并永，大别均高而已。

肃修笺敬，驰贺鸿猷。

信寄走后，王柏心内心的兴奋之情仍然难以平静，遂写了《江汉告平赋诗纪绩》（十二首）、《江汉之祸烈矣，定乱后遥赋二绝志哀》（二首）等诗作③纪其事。

咸丰七年（1857 年）正月下旬，已收复武昌城的胡林翼，见百废待兴，尤其是漕粮田赋亟待改革，并“慨然下减漕之令”，很希望王柏心前来帮助他。一过完年，他就给王柏心写了信，“乞先生坐镇新堤，以正气主持一应事宜”④。

---

① 王柏心：《百柱堂全集·杂著》卷四十六，《百柱堂全集》，崇文书局 2008 年版，第 1313～1315 页。

② 王柏心：《百柱堂全集·书》卷三十七，《百柱堂全集》，崇文书局 2008 年版，第 1108～1109 页。

③ 王柏心：《百柱堂全集·诗》卷十六，《百柱堂全集》，崇文书局 2008 年版，第 371～372 页。

④ 此信函见于林则徐等《道咸同光名人手札》，（台北）台湾商务印书馆 1972 年版，第 518 页。

王柏心从湖南的陆城访友刚回到螺山百柱堂，就收到了胡林翼的来信。对于目前的漕赋制度，王柏心了如指掌，且对其存在的种种弊端深恶痛绝。看完胡巡抚的信，他立即写了《答胡润芝抚军书》①，详细阐明了自己关于改革漕粮田赋的看法。胡林翼见来信中并没有推辞之意，不禁大喜，马上派王柏心的同乡好友胡大任前往螺山老家敦请。

如胡林翼所愿，这次王柏心很爽快地应承了。不仅如此，王柏心又给胡林翼写了一封《上胡润芝中丞书》②，建议他利用当地的资源，成立铜铅局，选派干练能员负责，制定法规，铸造铜钱，方便流通，以促进经济的发展。

五月间，王柏心和胡大任、龚绍仁等好友精诚合作，将全省的漕赋一一登记造册，并拟定好了新的漕赋征收标准，准备公布施行。按照新的漕赋标准，百姓的负担减轻了一半，无不欢呼雀跃，皆称赞胡林翼为“胡青天”。

在巡抚幕府期间，王柏心还写了《行营事宜管见九则·上胡润芝中丞》（即《论进兵次第》、《论袭夺资粮》、《论用奇》、《论因敌制变》、《论严戒备》、《论和将士》、《论辨勇怯》、《论筹捐募》、《论临战勿用北军》），赠给胡林翼，以备战时所需③。

王柏心见自己的任务已经完成，便辞去湖北巡抚的幕职，告别众好友又回到螺山老家。

五月下旬，胡林翼带领胡大任、龚绍仁，率军从武昌（今鄂州市）进驻黄州前线。因战事紧张，且飘忽不定，王柏心与他已无法直接通信，只得通过好友左宗棠转呈。

十月二十二日（12 月 7 日），王柏心回到书院，见胡林翼有书来，便作《上胡润芝抚军书》④寄赠。随书寄赠的尚有《上中丞胡公三首》诗⑤，盼

---

① 王柏心：《百柱堂全集·书》卷三十七，《百柱堂全集》，崇文书局 2008 年版，第 1114～1115 页。

② 王柏心：《百柱堂全集·书》卷三十七，《百柱堂全集》，崇文书局 2008 年版，第 1115～1116 页。

③ 王柏心：《百柱堂全集·杂著》卷四十六，《百柱堂全集》，崇文书局 2008 年版，第 1318～1323 页。

④ 王柏心：《百柱堂全集·书》卷三十七，《百柱堂全集》，崇文书局 2008 年版，第 1120～1122 页。

⑤ 王柏心：《百柱堂全集·诗》卷十六，《百柱堂全集》，崇文书局 2008 年版，第 387～388 页。

望好友出师顺利，早传捷报：

崎岖功复楚，顾盼气吞吴。赤羽当朝寄，丹心禀庙谟。令行王景略，政寓管夷吾。近喜宽征赋，闾阎乐转输。

巨猾盗江东，滔天羿浞同。不闻膏斧踬，何以慑奸雄。奖率桓文业，龛除侃访功。四方今引领，仗节属元戎。

秣马趋钟阜，麾舟捣建康。腹心先溃裂，支党自销亡。不待收湓浦，无劳救豫章。烦公决奇策，为国作鹰扬。

十二月初八日（1858 年 1 月 22 日），王柏心接胡林翼来书，乃作《答胡润芝抚军书》①寄赠。书中为胡林翼分析攻打南京后会出现的各种情况，建议他不要轻易离开湖北。

除夕（1859 年 2 月 2 日）之夜，乃万家团圆之时。王柏心情不自禁地想起尚率兵驻扎在黄州行营的好友胡林翼，遂作《除夜忆及齐安行营时宫保胡公驻节军中因赋是诗遥致闵劳之意焉》一诗②寄赠，以示慰问：

丹心酬圣主，墨经任长城。竟罢府中宴，出屯江上兵。枕戈申国讨，挟纩慰军情。惟有君亲泪，汍澜直到明。

咸丰九年（1859 年）七月，王柏心患了疟疾，正在螺山老家调养，听友人告知，楚军将帅商议将出兵东下，王柏心乃作《闻楚中将帅议会兵东下》诗③纪其事。随后，他又给胡林翼巡抚写了一封信，这就是《上胡润芝中丞书》④。王柏心在信中强调，此前已有几次机会丧失了，现在，机不可失，时不再来，一定要一鼓作气攻下天京。而能攻下天京的，只有楚师——目前，“惟楚师最强”！

咸丰十年正月初四日（1860 年 1 月 26 日），王柏心经过慎重考虑，给胡林翼写了一封信——《上胡润芝抚军书》⑤。在信中，王柏心提醒胡林翼一定要严明军队的纪律，不然的话，就会将老百姓推向太平军；又建议他实

① 王柏心：《百柱堂全集·书》卷三十七，《百柱堂全集》，崇文书局 2008 年版，第 1122～1123 页。

② 王柏心：《百柱堂全集·诗》卷十七，《百柱堂全集》，崇文书局 2008 年版，第 423～424 页。

③ 王柏心：《百柱堂全集·诗》卷十七，《百柱堂全集》，崇文书局 2008 年版，第 435 页。

④ 王柏心：《百柱堂全集·书》卷三十八，《百柱堂全集》，崇文书局 2008 年版，第 1128～1130 页。

⑤ 王柏心：《百柱堂全集·书》卷三十八，《百柱堂全集》，崇文书局 2008 年版，第 1130～1134 页。

行以民制“贼”的策略，即“下令民间反正，各邑之民，缚各邑之贼，大军助其声势”，军民团结，共同平定“贼”乱；并希望他注意，在攻破天京后，一定不要乱杀无辜，要减免赋税，赢得民心。最后拜托他，一定要设法留住左宗棠，让他赞画军事，尽展才华——他是一个不可多得的人才。

咸丰十一年八月二十六日（1861 年 9 月 30 日），胡林翼因长年征战、积劳成疾，在武昌（即夏口）抚署任上病逝，王柏心闻知消息，十分悲痛，作有《挽宫保胡大中丞排律八十韵》①以悼之：

雄俊天何夺，艰难世未夷。事同留守恨，功惜豫州隳。九折轮摧阪，千钧系绝縻。生当圭卤锡，没作鼓鼙思。开府初援鄂，扬旌独誓师。燎原氛正恶，坚壁阵难移。檄草无淹晷，军符甚乱丝。多艰坏虑灼，众勚萃肩仔。壮矢吞狂兕，威惊卧老熊。呼号张义愤，管榷裕军资。喋血城终拔，攻心绩讵迟。耕耘仍布野，江汉复为池。狡寇来频挫，凶徒惮莫窥。……野哭伤倾厦，天高痛陨榱。梦鸡符恶谶，吊鹤阻修达。此日房公榇，他年蜀相祠。英雄襟上泪，终古只盼垂。

王柏心在诗中饱含情感，历述胡林翼在湖北的功绩以及对朝廷所做出的贡献，并对朝廷顿失柱石表现出无比痛惜之情。

同治二年（1863 年）二月，应友朋之邀，王柏心有汉皋之游；在经过武昌（即夏口）紫阳湖时，王柏心特地上岸去瞻谒了挚友胡林翼的祭祠，并作有《谒胡文忠公祠》一诗②：

碑并羊开府，祠同葛武乡。风云仍壁垒，江汉复金汤。畴昔叨咨访，迂疏许激昂。英灵今始接，揖客晚升堂。

在这首小诗中，王柏心不仅高度评价了胡林翼的功绩，而且叙述了他们之间的友谊，从而表达了深沉的缅怀之情。

第三节　王柏心与张亮基

张亮基与王柏心结识于咸丰三年（1853 年），自此成为近二十年的挚友。

① 王柏心：《百柱堂全集·诗》卷二十一，《百柱堂全集》，崇文书局 2008 年版，第 552～554 页。

② 王柏心：《百柱堂全集·诗》卷二十二，《百柱堂全集》，崇文书局 2008 年版，第 609 页。

张亮基（1807—1871），字采臣，号石卿，江苏铜山（今徐州市）人。道光十四年（1834 年）举人，入赀为内阁中书。不久随大学士王鼎赴河南治河，督筑西坝。竣工，以功赐戴花翎，擢侍读之职。后仕途颇为顺利，历任云南临安知府、永昌知府、云南按察使、云南布政使、云南巡抚兼署云贵总督等职。咸丰二年（1852 年），调任湖南巡抚，率军奔赴长沙抵抗太平军。次年初，湖广总督徐广缙因武昌（即夏口）失陷而被朝廷撤职，朝廷遂命湖南巡抚张亮基署理湖广总督。

咸丰三年（1853 年）三月，由湖南巡抚调署湖广总督不久的张亮基，颇希望王柏心能出山相助。他虽然还没有与王柏心见过面，但其胆略才识他已领教过。上年八月在湖南长沙的保卫战中，他的幕僚杨彝珍曾致函王柏心，向他请教此战方略；王柏心曾写了两封《与杨季涵书》寄赠，向好友谈了自己对此战的看法和建议。张亮基心里非常清楚，王柏心的这两封信对取得长沙保卫战的胜利是颇有帮助的。自己眼下肩负重任，必须有得力的助手帮忙，王柏心就是最好的人选。想到此，张亮基立即放下手上的事情，带领几位部下专程去了一趟螺山百柱堂。可惜的是，王柏心此时不在家，正在鄂州访友，未能相见，张亮基只好留下一封亲笔信，才怅然离去。

在张总督拜访螺山百柱堂的前后，奉命在籍帮办团练的原礼部右侍郎、好友曾国藩亦曾来过螺山百柱堂，也是来请王柏心出山相助的。

王柏心从鄂州回家后，手里拿着两封信颇为犯愁：两人都盛情相邀，自己到底该去哪里呢？于是仔细权衡：张亮基是湖广总督，人在湖北，能如此礼贤下士，可见其诚意，自己不好推辞；再说眼下国难当头，自己也没有理由推辞。曾国藩虽人在湖南，却是自己多年的挚友，如今有事相求，按理说不应该拒绝，好在王柏心对曾国藩的人品、才学和处世的能力都极为钦佩，应付眼下局面是没有问题的，而眼下投入他门下的文臣武将、名儒谋士已有数十百人，多我一个或少我一个都无关大局……

经过这么一番认真的考虑，王柏心便提笔给同乡、好友、时在曾公幕府的胡大任回了一封《与胡莲舫仪曹言兵事书》的信，一方面为曾公分析敌我形势、建议用兵策略；一方面则婉言谢绝了曾国藩的盛情邀请。而对于张亮基，他则不好推辞。

春末，王柏心应邀前往省城夏口（今武汉市武昌区），进入署理湖广总督张亮基的幕府。

王柏心能前来入幕，让张亮基大喜过望；两人相见后，张总督遂将此前已在其幕府的幕僚、湖南著名才子左宗棠介绍给王柏心认识。而王、左二人原来虽未曾见过面，但都久闻对方大名，故两人一见如故，自此成为数十年的挚友。

王柏心刚一进入总督幕府，就建议张公在汉阳设重兵防守，并写有《名藩》一诗①相赠，对张亮基寄予很大希望：

双流南纪带雄城，三楚名藩势不轻。翼戴功宜多难会，安危权在上游兵。悠悠除授今如戏，扰扰风尘况未平。茅屋石田空有愿，知从何地托躬耕。

武昌（即夏口）在去年十二月初曾经失守，被太平军占领。如今太平军虽然退走，但眼下到处都是断垣残壁，硝烟弥漫，急需清理、整顿。张总督为弘扬在城破时为国死难的官吏僚属的勇敢忠贞精神，以激励官兵士气，遂在原臬署后的独秀峰之侧，建造了一座"楚招祠"，以时时祭祀这些死难之人。"楚招祠"落成之时，受张亮基总督之托，王柏心曾代张总督作有一篇《楚招祠壁记代》②，以纪其事：

咸丰二年冬十二月朔有四日，粤贼陷鄂城。官吏殉节尤烈者，得五君焉：按察使瑞公，道衔武昌知府明君，江夏县知县绣君，竹山县知县杨君，江陵县知县俞君。皆某之友与僚吏也，所谓"五君"者也。次年春，某闻其事，悲咤成疾者累月。已而承诏赴楚，佐抚辑，旋奉命权臬事。乃卜署后独秀峰侧，故放鹤亭址，创祠合祀之。颜曰："楚招"。瑞公昔官此，四君者受命处率不远。灵爽式凭，庶几在兹……

瑞公名元，字荣堂，满洲厢（镶）黄旗人，城陷，戒家人无辱，视其死毕，呼幼子，前手刃之，乃自经死。明君名善，字韫田，满洲厢（镶）黄旗人，城陷亦自经死。绣君名麟，字振之，满洲厢（镶）黄旗人，故有武力，城陷，挥双刀杀贼十余人，贼大至，格斗死。杨君名明善，字理元，江南上元人，道光丙戌进士。俞君名昌烈，字鸿甫，顺天大兴人，皆率练勇登陴，贼至，中矛死。祠凡三楹，中祀瑞公，其公子及幕友潘君传锳与义仆附焉；东祀明君，而绣君、杨君、俞君附焉；西祀瑞公庶母，其侧室及女公子与仆妇附焉。后之官此者，尚继葺之，以无忘忠贞。

---

① 王柏心：《百柱堂全集·诗》卷十四，《百柱堂全集》，崇文书局2008年版，第305页。

② 王柏心：《百柱堂全集·记》卷三十二，《百柱堂全集》，崇文书局2008年版，第934～935页。

五月间，张亮基又曾在省垣举行隆重的祭奠仪式，祭奠去年在汉阳、汉口、武昌（夏口）城破时殉职的文职官员。王柏心受张亮基总督之托，相继写了《公祭殉难各官文（文职）》（代张石卿制府作）、《公祭殉难将士文》（代）、《公祭鄂城殉难绅士文》（代）、《公祭殉难官眷即民间妇女文》（代）等祭文①，以表达对死难者的哀悼。

八月中下旬，武昌（今鄂州市）以下的黄州、江西的战事正紧，张亮基带领左宗棠和军队前往驰援，与太平军在广济（今黄冈市武穴市）西南的田家镇遭遇，吃了败仗，被朝廷降了职，并被调任山东巡抚。

九月初，王柏心和左宗棠见张公已调山东巡抚任，不便跟随前往，只好告别张公，各自回老家，另作打算。

咸丰四年（1854年）正月，王柏心在螺山老家与家人一起过年。家中有一张茶几，由蟠木之根做成，状若鹿走衔芝，不假雕琢，纠结自然。此几乃原湖广总督张亮基所赠。每当见到此几，便自然想起了好友在鄂时大家相聚的时光。于是作七言长篇歌行《芝鹿几歌·张石卿中丞赠此几，蟠木之根，蚴蟉拿攫，状若鹿走衔芝。嘉其纠结自然，不假雕镂，遂成此篇》②：

斑龙腾踔苍山陲，饱啖千岁金光芝。化为灵根入涧壑，云霞倒映纷葳蕤。巧匠挥斤截为几，犹作衔芝饮溪水。徐州张公不用此，付与山人住山里。张公文武安楚疆，坐论宜归金殿旁。山人自是麋鹿友，臃肿合伴支离叟。风吹山花满床席，日日藉草据危石。自挈此几归草堂，使我山林壮颜色。忽忆去年江上村，男啼妇哭同窜奔。袄（祆）贼横戈走上岸，杀掠岂异蛇豕吞。山人转侧席不暖，至今感叹伤精魂。当时若遣挟此几，亦恐剥敚嗟无存。国家将相得人杰，盗贼奸雄敢萌蘖。四方无事恒晏然，汝几岂忧中道捐。吾今疲苶藉偃仰，但愿风尘息扰攘。松涛翻空云覆萝，吾与汝几安槃阿。嗟乎！岂惟与汝安槃阿，又欲眼前赤子无奔波。

这篇七言歌行借咏叹芝鹿几来怀念好友张亮基和回忆去年避难的情景，并由自身和芝鹿几的安危，联想到普天下民众的安危，使诗歌的主题得到自

① 王柏心：《百柱堂全集·祭文》卷四十七，《百柱堂全集》，崇文书局2008年版，第1353、1359、1359～1360、1360～1361页。

② 王柏心：《百柱堂全集·诗》卷十五，《百柱堂全集》，崇文书局2008年版，第309页。

然升华。整首诗睹物思人，借物咏怀，忧国忧民之情溢于言表。

咸丰八年（1858年），朝廷擢升帮办云南剿匪事宜的张亮基为云南巡抚。不久，又擢升其为云贵总督。

咸丰九年（1859年）九月，王柏心仍在荆南书院执教，每当闲暇之时，就会想到好友张亮基，曾写有《芝鹿几铭三首》、《张兵部宅石歌·石在宅前狭巷中，乘月偕篋三、亦渊、燿卿往观之》等诗作①，可谓爱屋及乌，用以表达自己的思念之情。其《芝鹿几铭》（三首）②云：

支离其德，我与尔窝隐。嗒然南郭子，蒲轮征车不及此。

安不汝离，危不汝遣。予散人也，故惟散木之如是。

汝归于朴，我息其孱，将共处夫材不材之间。

咸丰十一年（1861年）十月，好友、云贵总督张亮基抵达长沙，将北上觐见，并函告老友；王柏心接函后乃专程赴长沙，看望老友并为其送行。张氏以部下回民所献之“白乌”见示，并其嘱记之。王柏心没想到分别多年后还能与老友相见，非常高兴，乃欣然为之作《白乌颂》（有序）③相赠：

徐州张石卿先生，总制滇黔，部下回民以白乌献。今年十月，公舟赴长沙，将奉命赴阙，柏心往送舟中，公命出笼中白乌见示。质洁而性驯，因谓柏心曰：“子为我记之。”

谨按：王者敬宗庙则白乌至。乌，孝鸟也。白者，色之洁者也。又有反哺之义，为远人怀惠而来之。占前史所载，汉章帝元和元年，诏曰：“白乌神雀，甘露屡臻。”北魏时凡七见。南齐高帝谒庙始毕，有献白乌者。宋治平四年，赞善陈世修献白乌。其余士夫家，以孝德感致，亦往往有焉。往者，滇南民回交讧，衅作祸深，斩刈相循，反覆不休，殆十数稔矣。自公以文武威信往莅之，诛其桀骜，抚其柔良，选吏修政，务农通商，无偏无党。惟诈虞猜嫌之是泯，久之，众皆翕然从化，无敢胥戕胥虐者。远人畏威，怀德来献，兹禽又适出于回族。此其革面去污作新之效也。和气感召，至速且著。

---

① 王柏心：《百柱堂全集·诗》卷十八，《百柱堂全集》，崇文书局2008年版，第449页。

② 王柏心：《百柱堂全集·诗》卷十七，《百柱堂全集》，崇文书局2008年版，第448页。

③ 王柏心：《百柱堂全集·赞颂铭》卷四十四，《百柱堂全集》，崇文书局2008年版，第1292～1294页。

兹者，公朝京师，值新天子嗣初服，谅阴宅，忧圣情，哀慕方，奉大行梓宫，营治山陵，攀号雨泣，感动万方。俟免丧，乃只见宗庙，举行大禘，蒸蒸至孝，格于幽明。中兴应运，四海以为殷高，周成复见，反侧不逞之徒，必有涤除旧慝，投戈自缚，请归死于司败者。白乌之见，适当斯时，其为二事应，昭然无疑。公宜以是表献，且请宣付史馆，登之图牒，用彰我国家，贞符灵贶，永永无疆之休，柏心不辞弇陋，序而颂之。其词曰：

滇疆之民，回族杂处。同壤为仇，流血边土。谕之不率，禁之不从。蠢尔蛮触，迭肆其凶。覆载至仁，岂弃荒服。如何蚩蚩，自相殄戮。显允张公，文武为宪。歼其首乱，平其宿怨。罔有强弱，悖者斯芟。罔有族类，良者斯安。为别宅里，为选贤吏。以杜诈虞，以闵憔悴。翾飞蠕动，和气昭苏。回族有叟，来献白乌。素毳皓尾，立若凝雪。既惠且驯，振鹭同洁。威德远被，瑞应斯来。洗心革面，好音是怀。王者大孝，兹禽乃见。强梗来归，亦著其验。嗣皇宅忧，感怆靡穷。圣情哀慕，上彻昊穹。天赞中兴，万方效顺。孰不只惧，敢不承命。兹禽游止，休贶炳灵。公朝帝所，宜献阙廷。告于中外，无或干纪。震动恪共，戴新天子。公作召公，对扬王庥。罔俾白雉，专美有周。

同治元年（1862 年）二月，王柏心经过近半个月的时间，认真思考，精心构思，数易其稿，完成了《呈进经纶疏·并经论八首》（即《今王嗣厥德罔不在初》、《尔惟德罔小万邦惟庆》、《自周有终相亦惟终》、《慎乃俭德惟怀永图》、《修厥身允德协于下惟明后》、《视远惟明听德惟聪》、《无轻民事惟难无安厥位惟危》、《有言逆于汝心必求诸道有言逊于汝志必求诸非道》）①。

适值时任云贵总督张亮基奉旨进京觐见，途经南郡，稍作停留，前往看望、拜访老友。王柏心见到好友分外高兴，便将自己所写的《经纶八首》拿出来给张亮基阅览；张亮基看后赞叹不已。王柏心便托他代为上奏。慈禧太后在阅完《经纶八首》后，亦颇为赞赏，即令着弘德殿存记，以备御览。

① 王柏心：《百柱堂全集·奏议》卷二十九，《百柱堂全集》，崇文书局 2008 年版，第 868～877 页。

王柏心此次托张亮基代奏的尚有《应诏上封事·并条目，同治元年》[①]，包括“广师儒”、“屏嗜欲”、“博谘访”、“开特科”、“先下金陵”、“早备秦豫”、“外吏宜量择才用”、“行营宜宽减榷算”，共八条。慈禧太后阅后，下旨将“开特科”和“宽榷算”二条着交各该部妥议具奏；其余六条，则留中备览。最后还吩咐下去，要给予王柏心以褒奖[②]。

王柏心奏疏中之所言，皆为切中时弊的经世良言，故时人称“其学问深邃，识略超群，足达其忠爱之意，非时贤所易及也”[③]。

自此之后，两人天各一方，虽书札往还不断，然再未见过面。张亮基晚年以总督衔署贵州巡抚兼署贵州提督，赴贵州镇压苗民、号军、斋教等起义，后遭人弹劾，以“玩兵侵饷，纵暴殃民”被褫职，寓居扬州。同治十年（1871年）卒于扬州。有《张惠肃公奏议》、《张大司马奏稿》等著作行世。

第四节　王柏心与左宗棠

左宗棠与王柏心结识二十余年，是关系最为密切的挚友之一。

左宗棠（1812—1885），字季高，一字朴存，早年曾自号“湘上农人”，湖南湘阴人。道光十年（1830年），入长沙城南书院学习。次年，又进入长沙湘水校经堂深造。十二年（1832年）中举人，被称为“湖南才子”。此后屡试不第，曾做过乡村塾师、两江总督陶澍的幕僚。太平天国起义爆发，曾在乡办团练，不久被湖南巡抚张亮基聘入幕府。

咸丰三年（1853年）三月底，王柏心应邀进入署理湖广总督张亮基的幕府，与此前即在总督幕府的左宗棠结识。他们两人早就互闻大名，如今同为幕僚，格外高兴。王柏心曾写有五言长篇歌行《赠左季高》一诗[④]相贻：

---

① 王柏心：《百柱堂全集·奏议》卷二十九，《百柱堂全集》，崇文书局2008年版，第860～868页。

② 以上慈禧太后阅王柏心上书后之谕旨均见《国史馆本传》，《百柱堂全集·卷首》，《百柱堂全集》，崇文书局2008年版，第20页。

③ 王柏心：《陕督左奏入史馆疏》，《百柱堂全集·卷首》，《百柱堂全集》，崇文书局2008年版，第23页。

④ 王柏心：《百柱堂全集·诗》卷十四，《百柱堂全集》，崇文书局2008年版，第305页。

西风阊阖来，鸷鸟始用壮。杀气顺素商，武节孰能抗。粤贼久游魂，近闻魄已丧。到今犹稽诛，惜少颇牧将。吾子天下才，文武足倚仗。谈笑安楚疆，借箸无与让。建策扼梁山，事寝默惆怅。复议造戈船，进破万里浪。鄂渚临建康，拊扼等背吭。从此下神兵，势出九天上。赞画子当行，麾扇坐乘舫。昔者王龙骧，直指三山向。慷慨温太真，义声实先唱。鼓行当中流，意气自雄张。衰懦吾终惭，勋绩子难量。喋喋东南民，解悬日相望。往戮鲸与鲵，露布上其状。江海四澄清，乾坤一洗荡。功成却珪组，五湖践高尚。待子平贼归，结邻托青嶂。

王柏心在诗中对左宗棠的才华给予了极高的评价，对其前途寄予厚望，并盼望功成身退之日，两人能够成为邻居。

八月下旬，武昌（今鄂州市）以下的黄州、江西的战事正紧，湖广总督张亮基带领左宗棠和军队前往驰援，与太平军在广济（今黄冈市武穴市）西南的田家镇遭遇，吃了败仗，降了职，被调任山东巡抚。

九月上旬，王柏心和左宗棠见张公已调他任，不便跟随，只好告别张公，各自回老家，另作打算。二人同舟溯江而上，路过监利螺山时，王柏心盛情邀请左宗棠到百柱堂做客。于是，两人在蔼园促膝谈心数日，才依依不舍地分开。

左宗棠后来曾在《奏稿》卷五十四之《已故军务人员志节可传请付史馆折》中说："前刑部主事王柏心，湖北监利人，素以文学见重于时。咸丰三年，臣从已故署湖广总督张亮基在鄂，王柏心与臣同居幕府，见其筹笔从容，算无遗策。后张亮基调抚山东，臣与王柏心同舟而归，过其所居'蔼园'。王柏心尽发所著录数十种见示。"[①]并对其所著之《枢言》赞赏有加，谓其"于历代兴亡、成败、得失之故，言之了然，尤多可采"[②]。

咸丰四年（1854 年）二月，王柏心见战事越来越紧张，十分想念时在湖南巡抚骆秉章幕府的好友左宗棠，遂作《寄讯季高》一诗[③]寄赠，表示问候：

武库森然郁在胸，归来云壑暂从容。人从方外称司马，我道山中有

① 转引自罗正钧:《左宗棠年谱》卷一，岳麓书社 1983 年版，第 36 页。

② 王柏心:《陕督左奏入史馆疏卷首》，《百柱堂全集》，崇文书局 2008 年版，第 22 页。

③ 王柏心:《百柱堂全集·诗》卷十五，《百柱堂全集》，崇文书局 2008 年版，第 311 页。

伏龙。多垒尚烦三辅戍，解严初罢九门烽。何当投袂平妖乱，始效留侯访赤松。

咸丰六年（1856年）五月，南方太平军的力量已达到巅峰，占领了长江中、下游的很多重要城镇。许多人担心太平军会从江苏出海，沿海路进攻天津，从而威逼京师。左宗棠自然亦有这种担忧，曾来信征询王柏心的意见。于是，王柏心相继给左宗棠写了《与左季高书》、《再与季高书》①，为其分析当时的整个军事形势，认为太平军看上去势力很强，但战线过长，且所占据各城仅限于长江一带，十分孤立，再加上其重要的兵资路线已被清军控制，短期内北上的可能性很小，劝其不必担心。

七月下旬，王柏心收到左宗棠的来信（即《与王子寿》）。左宗棠在信中为王柏心分析了当时的情况和遇到的困难，仍不免有所顾虑，并谈了他对向荣的看法②：

石逆此次上窜，有润、迪、厚三君子持之，早知其不足为害。惟城中残喘得以稍延，恐旦夕未能即下。逆贼仍有窜援江西之意。彼间自楚军抵瑞之后，大局渐转，声息频通，当可知也。如石逆真窜瑞郡，中丞拟移援鄂之旅东赴瑞州。且俟其踪迹稍定，再作区处。吾乡以一省支五省之寇，境外皆贼，防不胜防。惟有度其缓急，卷甲趋之。所苦饷费繁巨，实有难支耳。

向提军闻已卒于军，此后金陵之局，当有转机。自江浙来者，人人皆称此公之能，老兄前书亦首举之，不知何说？此公自广西盗起之时，即身与其事，前后各大帅无不倚以办贼，自庙堂至于草野无不同声推服。而此贼由溪峒而至江淮，蔓延天下，此公始终兵事数年，不但禄位无损，即誉望仍复赫然，不但村野之人推为健将，即明略最优、熟习古今事理者亦复云云，何不察之甚也？天下之乱，先乱其是非。有时庙堂之谓是，而草野非之；众人之所谓是，而君子非之。是尚有乱、有未乱也。今乃并为一谈如此。然则是非之真，终不可得而明，而天下之乱，其未有已也。此公之不能为将，在忌克而不爱惜人材一语，弟深有以知之，故敢为此论也。即此一条，笔墨亦难尽写，留作曝背时一谈可耳。

① 王柏心:《百柱堂全集·书》卷三十七,《百柱堂全集》,崇文书局2008年版,第1098～1100、1100～1101页。

② 此信见于王柏心《百柱堂全集》附录三,《百柱堂全集》,崇文书局2008年版,第1477～1478页。

信中所说之“润”，指胡林翼；“迪”，指李续宾；“厚”，指杨载福（又名杨岳斌）。此三人可谓清军的中流砥柱，在军民中享有很高威望，左宗棠向来自视甚高，但对此三人却很钦佩。至于这位向荣（1792—1856），字欣然，号珉翁，四川大宁人，行伍出身。因受到陕甘总督杨芳、直隶总督琦善等人赏识，累官至提标中军参将。道光二十七年（1847年），已被擢升为四川提督。此后又曾任湖南提督、固始提督、广西提督、署理湖北提督，并被朝廷任命为钦差大臣，曾在南京城郊建立“江南大营”。此人虽然知名度很高，然战绩却不佳，屡打败仗。左宗棠向来看不起向荣，尤其是对他屡战屡败，却能一再升迁，感到非常愤怒，认为这是朝廷用人失察的结果。

八月上旬，太平天国发生内讧，北王韦昌辉奉天王之诏，杀东王杨秀清于天京（今南京市）。王柏心抑制不住内心的兴奋之情，随后又提笔给好友左宗棠写了一封信（案：此信今不见于其文集中）。

同年九月三十日（10月28日），左宗棠在收到王柏心的来信后，立即给好友写了一封回信，即《复王子寿》，表示对王柏心所献之策的感激：

寿翁老兄大人阁下：

数得手书，久不及复，当亮我忙也。

石逆大创以去，嗣复闻杨逆为韦贼所屠，互噬之端开矣。惜武汉未复，江西大局縻烂，未能乘此机会一与扫除，且章门饷竭兵疲，八郡无一克复，尤为可虑。吾乡四面受敌，环兵列戍，烽火相望，心力已竭。世路方艰，未卜作何了局。惟索直干去，不计其它耳。

来书屡有誉词，非所敢承。天下事且以天下之心为之，不敢自为前却。所幸中丞、方伯以下，不疑其有它，得以稍有发舒也。仁先自江西归，意诚尝得会晤，诸尚如故。老兄近于荆南得佳士否？天直秀才死后，必已为作佳传，何不录以见示？吾每思立甫，辄泫然也。

数年以来，知交之赴虐焰者三十余人，往返书牍，以一巨筐存之，其中皆议论兵事之作，它日当稍为排次，以存其人。立甫诸信，惟存金鼓莲、马鞍山数缄也。墨沉犹鲜，人已千古，可胜痛哭！近日吾乡有一华士，辄为死事巨公作文字，多失真际，异日国史或采摭及之，何以传信？留此手迹，庶可为证耳。

尊札均寄示咏翁，必当留意。晚岁沧江，必无佳况，惟宽怀自慰为幸。

愚弟宗棠顿首　　九月三十日（咸丰六年）[1]

咸丰七年（1857 年）四月上旬，王柏心鉴于当时的严峻形势，给好友左宗棠写了一封信——《与左季高书》[2]，建议由曾国藩率部赴援时在黄州的胡林翼。王柏心还不知道，此时曾国藩因为父丧，回家丁忧已经一个多月了。

六月十五日（8 月 4 日），左宗棠接到王柏心的信件后，当即写了《致王子寿》[3]的一封信函，向他说明有关情况，并询问他有否可用之才：

子寿仁兄大人阁下：

新堤委弁持尊缄至，具悉一切。蕲州曹河之溃，则咏公早已函知矣。咏公克武昌后，即麾诸军赴浔阳两岸，武、汉、蕲、黄乃无一兵，上年冬间及今正，弟已数数陈其不可。而局势既如此，咏公亦无自善之策，则姑冀孤注之侥幸已耳。其实浔阳虽长江要旅，究非江、鄂门户，况江西七郡未复，安徽郡县多沦于贼，官军水陆马步均注于浔，肩背单寒，处处皆有瑕可蹈，较之五年春间局势，尤不相同乎？蕲州既作败局，黄梅、小池之师自应星驰由罗田回援黄州。在彼孤寄，下游饷道既阻，兵力又单，不如早为之所；在此锐气新挫，军心不固，又不能缀贼之后以相牵制，则无宁并力一向，以重上游之势也。已飞致咏公速为区处矣。

王璞山剿吉安援贼，直抵宁都，旬月之间，六获大捷，毙贼近二万。刘峙衡顿兵瑞州城下，尚稽克复，而咏公均调之。此间得蕲事之详，亦即飞札调璞山援鄂，但虑道里修阻，溽暑遄征，未能速达。而前得璞山书，言转战数百里，军士之患疟疾者已数百人。此军合计三千，除伤病者，不满二千之数，必须以劲勇补之，始可独当一面。

吾乡援江之师一万六千，援粤西之师三千，援黔之师亦三千余，每月饷银十数万计，捐输早竭，专恃厘金，而黔、粤道梗，商旅不通，所望者岳州、安乡两局耳。鄂之官吏既设新关以笼湘之木税，复借官运以

---

① 左宗棠:《致王子寿》,《百柱堂全集》附录三,《百柱堂全集》,崇文书局 2008 年版,第 1478～1479 页。

② 王柏心:《百柱堂全集·书》卷三十七,《百柱堂全集》,崇文书局 2008 年版,第 1117～1119 页。

③ 此信见于王柏心《百柱堂全集》附录三,《百柱堂全集》,崇文书局 2008 年版,第 1479～1481 页。

夺湘之盐厘，日夕思为困湘之策久矣，齿无忤于唇，唇偏忌乎齿，谓之何其？今璞山一军之饷固缺矣，岳州两军之食亦匮，但促其东来，而不计其能来与否，亦不计其来之能速与否，此亦无可如何者也。

来书谓曾公倘能率精兵数千数日内便溯江直下赴援黄州，楚事犹有转机。此固计之上也。但曾公前请终制，忧旨不许；昨初六日闻有复请终制之奏，未知圣意云何？且曾公戴星而归，既谢兵事，部曲之旧者尽留江西，未尝有素具之卒也；即有素具之卒数千一呼即集，顾安得哨长、百长、营官、帮办、将领之色色俱备乎？甲仗糗粮从何取办乎？阁下殆亦未之思耳。曾公以终制故，与弟议论不合，不通音问者两月余矣，其能否非弟所知，但以情势揣之，而知其必不能也。以愚臆料之，黄州地势完固，溃卒新辑，要必可守。且夏秋之间，江湖盛涨，非步战之利，我之师船足以制贼有余。野战则马队为贼所畏，必不敢逞。咏公才智而兼胆略，又能和诸将士而善用之（皆五年春间所无也），今扼黄州，贼必不敢有所侵轶。旬月之后，湘军必有大举东下者（必能大举而后来，故不得不稍待也。不独饷不足，兵亦不足）。于是溃卒之气渐壮，数捷之后，决可复还旧观。鄂中诸军于仓卒闻败之时，举止失措，惊禽恶弦，本无足异，亦由其审量不精故耳。愿与一二明者言之。

鄂之与湘，无畛域可分，湘之长吏，又以不分畛域著称者，机势如在必赴，湘中断不稍爱其力，想执事必能信之。匆匆即复，不宣。

柳庄居士顿首　　六月十五日（咸丰七年）

适封信间，得咏公［案：指胡林翼］书（初十日亥刻黄州发者），言黄州必可守状，真解人也。又及。

收到左宗棠的来信后，王柏心又写了《与左季高兵部书》①，向他阐明自己的破敌建议。随后在信中向左宗棠极力推荐好友鄢友石，言其有带兵之才。

七月二十日（9月8日），左宗棠对王柏心给他推荐的鄢友石甚为满意，便写信（即《致王子寿》）对王柏心表示谢意②：

寿翁仁兄大人阁下：

① 王柏心：《百柱堂全集·书》卷三十七，《百柱堂全集》，崇文书局2008年版，第1119～1120页。

② 此信见于王柏心《百柱堂全集》附录三，《百柱堂全集》，崇文书局2008年版，第1481～1482页。

莲翁来湘，谈次敬知近状平善，惟老态渐增，不复如昔时。沧江晚岁，烽火连年，弟亦发白齿摇，何况老兄也？幸善自爱，俟贼平卒践结邻青嶂之约耳。

黄梅、广济频得好仗。咏老力扼黄州，近复督兵外出。李迪兄之弟希庵太守自瑞率劲卒千七百来黄，咏军益壮，北岸定可无虞。石逆似有鹰化鸠之意，金陵官军已克句容，大局尚好。惟江西事势愈难，瑞诚于昨十三夜克复，而峙衡刺史竟以中炮殒命，功成身后，可为痛惜。此君忠勇性生，其治军严整有法，一时无其匹也。

所言鄢友石，果是美才，已致之吴翔岗许矣。吴故湘潭布衣，年少才伟，中丞令其练勇千二百人为一军，将来必得其力。天下纷纷，何处英杰翩翩来止，以纾庙堂之忧而救生民之厄乎？

援江、援黔、援粤之军，频有吉语。然军食日乏，其何以支？筹饷难，择将尤不易，能择将则饷亦易筹矣。草此，即颂著安不具。

愚弟宗棠顿首　　二十日

咸丰十年（1860 年）正月下旬，左宗棠因为与樊燮[①]的互控案，颇为灰心，准备先乘船至武昌（即夏口），然后再北上赴京参加今年举行的会试。

二月初三日（2 月 24 日），左宗棠乘舟经过监利螺山，来不及上岸看望老友，只好给老友留下一函（即《致王子寿》）[②]，便匆匆离去：

子寿老兄大人阁下：

今岁忽赋北征，买舟过此，意老兄或在百柱堂，或在荆南书院，不及晤面，殊为怅然。彭于蕃又言，似闻老兄今兹辞荆南旧席，主讲监利。满拟图一良觌，以慰七年阔悰，而竟不可得也。想须发白矣。犹勤著述否耶？

弟今近五十，体稍肥而精神大减。频年心事，计兄时有所闻。此次北行，盖已四度，距戊戌都门之游，已二十三年矣。冒干进之嫌，为速退之计，良非得已而不已也。

吾乡现尚安谧，二三年内或尚可，久则非所知。

---

① 樊燮（1813—1881），字子重，号鉴亭，湖北恩施（今恩施土家族苗族自治州）人。近代著名诗人樊增祥之父。出身世代武官家庭，由游击累官至湖南永州镇总兵。后因与左宗棠的互控案失败，被革职。

② 王柏心：《百柱堂全集》附录三，《百柱堂全集》，崇文书局 2008 年版，第 1482～1483 页。

涤、咏东征，可胜不可败。十三之捷，似国狗胆寒矣。希庵数日间可到鄂，弟亦速其入军。曾卓翁、罗澹翁均言蜀、浙事甚难措手，滇、黔、两粤更无可为。世局日艰，安危谁托？结邻之约能果否？当为君住处留茅庵耳。书此为别，即请大安，不具。

愚弟宗棠顿首　　二月三日舟中

然而，当左宗棠乘船抵达襄阳时，却被湖北巡抚胡林翼所劝阻，建议他还是先回到长沙，招募训练“楚军”，以图发展。左宗棠经过慎重考虑，接受了胡林翼的建议，便改变行程方向，直奔湖南长沙。

说起樊燮与左宗棠的互参案，不仅对左宗棠的个人前途及家庭生活影响极大，而且对樊燮的个人仕途及后人仕途的发展影响极大，是当时震动朝野的一件大事。此二人的互参案，明显地具有汉族士大夫官僚的代表——湘军集团与满族权贵集团相互倾轧、相互争斗的性质。两派争斗的结果，使咸丰皇帝从当时严峻的内忧外患政局中看清了要镇压太平天国农民起义，保证清王朝封建政权的稳定，就必须依靠汉族官员，尤其是湘军集团，因而，才使左宗棠转危为安，从此一路青云直上、飞黄腾达；亦使汉族士大夫官僚的代表——湘军集团在与满族权贵集团的争权博弈中，取得了最终的胜利；同时，也使清政府镇压太平天国农民起义的斗争进入到一个新的阶段。

咸丰十一年（1861 年）三月上旬，好友左宗棠奉调带领已训练完成的楚军驰援浙江。途经南郡时，特地到荆南书院去看望、拜访已几年未见面的老友。真是不巧，王柏心时在螺山老家，尚未去书院。左宗棠怅然若失，只好留下一封信，以表达其思念之情，便匆匆离去。

四月上旬，王柏心来到荆南书院，见到左宗棠留下的信，便给他写了一封《上左季高抚军书》①。在信中，王柏心一方面表达了几年来的思念之情；一方面对好友终于能够带领一军独立作战，施展自己的才华和抱负表示祝贺。最后则极力向他推荐好友白海仙，谓其可堪大用。

同治二年（1863 年）正月间，闻知时任浙江巡抚左宗棠与法国侵略军组成“常捷军”，从太平军手中夺回了不少失地，王柏心遂作《上左抚部》一诗②，对左宗棠的才能作了高度赞扬：

① 王柏心:《百柱堂全集·书》卷三十八,《百柱堂全集》,崇文书局 2008 年版,第 1137～1138 页。

② 王柏心:《百柱堂全集·诗》卷二十二,《百柱堂全集》,崇文书局 2008 年版,第 596 页。

节越登坛高将略，朝廷破格用奇才。莫令群盗纵横久，还望中兴气象开。兵甲早知罗武库，功名终待冠云台。诸公戮力神州复，野老狂歌浊酒杯。

这里必须指出的是，左宗棠与外国侵略军联合起来镇压太平军的做法，肯定是错误的。王柏心赞赏左宗棠的这种做法自然也是错误的。但王柏心是正统的封建知识分子，又曾做过朝廷命官，其观点、立场始终是为了维护清王朝的统治，又是可以理解的。

六月二十六日（8 月 10 日），王柏心给已升任闽浙总督的左宗棠写了一封《上左季高制军书》①。当时，东南太平军的残余势力已被围困在南京城中，成为瓮中之鳖。在信中，王柏心一方面建议在浙地设伏，防止太平军突围；另一方面建议左宗棠尽快向朝廷上奏，请减免三吴赋额，可收民心。最后，对左宗棠招用白海仙表示感谢。

同治三年（1864 年）九月中旬，王柏心见南京已经收复，整个战争将很快结束，兴奋之情溢于言表，遂写了《上左季高抚军书》一书寄赠左宗棠②。在信中，王柏心一方面祝贺收复金陵，一方面献议如何规划恢复，最后代江陵徐县令呈递其乡人所著之《程安德三邑赋税考》，再次希望好友能进呈朝廷，以减南京、镇江、芜湖三邑的赋额。

左宗棠甚是赞同王柏心的建议，很快给王柏心写了回信（《复王子寿》）③，认为兵灾过后百姓需要休养生息，国家建设亦需要人才。

同年十一月间，王柏心接到已任闽浙总督左宗棠的来信，遂作《答左季高恪靖伯书》寄赠④。此前，朝廷论功行赏，诏封左宗棠为一等伯爵，锡名曰“恪靖”。故王柏心在信中希望好友“自兹以往，勋益高而心益下，望益峻而量益闳，矍矍忠勤，始终无懈”；并建议其眼下用兵应有缓急之分，即先灭捻，再平定少数回民暴乱，最后是“外患”。

同治五年（1866 年）四月，王柏心经过多方联系，托弟子张继堂（明朝名相张居正的第八代孙）专程护送好友林立甫的才十多岁的儿子林履贤（字

---

① 王柏心:《百柱堂全集・书》卷三十八,《百柱堂全集》,崇文书局 2008 年版,第 1138～1139 页。

② 王柏心:《百柱堂全集书》卷三十八,《百柱堂全集》,崇文书局 2008 年版,第 1146～1147 页。

③ 见左宗棠《左宗棠全集》,岳麓书社 2009 年版,第 677 页。

④ 王柏心:《百柱堂全集・书》卷三十八,《百柱堂全集》,崇文书局 2008 年版,第 1147～1148 页。

希之）赴福州左宗棠的总督府（时任闽浙总督），将他交给左总督抚养，以图今后的发展。临别之际，王柏心不仅作《送张生继堂游闽序》纪其事①，还写了《送林生希之履贤游闽谒爵帅湘阴左公·希之，立甫太守子也》（二首）、《张生继堂与希之偕游闽中谒爵帅左公诗以送之》等诗相赠②。

八月十四日（9 月 22 日），王柏心收到左宗棠的回信（即《复王子寿》）③：

子寿仁兄大人阁下：

前得手书，以嘉应勾当，奖诩甚至，愧不敢当！

粤寇披猖十七载。自古流寇之祸，黄巢以后，此为第二。按明之张、李，尚不如此之烈也。揆其酿乱之由，披猖之故，则人才不竞、文法太烦，两者足以致之。人才不竞，则亦由文法之烦耳。其才者为文法束缚，不能尽其长；其不才者借文法自便，足以匿其短。弟自束发以来，即闻诸长者矣。

咸丰年间，首预兵事，慨然思所以救之。幸府主张、骆唯言是听，得稍见施行。同治之初，建节浙、闽，挈全境还之朝廷，犹初志也。中间于胡文忠、曾侯相亦有所献替，大约于用人一事，尤兢兢焉。国于天地，必有与立，得人者昌，失人者亡，圣贤无以易此。

惟人各有能有不能。贤者志同道合，而议论亦不必一致，则舍己从人与夫因材器使两者贵焉。今发逆之局虽了，而捻回甚炽，岛人且窥伺其旁，不可谓无事，所谓干国之才几人？蒙是以念兹心病也。富拉浑克、克僧额已如所谕，饬所司察看。浙中守令多佳者，中丞、方伯均知得人为急，必不屈抑良才。惟超群轶伦之选，究不多觏。如阁下夙负人伦之鉴，当拔其尤者时以见示，乃厌鄙怀耳。

手此奉答，惟道履多吉，为慰为颂。

愚弟左宗棠顿首　　八月十四日（同治五年）

十二月二十日（1867 年 1 月 25 日），左宗棠致函王柏心，邀请其“即

---

① 王柏心：《百柱堂全集·赠序》卷三十六，《百柱堂全集》，崇文书局 2008 年版，第 1062～1063 页。

② 王柏心：《百柱堂全集·诗》卷二十四，《百柱堂全集》，崇文书局 2008 年版，第 701～702 页。

③ 此信见于王柏心《百柱堂全集》附录三，《百柱堂全集》，崇文书局 2008 年版，第 1483～1484 页。

日刺舟前来，一叙阔悰，兼领筹略”①。

同治六年正月十八日（1867 年 2 月 22 日），朝廷又诏命时任陕甘总督左宗棠为钦差大臣，督办陕甘军务，专任进剿西捻事宜，并催其尽快启程赴任。

正月十九日（2 月 23 日），左宗棠再次致函王柏心，谓其“延颈江干，日盼客槎之至”②。

同日，左宗棠终于收到好友王柏心寄来的书函。于是，他赶紧又给王柏心写了一封短札（即《与王子寿》）③寄去：

前书去后，未奉复示。今晨又以一书奉讶，甫欲发递，忽枉惠缄。无一不与鄙衷符合，业经陈奏施行者什居六七，自诧所见略同。急盼文从来营逐一商榷。座中无杂沓之宾，不嫌耳属也。

此讶贲临，不胜盼待之至。

愚弟左宗棠顿首　　十九日巳刻

二月初五日（3 月 10 日），王柏心在收到左宗棠的邀请函后，乃作《上左季高恪靖伯书》寄赠④，向左宗棠建议数端：（1）秦陇之事不比他省，不仅在攻战而在方略处置，要吸取前任教训。（2）督署宜设在秦中之天风，而不宜设在兰州。（3）我军可派一部出捻之不意而捣之，随后乘胜可分三路入秦。（4）目前陕省捻强而回弱，捻众而回寡；既可先击捻，亦可先击回。（5）可在山右蒲、绛一带设立粮台，以确保军中所需。

三月中旬，王柏心又收到左宗棠邀请他赴汉口相聚的书函，希望听一听他对关陇山川、形势和用兵策略等方面的意见和建议（即《答王子寿》）⑤：

① 此书函见于林则徐等《道咸同光名人手札》，(台北)台湾商务印书馆 1972 年版，第 555 页。

② 此书函不见于《百柱堂全集》，今见于林则徐等《道咸同光名人手札》，(台北)台湾商务印书馆 1972 年版，第 556 页。

③ 此书札见于林则徐等《道咸同光名人手札》，(台北)台湾商务印书馆 1972 年版，第 561 页；又见于王柏心《百柱堂全集》附录三，《百柱堂全集》，崇文书局 2008 年版，第 1486 页。

④ 王柏心：《百柱堂全集・书》卷三十八，《百柱堂全集》，崇文书局 2008 年版，第 1151～1155 页。

⑤ 此信见于王柏心《百柱堂全集》附录三，《百柱堂全集》，崇文书局 2008 年版，第 1485～1486 页。

正初何小宋递到去秋惠寄前后两函，所论西陲方略，与鄙意不谋而合，有业经入告者，有已见施行者，不胜钦服！

自古用兵塞上，营田以裕军储，车营以遏突骑，方略取胜，剿抚兼施，一定之理。壮侯初不见信于汉，韩、范终不见用于宋，是以千数百年富强之区，化为榛莽。兹承凋敝既尽之后，慨然思所以挽之，非依任之专，积渐之久，何以至此！

弟年五十有六，去日已多，揣朝廷所以用之者，不过责一时之效耳。以不可多得之岁月，而求难以骤至之事功，其有济乎？惟日孜孜以启其绪，博求俊杰以要其成，此则区区愚忱所不敢自释者，老兄倘以为然耶？

捻逆披猖，患在心腹，僧邸殁后，未受大创，鄂、秦均作败局。弟此来仅携部卒三千，步队以外，并无骑兵，所拟以制贼者，均未就绪，未敢仓卒即戎。简书有严，无以逭责，盖不待到金城而始三疏要君矣。谢麟伯，秦人，而实楚产，上年曾疏请入幕，闻十月内已入秦，抵陕后当可就见。霞仙已奉旨罢斥，弟疏请仍任秦事，未知能邀俞允否？鄢太愚无实用，但工作壮语，霞仙保擢知府，或在秦军中稍树声绩，亦未可知，俟入秦后察之。所欲言者，奚止千万，盼速临一叙，幸勿我吝。

王柏心当即放下手头的事情，立即动身来到汉口的后湖，与好友促膝交谈数日，将自己所知道和想到的，和盘托出，毫无保留，颇多独到见解。一番晤谈，不仅使左宗棠备受鼓舞，坚定了左宗棠赴陕甘的决心；而且为左宗棠后来确定收复新疆的策略，启发甚多。以致在王柏心去世六年后，左宗棠还念念不忘王柏心给予他的启迪与帮助，向慈禧太后和光绪皇帝上奏折，请求下旨将王柏心的生平事迹付国史馆备用。

罗正钧《左宗棠年谱》中亦说："王氏自监利来见，与纵谈关陇形势，用兵次第，遂定三路进兵之策。"①

左宗棠在《奏稿》卷五十四之《军务人员志节可嘉宣付史馆折》中亦云："臣移督陕甘，师过黄州，王柏心汉皋营次一见。询以关陇山川形势，用兵次第，王柏心罄所知以告。盖尝入前云贵总督林则徐及前陕甘学政罗文俊幕，遍历关内郡县，舆程日记，历历可稽。维时臣去湘日久，亲友闻臣有万里之行，来鄂渚省视，言及入关度陇情状，多为臣危者。王柏心独不谓然，臣为气壮。后此三道进兵坚持缓进急战之议，亦王柏心有以

① 罗正钧：《左宗棠年谱》卷四，岳麓书社1983年版，第144页。

启之。"①

在汉期间，王柏心与左宗棠宴集唱和颇多，相继写有《爵帅左公奉命总制三秦师，次汉皋以书见邀，泛舟往访，赋诗奉呈即以送行》（五首）、《歌送爵帅左公总师入秦》、《次韵奉和左公九日龙游道中作》、《又和崇安道中题壁二首即次元韵》、《汉皋营次感赋》、《军中作》、《将归留呈宫保左公》（三首）、《军中雨夜》、《临发再呈左公》、《行营观教练骑卒》、《陪宫保公过饮喜桂亭都护营》等诗作纪其事②。

五月十三日（6月14日），钦差大臣、陕甘总督左宗棠率大军兵分三路入陕。王柏心闻知消息，立即作《宫保左公以师西定秦中赋此壮其行》一诗寄赠③表示赞赏：

> 西征初赋出车诗，夹道杨花糁雪时。秦塞贪狼芒尽敛，唐家回鹘运力衰。胸中兵甲惊筹略，天上将军骇鼓旗。三辅烽尘今尽洗，苍龙飞瀑半空垂。

同治七年（1868年）五月间，在左宗棠、郭嵩焘等好友和唐鄂生、聂定焜等弟子的鼎力资助与支持下，王柏心家被太平军放火烧毁的百柱堂重建落成。王柏心满怀喜悦之情，将情况写信告诉好友左宗棠爵帅，并请求左帅为新居题写匾额。

时隔不久，好友左宗棠爵帅不仅应邀为百柱堂题写了"山居"二字的匾额，而且还寄来了一篇跋词（即《百柱堂题额跋尾》）④：

> 咸丰三年，同蔼园老人客鄂。比返湘，道经螺山，访蔼园，知所居故有堂名"百柱"，早无存者，乱后并蔼园亦未遑修治矣。同治八年，督师度陇，得蔼园书，言蔼园已复，而所谓"百柱堂"则尚有待征作榜书，书此贻之。西事之蒇，未卜何日，斯堂之成，意亦非可岁月几也。异时幅巾归里，系棹螺山，倘有巍然杰构出江上耶，吾与蔼园老人其衔杯赋诗落之。

王柏心心情十分愉快，立即请木工将"山居"二字镌成牌匾挂在百柱堂

---

① 转引自罗正钧：《左宗棠年谱》卷四，岳麓书社1983年版，第144页。

② 王柏心：《百柱堂全集·诗》卷二十五，《百柱堂全集》，崇文书局2008年版，第716～723页。

③ 王柏心：《百柱堂全集·诗》卷二十五，《百柱堂全集》，崇文书局2008年版，第733页。

④ 左宗棠《百柱堂题额跋尾》，见《左宗棠全集·诗文·家书》，岳麓书社1987年版，第290页；此文已收入王柏心《百柱堂全集》附录三，《百柱堂全集》，崇文书局2008年版，第1488～1489页。

大门的上方，又挥毫写了五言律诗《移居薖园》十首以抒发其喜悦的心情[①]。

六月初二日（7 月 21 日），王柏心又写了《上左季高恪靖伯书》寄赠[②]好友左宗棠，对其为百柱堂题写匾额和撰写跋词表示感谢，又为其进兵西北提出了自己的几点建议。

八月间，王柏心又收到了左宗棠寄自西北的来信（即《答王子寿》）[③]：

林生履忱来，出示手书，喜天直有子，令掌书记，藉资阅历，冀它时有成，足慰故人也。

西事自灵武勘定后，威信渐著。春夏定河州，即移征西宁。五十余战，斩馘近万，遂克大峡、小峡要隘百余，径薄府城。陕甘诸逆酋，复倾心求抚。现饬斩渠首，而宥其余。如所图遂合，冀可得数十年之安（肃州已蹙贼孤城，旦晚或可了事）。

孱躯自浙中患腹泻后，八载不愈。上年朝那营次，即不能骑马，动履需杖，腰脚支离酸疼，意绪极劣。所以不即乞身者，受国恩厚，所事未了，又适有可就绪之际，若一放手，便觉可虑。纵嗣事者才力十倍于我，一时恐无从着手。办回之法，与发逆、捻匪不同。西北用兵，又值荒乱之后，军食转搬，劳费艰阻万分，饷之积欠已千五六百万两。来源涸而出款多，粮食牲畜凋耗无余，即此一节，已非生手可了。故力疾肩任，不忍暂歇。兹幸关内可冀肃清，而衰病日进，自当据实入告，速觅替人。只求来者胜我十倍，肯虚心询访，则弟以闲散婆娑此间，数月一年亦不枉也。

林生言尊况近不甚佳，极为怅念。老兄年逾七十，幸善自珍摄，以慰故人。饍珍不可缺，已致书若农，致银二百两，聊供不时之需，乞弗麾之。

近作《华山碑》、《亡妻墓志》及大儿孝威《宋三忠庙碑》，并呈览

① 王柏心：见《百柱堂全集・诗》卷二十六，《百柱堂全集》，崇文书局 2008 年版，第 760～762 页。

② 王柏心：《百柱堂全集・书》卷三十八，《百柱堂全集》，崇文书局 2008 年版，第 1159～1160 页。

③ 此书函见于王柏心《百柱堂全集》附录三，《百柱堂全集》，崇文书局 2008 年版，第 1487～1488 页。

正。有便，乞时惠一音以慰我，大约明年春夏，尚未能去陇耳。

王柏心得知好友之子林履忱已辗转到达左爵帅总督府并得到妥善安排和左爵帅近况安好，一直悬挂的心才算安定下来。

同治九年（1870 年）二月间，得知左宗棠的行营已移驻西北军事要地平凉（今甘肃省平凉市），王柏心甚是高兴，乃作《遥寄爵帅左公·时移军平凉》一诗寄赠①。

六月初二日（6 月 30 日），王柏心遂作《上左季高恪靖伯书》回复②，为左宗棠如何剿灭秦中“回鹘残孽”出谋献策。

同年十月，王柏心之母蔡老夫人去世，左宗棠虽远在西北，不能前来出席哀悼仪式，则发来唁电表示哀悼，并致送了礼金。

同治十年正月二十六日（1871 年 3 月 16 日），王柏心听说左宗棠的部将已攻克秦州（今甘肃省天水市秦州区），非常高兴，遂作《上左季高恪靖伯书》寄赠③，建议奏调蜀师、晋师协同配合，一鼓作气，扫清秦中的回民起义军，“按诛其枭杰，解散其胁从”，“肃清西陲”。

六月十六日（8 月 2 日），王柏心收到左宗棠的来书（即《答王子寿比部》）④，十分高兴，立即仔细拜读：

> 陇事艰阻万分，先攻金积，尤非时局所许。一年之间，连丧大将，人心震骇，谣诼繁兴。幸将士用命，得将渠族歼夷，余众迁徙，固始愿不及者也。惟天方新教传染既多，陇右、湟中尤须锄治，尚需岁月，乃竟全功。正恐衰朽余年，未能了此耳！
>
> 自我徂西，一切方略均出囊智之余，旧病陈方，坚确不易，幸而克济，子之功也，蒙敢尸之？尝叹近世士大夫如市医售药，脉候病源举不复问，囊钱既满，嚣然而归，顾安知人生实难乎？贼所窟穴，唐之灵武，宋之西夏，明之河套，皆其处也。戎狄之间，用兵匪易。关中大局略定，前年秋仲乃引军而西，北从银州，南逾汧陇，中路出古安定。未及期余，南取渭源、狄道，北定灵、宁，喋血苦战，无间寒暑。仆十余

① 王柏心：《百柱堂全集·诗》卷二十七，《百柱堂全集》，崇文书局 2008 年版，第 810 页。

② 王柏心：《百柱堂全集·书》卷三十八，《百柱堂全集》，崇文书局 2008 年版，第 1159～1160 页。

③ 王柏心：《百柱堂全集·书》卷三十八，《百柱堂全集》，崇文书局 2008 年版，第 1161～1162 页。

④ 此信见于王柏心《百柱堂全集》附录三，《百柱堂全集》，崇文书局 2008 年版，第 1486～1487 页。

年剿发平捻，所部伤亡之多，无逾此役者。虽才智钝绌，拮据未遑，顾齿之摇者脱，发之苍者素矣，而论者每讥其老师；行兵于人烟阒绝之地，转馈千数百里，劳耗不可言殚，而论者每讥其糜饷。此固劳人志士所不敢辞者。行年六十，自嗟来日无多，不能为国家卒捍西徼，恐一旦溘先朝露，与世之汶汶者同实谄慝之口，愿吾子卒有以雪之。意者名山著录，或胜国门耶？

阅罢来书，王柏心对左宗棠有功不居，将其归于自己，深感不安，立即写了《上左季高恪靖伯书》寄赠致谢①。

十一月十五日（12 月 26 日），王柏心闻知朝廷见俄夷有兼并西域之意图，乃诏命左宗棠移师出玉门阳关，规复新疆。于是作《上左季高恪靖伯书》②，力阻其出关，并列举了不可出关的三条理由；建议好友固守各关，拒俄夷于关外；然后“请释兵权”，“功成身退”，以成“哲人高蹈千载”之美名。最后，向好友极力荐举弟子唐鄂生，谓其才堪大用。

我们必须指出的是：王柏心力阻左宗棠出关之论，乃腐儒之论。他之所以有此论，完全是站在爱护朋友个人声誉的立场，认为朝中有“一二宵小”，忌谄左宗棠“澄清关陇，功名太盛，将欲使之困于穷沙荒碛，疲惫匮乏，至溃散而后快”，担心好友会“晚节不保”，而不是站在国家、民族、人民大义的立场上讲话。而左宗棠亦未听从他的劝告，于光绪元年（1875 年）三月，接受朝廷任命，为钦差大臣，督办新疆军务，率军进入新疆；并于光绪四年（1878 年）收复新疆全境，为抵抗外国侵略，保护祖国的领土完整和统一做出了卓越贡献，成为后人称颂的民族英雄。

在王柏心去世六年后，即清德宗光绪五年（1879 年）三月二十三日，钦差大臣、督办新疆军务、太子太保、东阁大学士、总督陕甘等处军务粮饷兼理茶马管巡抚事、二等恪靖侯加一等轻车都尉、王柏心的挚友、已六十七岁高龄的左宗棠，向慈禧太后和光绪皇帝递呈了一份奏折③，请求将已故刑部主事王柏心和另外几人的生平事迹宣付史馆立传。一个月后，就接到慈禧

① 王柏心:《百柱堂全集·书》卷三十八,《百柱堂全集》,崇文书局 2008 年版,第 1163～1164 页。

② 王柏心:《百柱堂全集·书》卷三十八,《百柱堂全集》,崇文书局 2008 年版,第 1165～1167 页。

③ 此奏折即《陕督左奏入史馆疏》,见王柏心《百柱堂全集·卷首》,《百柱堂全集》,崇文书局 2008 年版,第 21～23 页。

太后和光绪皇帝的谕旨——依奏照准。

罗正钧在其《左宗棠年谱》卷九中亦记载有此事："是月（即三月），疏具夏炘、王柏心、吴士迈、吴观礼事迹，请宣付史馆。许之。"[①]由此亦可见出两人关系之密切。

第五节　王柏心与彭玉麟

彭玉麟是王柏心在咸丰（1851—1861）后期结识的好友。

彭玉麟（1816—1890），字雪岑，号雪琴，别号南岳樵人、吟香外史、退省庵主人等。湖南衡阳人。出生于安庆。父亡后，族人夺其田产，乃避走衡州，入石鼓书院学习。后投衡州标营充司书，以饷养家。衡州知府高人鉴见其文章，甚赞赏，招入府署读书，不久即补诸生。道光二十九年（1849年），李元发组织湖南天地会会众发动反清起义，彭玉麟曾随衡州协标兵前往镇压，崭露头角，因功授训导职，赏戴蓝翎，然辞官不就，至耒阳一家当铺当管账先生。

咸丰三年（1853年）冬，受曾国藩侍郎三顾之邀，加入新组建的湘军，在衡州与曾国藩创办湘军水师；随后率领湘军水师转战南北，立下赫赫战功，历官知县、同知、知府、道员加按察使衔等职。

咸丰八年（1858年）十一月，湘军水师统领彭玉麟与荆南书院山长王柏心因画而正式结交，并成为多年的好友。

原来，在取得江西"湖口大捷"后，湘军大将、广东惠潮嘉道、布政使衔彭玉麟奉命率水师驻扎湖口（今江西省九江市湖口县）。湖口有石钟山（中国千古奇音第一山，位于江西省九江市湖口县城区，长江与鄱阳湖交汇处），山上古建筑与碑、石刻相得益彰，互相辉映，集楼、台、亭、阁等于一体，是一座典型的江南园林。彭玉麟等曾奉旨在山上修建有"楚军水师昭忠祠"，以祭祀水师阵亡将士之英魂，后曾国藩督师过湖口，泊小舟于石钟山下，登山纵览，曾作有《石钟山楚军水师昭忠祠记》一文，颇有名。

在"楚军水师昭忠祠"之旁，又另筑有"梅坞"，植梅六十株，是石钟山的一景。一日，彭氏置酒亭中，饮至酒酣时，见亭下立有一巨石，遂兴致大发，在石上绘石梅一株，并书其旧作《梅花十绝》于侧。

有好事者见之，甚感奇妙，遂请人将梅花和《梅花》诗镌刻在巨石之

① 罗正钧：《左宗棠年谱》卷九，岳麓书社1983年版，第357页。

上，又使其成为“梅坞”的一景。

王柏心的朋友、亦是彭氏好友的罗公子有幸得到彭玉麟《石梅》的拓本并将其转赠给王柏心。王柏心本来就喜欢画梅，在看了彭氏的梅花图和梅花诗后，甚是喜爱和赞赏，当即挥毫，作长篇七言歌行《彭雪琴观察石梅歌·观察随兵侍曾公将楼船出湘东击粤贼，于大江鄱阳血战数十，皆大捷，乘胜舣舟吴城之望湖亭下。吴城旧为三国时周公瑾练水军地。是日，观察置酒亭下，饮酣，客言亭侧有巨石卧地，文作老梅根干。观察固善画，闻之大喜，因就石上点笔作疏花相间，并书旧作〈梅花十绝〉于侧，好事者镌置亭畔，有传拓本示柏心者，壮其事，遂赋是诗》一首[①]：

鄱湖战烽石不裂，文作梅根势奇绝。天然妩媚谁着花，补笔神功仗人杰。人中之杰彭雪公，戈船破浪乘长风。夺江夺湖数十战，战胜直泊吴城东。吴城旧日周郎镇，彭郎再见威名峻。凯歌张宴望湖亭，水国千年两雄俊。醉惊巨石眠蒿莱，横斜影堕孤山梅。彭郎善战复善画，攒花作蕊春风回。解衣盘礴气莫当，老笔寒飞武库霜。回抱冰心销燧火，坚撑铁干扫欃枪。兴酣镵刻置亭右，铭功小试摩崖手。拏攫真惊熊豹姿，屈盘堪怖蛟螭走。彭郎今将习流兵，请往击楫收台城。尽覆凶巢磔元恶，城中江海波澄清。石头城下镵砻石，万树梅花可尽勒。壮哉石梅古谁埒，将军大树武侯柏。

王柏心在诗中不仅歌咏了彭玉麟的“武功”，亦赞扬了他的“文治”。作罢，仍觉尚未尽兴，遂又作《再题石梅一律》[②]：

胸有龙韬笔有神，石梅奇格独标新。雄风特壮江山色，正气先回天地春。剑锷剸残铜马队，战袍飞偏玉龙鳞。余情尚觉消难尽，唤起周郎共饮醇。

读其诗，字里行间都充满着欣赏和爱慕之意。写完后，王柏心仔细检查一遍，仍将其交给罗公子，请其转交给彭将军，并转达其景仰爱慕之意。

咸丰九年三月初四日（1859年4月6日），早闻王柏心大名的布政使衔彭玉麟，在收到罗公子的信函和读完王柏心的赠诗后，分外高兴，当即挥毫绘《墨梅》一幅，又检出数幅平日所绘画幅之拓本一并寄赠。彭玉麟在所

---

① 王柏心：《百柱堂全集·诗》卷十七，《百柱堂全集》，崇文书局2008年版，第422～423页。

② 王柏心：《百柱堂全集·诗》卷十七，《百柱堂全集》，崇文书局2008年版，第423页。

寄来的《墨梅》及其他画幅拓本里面，尚附有一封给王柏心的信函（即《致王子寿函》）①：

一昨罗公子书来，道先生缱绻下问之意，并示佳聿。三薰捧读，不禁心花怒茁，狂喜上天。麟耳大名久矣，顾未获蹇修，无由通款。不意正法眼藏，见石梅而爱之，且为谀饰词翰，实鄙人所念不到者。但拈粉调丹，弱而好弄，酒酣耳热，时有悲歌季末、蒿目时艰，觉壮志千寻，渐成弩末。先生谬加宏奖，雄辞健笔，飒飒生风，传之千载后，人将读先生诗，而兼重麟之画与人，岂非附骥以行，其荣幸曷有比数？昔昌黎于长吉，一经品题，名麟长安，麟虽非昌谷其人，而君则今之退之也。仰藉余光，得增声价，感甚且惭甚耳。

前代工墨梅者，以吴仲圭为绝诣，近今罕有其匹，知精此技者鲜矣。麟以醉后信指涂雅，辄邀鉴赏，嗜痂之癖，何古今人不甚相远哉！然墨梅巨帧，麟多醉后作，非借酒以助兴，实因酒而发狂，信手纵横，无盐忘丑，亦以时际艰难，杞忧恒抱，郁郁不平之气，特假作梅老干以舒之，可谓无聊，复无赖矣。

入春以来，肝疾作楚，久不访红友，亦久不梦到罗浮。昨以军次清明，寒食漉酒，怅触遥深，不觉玉山欲倒，走笔染纸。曾记前人有句云："囊中剩墨无多少，聊为逋仙写一枝。"盖此意也。驿使将来，寄尘雅盼，未审铁干横斜中，尚有疏影风香仿佛一一否？并附拓本八帧，先生试嗅之，楮墨间当拂拂有酒气。借博胡卢一笑。

军暇草此，祇请子寿先生大人著安。诸惟神照不尽。

愚弟彭玉麟顿首。

王柏心刚来到书院不久，就收到湘军大将、布政使衔彭玉麟自江西军中寄来的言辞恳切的信和赠送给他的墨梅及其他拓本，感其盛意，当即写了《雪琴方伯自军中枉书兼寄墨梅裁诗报谢》（二首）②寄赠致谢：

隐矣空山不用文，潜夫谁遣度辽闻。春来鸥梦间江渚，天外鸿书下阵云。竟许平交魏公子，几时长揖大将军。相酬惟有书生笔，待纪平淮冠世勋。

① 彭玉麟《致王子寿函》见于《道咸同光名人手札》第二集，上海商务印书馆1924年版，第849～850页；因此函不见于《百柱堂全集》，故全文照录。

② 王柏心：《百柱堂全集·诗》卷十七，《百柱堂全集》，崇文书局2008年版，第429页。

封题初展墨花奇，明月空山寄一枝。不觉冰霜心惨淡，只惊忠义气淋漓。间情放鹤高吟外，余力屠鲸血战时。老干总期扶日月，端然天柱壮撑持。

写完后，王柏心尚觉不尽意，便又写了《寄赠雪琴方伯》一诗①寄赠：

明公威略震江湖，水国鲸鲵避舳舻。直卷白波倾酒盏，不烦黄石授阴符。雅歌意气军能暇，缓带风流将是儒。东下三山帆进指，凌波苍兕正堪呼。

自此以后，两人遂成为好友，时常有书信往还，一起切磋诗文和画艺；只是可惜得很，由于时代和战争等原因，他们后来的交往，没能将文本保留下来。

第六节　王柏心与郭嵩焘

郭嵩焘与王柏心结识于道光二十四年（1844 年），是相交三十年的挚友。

郭嵩焘（1818—1891），乳名龄儿，学名先杞，后改名嵩焘；字伯琛，号筠仙、云仙、筠轩，别号玉池山农、玉池老人等。湖南湘阴县城西人。少时就读于湘阴仰高书院，道光十五年（1835 年）考中秀才，次年入岳麓书院深造，与曾国藩、刘蓉等同学。十七年（1837 年）考取举人，有“湘阴才子”之称。后曾两次进京参加会试，均名落孙山。二十年（1840 年），赴杭州入浙江学政幕府，时正值鸦片战争时期，思想受到颇大的震动。二十四年（1844 年），再次入京会试，仍然落第。

同在这一年参加会试并考取进士而留在刑部任职的王柏心，在出入曾府时，与曾国藩的同学、挚友、湖南湘阴才子郭嵩焘结识。眼下郭氏正住在曾府，依赖曾氏的经济支持，等待朝廷即将举行的大挑考试。空闲之时，与王柏心往来较多，他对王柏心颇为尊重，称其为“先生”。王柏心对这位聪明伶俐，甚有才华却时运不济的小伙子也很赞赏。

同年的十月十六日（11 月 25 日），曾国藩官升太史（管理翰林院事务的官员，也负责修史）。当晚，曾国藩招友朋至家燕集。正在大家酒酣之际，曾国藩将他前几天所写的《雨中怀人诗》拿出来请大家欣赏、批评。

① 王柏心：《百柱堂全集·诗》卷十七，《百柱堂全集》，崇文书局 2008 年版，第 429～430 页。

在场的人看后都称赞诗写得好。

王柏心其时亦在场，过后，曾用曾韵写了一首七言古体歌行《上月十六夜宿涤生太史宅，出雨中怀人诗见示，辄用其韵纪兹夕情事，赠太史且简郭云仙冯树堂两孝廉》[①]纪其事；好友郭嵩焘阅后，当即写了七言长篇歌行《次韵王兄子寿比部〈雨过曾伯涵学士饮〉》一诗[②]回赠：

> 车轮窗地軏复摧，落叶雨急当空篵。层城郁郁填华屋，一夫抵掌千人咍。腐儒衰晚谬朝籍，或恐侈泰生凶灾。深瓶贮水泄云雾，吐纳万有舒两腮。雨尘洒面阅绅隽，裹足入户仍凿坯。偶乘款段踏朝鼓，泥污（满）（颟）顸何来哉！曾君老屋隐城麓，留君一笑芳尊开。磨刀霍霍向葵笋……我生贫贱众所易，一月杜顾能千回。未觉蟛蜞殊蟹足，强呼章举齐豹胎。人生分寸各有执，讵可校量腓与脢。营营一饱争鸡鹜，万足攒聚驱还来。誓除人事从君隐，有田不归如此杯。

几天后，旅居京城的湘阴举人郭嵩焘来说，自己带来京城的钱已经用完了，以后不知如何是好。王柏心当时经济亦较困难，一方面安慰他，先不要着急；另一方面则以刑部主事的身份为他写了一封担保书，请他先到钱庄去借点钱用。哪知钱庄老板颇势利，不借给他。郭嵩焘年轻气盛，受了委屈，回来后，便气愤地对王柏心说："贫困是读书人常有的事，那些有钱人想用这一点来轻视读书人，办不到！"王柏心非常欣赏郭嵩焘的气节和志气，便写了七言歌行《复用前韵赠云仙》一诗[③]赠给郭嵩焘：

> 井为天钺锋未摧，维南有箕曾不篵。虚名自负类如此，愚者夸势智者咍。郭子静观息六凿，餍颣不受雕陵灾。留侯状貌若女子，肯与随陆骋吻腮。独窥窔奥喜深造，百仞屹屹高城坯。长安贵人不荐士，荣辱于我何有哉？……万物荣悴迭相代，不见东魄西腹胎。贪夫风尘汩面目，志士铁石炼胫脢。我惭知子尚未尽，况有朱绂占方来。明年簪笔金茎侧，为我沆瀣分一杯。

王柏心在诗中安慰和鼓励郭嵩焘，不要跟那些目光短浅的势利小人计较，只要继续发奋努力，凭他的出众才华，锦绣文章，将来一定会前程远大。王柏心的话果然不错：郭嵩焘在三年后（1847 年）就考取进士，并成

---

① 王柏心：《百柱堂全集·诗》卷九，《百柱堂全集》，崇文书局 2008 年版，第 165～166 页。

② 郭嵩焘：《郭嵩焘诗文集·诗集》卷一，岳麓书社 1984 年版，第 574 页。

③ 王柏心：《百柱堂全集·诗》卷九，《百柱堂全集》，崇文书局 2008 年版，第 166 页。

为翰林院庶吉士——自然，这些都是后话。

道光二十五年（1845年）的正月，京城里下了一场大雪，到处都是雪花纷飞。此时王柏心的心情颇为不好，他对刑部那种刻板无生气的生活甚是厌倦，盼望过以前的那种自由自在、无拘无束的生活，遂决定辞官南归。

正月二十四日（3月1日）那天，好友冯誉骥太史招边袖石、周荇农、韩叔起等几位同年燕集。王柏心见好友郭嵩焘在京城漂泊不容易，就建议冯誉骥将他也请来。王柏心曾作《乙巳正月廿十四日展云太史招同袖石叔起筠仙燕集寓斋对雪有作》一诗①纪其事：

长安盛丝管，召客夸侯鲭。岂知集俊侣，四座高谈清。主人金闺彦，韡萼何光荣。中心敬爱客，穆羽嘤其鸣。初筵及暇日，逸兴皆纵横。行爵未及半，飞雪皓已盈。流光助妍景，委洁辉前楹。慨然念抽秘，远慕梁园英。诸君振文藻，大雅追西京。天门詄荡荡，帝道逢休明。方当翼日月，金石流英声。树立在宏达，词翰何足名。顾汝实疏拙，将返山中耕。临觞眷后会，浮云难合并。离居在俯仰，能不怀屏营？

道光二十七年（1847年）十二月下旬，已考中进士并被选为庶吉士的郭嵩焘，请假回乡省亲，抵达湖北省城武昌（即夏口）时，已近年关，便决定在武昌度岁，并驰函王柏心前来相聚。

接到好友的函招，此时为方便编纂《黄冈县志》而应好友、弟子之请在武昌（今鄂州市）度岁的王柏心，立即从鄂州赶到夏口，与好友相聚。柏心又尽地主之谊，邀集友朋作消寒之会，为好友接风洗尘。郭嵩焘在其《鹤村再示与笠樵叠韵诗》中曾自注云："丁未武昌（即夏口）度岁，寓居雄楚楼，与彭畏三、王子寿、夏崇山诸君为消寒会。"②

此次聚会，郭嵩焘十分愉快，不仅写有五言长篇歌行《王比部柏心举消寒会，得八人，仆与黄太史前后至，并因比部阑入，为赋此诗》，还写有五律《赠王比部兼怀曾伯涵侍郎》（三首）③赠柏心。

咸丰元年（1851年）的八月间，郭嵩焘尚在家丁忧，见世道混乱，特致书王柏心，向他请教：眼下深处乱世，与太平军作战最急于要做的事情是什

① 王柏心：《百柱堂全集·诗》卷十，《百柱堂全集》，崇文书局2008年版，第176页。

② 王柏心：郭嵩焘：《郭嵩焘诗文集·诗集》卷十四，岳麓书社1984年版，第768页。

③ 王柏心：郭嵩焘：《郭嵩焘诗文集·诗集》卷十四，岳麓书社1984年版，第615～616页。

么？王柏心遂作《答郭筠仙修编书》①寄赠：

辱书，喜识议益闳廓，经纶世务有余矣，非止潜心大业已也。自初元临御以来，荐士之牍，无日无之，未闻举一将才也。应诏言事者，上及官府，下及四方，利病皆得达于宸聪。独粤西攻战机宜，从无建一策、进一谋者，何举朝知兵之少也。

方今所宜急求者，将帅而已。古云："三辰不明，拔士为相；蛮夷猾夏，掘士为将。"窃谓当今中外臣僚，察举人才，如有草泽之士，习韬钤、晓孙吴者，许其诣阙自陈，以备他日缓急干城之任。畋猎而卜之，筑坛而拜之，此必有文武忠略、胆智之俦，出而应其选者矣。其与白面书生高秩崇班、骤起而膺阃寄者，功效得失，必相去万万也。昔邕管之役，庞籍力任狄青；大藤之役，中朝力荐韩雍。选将得人，何敌之不摧，何功之不成哉？故曰："此为最急也。"书言"以攻战任将帅，以防守任督抚"似也。然愚以为将帅非其材，或以虚憍致衄，或以巽懦养寇，则贼之平不平，未可岁月期也。彼督抚之守御，亦终于无功而已。原督抚初设之意，专主兵马，则宜专主攻剿，非明于战略者，未足居此任也。今皆用文词浒擢。至是，一旦部内有警，而专征仗钺者乃别有属，督抚特委蛇焉。拥兵于后，与壁上观者无异。彼郡县独不可任堵截乎？何必假重于督抚也。愚以为督抚宜选善用兵者居之，即可兼任将帅。腹地即不尽如此，边地督抚则宜专典兵事，而以政令委之藩臬。无事则搜练军实，按履山川，习知险隘，静折奸萌；有事则御侮折冲，惟督抚是责，不必更烦朝廷。命将如此，而后事权一谋略审、威望著，边围可以永靖。

夫为将之道，能谋为上，勇敢次之，必先悉地形与贼情势，全局了了，然后可以决机制胜。孙子所谓"多算胜，少算不胜"也。当贼初起，利在卷甲疾驰，出其不意，直捣其巢，渠魁殄灭，余党不烦兵下矣。及贼势既张，蔓延四出，则散地可弃、可不救。惟当扼吾要害，断彼馈餫，简练壮勇，侦探径路，檄滇、黔、川、楚、粤东之师，迭分奇正，数道并进，使贼力分势寡，不知所备。我乃决策摧锋，蹦其窟穴，自可擒馘无遗。若折于虚声，连营缩朒，或不权利钝，所至与战，是不能"致人而致于人"，皆取败之道也。

---

① 王柏心：《百柱堂全集·书》卷三十七，《百柱堂全集》，崇文书局2008年版，第1081～1083页。

又按粤西全境，明代什七皆设土官，其时猺人屡乱，则征调士兵，粮粮、衣甲、战械皆土司给之。邻省以官兵会焉，不过什之一二而已。以土兵治土寇，山川素习，长技与同，转运不印给县官，故功速费省，师行而不劳。然先后大征者三，犹烦师十余万人以上，盖险远用兵之难如此。今既悉取而郡县之矣。一邑有警，辄廑宵旰之忧。至于縻金钱，耗士马，乃得救定边患，我独当之。赵韩王之言，岂不验哉！窃谓此次荡平之后，择其险岨不毛者，割而裂之，仍复前明土司之制，薄其贡，籍其兵，使赴征发期会，不失要束而已。不以边鄙疲内地，斯不亦善乎？

率意狂论，惟省览焉，不宣。

在书函中，王柏心明确地告诉郭嵩焘，目前最急于做的事情就是举将才——正所谓“千军易得，一将难求”；随后又详细地为好友阐明了自己对为将之道以及如何平息少数民族地区动乱的看法。

六月上旬，王柏心收到时在曾国藩幕府的郭嵩焘的来信，立即写了《答郭筠仙编修书》一书①，为郭嵩焘认真分析了湘军当时的形势：如果罗泽南能率军顺江而下，乘胜进剿，直抵九江江面，使太平军腹背受敌，必然大乱；这样，不仅能上保岳阳，而且下能荡涤江汉群“匪”之巢穴，可收多方功效；而对于九江，则不能强攻，只宜水陆并进，出其不意，多面夹击，便可一战而下。

同年的八月下旬，武昌（今鄂州市）以下的黄州、江西的战事正紧，湖广总督张亮基带领左宗棠和军队前往驰援；在广济（今黄冈市武穴市）西南的田家镇，郭嵩焘亦奉命随江忠源率军前来援助，并与挚友左宗棠相遇。从左氏那里，得知好友王柏心此时亦在张总督的幕府，遂写了一首七律《得王比部柏心消息却寄》②寄赠：

江汉频年着钓槎，春来还发渚宫花。他乡远讯今无恙，劳世浮生古有涯。辽左管宁犹避地，侍中何点早还家。廿年乐府新声在，留得烟尘涴鬓华。

咸丰四年（1854年）六月，湘军水师在九江与太平军作战，猛攻九江城。而太平军则在九江江面上聚集了大量水师，死死扼住九江湖口，使湘

① 王柏心：《百柱集全集·书》卷三十七，《百柱堂全集》，崇文书局2008年版，第1101～1103页。

② 郭嵩焘：《郭嵩焘诗文集·诗集》卷九，岳麓书社1984年版，第683页。

军久攻不下。眼看师疲粮乏，局势极为不利。郭嵩焘受曾国藩之托，只得写信向王柏心求教。王柏心收到好友的救援信后，立即给郭嵩焘写了第二封《答郭筠仙编修书》①，其书云：

蛇豕纵横，江干无宁宇。二三故人得彼此尚告无恙，即云幸矣。虽结邻有约，自度福薄缘悭，难与诸贤同栖林壑，以是为怅耳。舍亲梅杏田来，得手翰慰问绸缪，感人肺腑，敬审戎旃借箸，甚善甚善。

退之从军而蔡州遂平，樊川进策而泽潞旋下，彼亦幸遇晋公、赞皇，明于机略，故能纳采如流，奇勋立就耳！今少司马曾公，即晋公、赞皇之俦也。而又佐之以吾弟之识略，与麾下诸将之忠智骁果，助廓清而奏肤功，岂直蔡州、泽潞一隅之绩乎哉？延首向风，无任驰仰。

春间江汉覆没，妄以奏记请援于少司马。遂蒙垂念唇齿，慨然许以分师来援，但令具饷待之。吾弟书中见亦略同。夫北省去岁沦于巨猾，实赖少司马拯而出之，功过于齐桓之存亡国也远矣。凡在敝省高赀素封之家，未罹兵燹者，即使之倾囊罄产，持以犒师，犹未足报德而酬惠也，况援师再至乎？况所需仅此而尚吝供亿乎？兄虽迂拙，谨当随莲舫、宜卿后，宣播义声，激励而鼓动之。但请援师速进，军过境上，资粮扉屦，必无阙乏。日来中丞胡公奋其智勇，一鼓而汉阳、汉口、相继肃清，进围鄂渚，计克复必在旦晚。惟虑伪党越逸，或与上游通城各邑土寇，啸召保聚，窥伺冲突，则荆岳皆难安堵。方今北省兵力未能兼顾，闻罗山廉访新克义宁，已进驻通城矣。若以此劲旅乘势入剿，上以捍蔽岳阳，下以荡涤江汉，群匪窟穴，立可铲刮净尽，且不独功在援鄂也。

九江死贼与湖口为指臂，悉其精锐，以一面挡我，守御甚固。我师萃于鄱湖之内，水陆并攻，蹀血而战，日夜不息。虽搤其吭未拊其背，彼方外据长江，调取皖境诸贼，往来抽换，番休迭战，馈饷不绝。彼主我客，彼逸我劳，久顿兵坚城之下，守者有余，攻者不足，古之智将，似稍异此。今诚得罗廉访一军，道通城而入，假途鄂渚，合楚北战舰新胜之师，水路并下，出其不意，直指湓浦，贼必震溃。或明示形势，旌旗蔽江，鼙鼓震天，顺流东鹜，以武临之。或约鄱湖之师，悉力搏战，牵掣其前。度彼将疲，潜引江外之师，夹击其后，合而蹙之，一战可拔

① 王柏心:《百柱堂全集·书》卷三十七,《百柱堂全集》,崇文书局 2008 年版,第 1101～1103 页。

此。与但用鄱湖诸军专斗实力，仅乃胜之。其迟速巧拙，相去不啻倍蓰也。兵法：“相持既久，在于用奇。”罗廉访一军，名为援鄂而来，实则乘机合取九江，此即田忌救赵直走大梁之计。窃谓批亢捣虚，势有必出于是者。请为少司马详言之，而力加赞成，则拔九江若反掌。然后整众东下，兵不留行矣。

军中早秋，炎暑未退，惟纾筹草檄之余，以时珍卫，不宣。

王柏心鉴于当时敌我双方的形势，在书函中献了一条“田忌救赵直走大梁”之计：由罗泽南率水军从鄂渚顺流而下，出其不意，直指九江江面。此时，聚集在鄱阳湖内的水师则乘势而出，两路大军同时进攻，使太平军腹背受敌，必然望风披靡，溃不成军，九江城自然可一鼓而下。曾国藩和郭嵩焘看过王柏心的信，都称赞这是一个很好的策略。

随此信寄来的尚有王柏心新写的《答客问一首》一文①，以供好友参考。

同治四年四月二十五日（1865 年 5 月 19 日），时任广东巡抚的郭嵩焘来信，告知老友王柏心他在福建、广东一带剿匪的情况，并向他请教相关事宜。

收到好友郭嵩焘的这封书函后，以王柏心的为人和性格，一定会及时给好友回函，解答其提出的问题；但由于种种原因，今天已无法见到王柏心的这封书函了。

同治七年（1868 年）五月，王柏心的百柱堂重修建成。前一年，已被朝廷罢官在家闲居的郭嵩焘，听说老友王柏心重建百柱堂，而经济上比较紧张，遂慷慨解囊，筹集了一笔资金给老友汇来，为百柱堂的较快、顺利建成尽了自己的一份力量。

同治九年（1870 年）十月，王柏心的母亲蔡老夫人去世，郭嵩焘得知消息，虽未前来参加殡葬仪式，却曾致函吊唁并致送了奠仪。

王柏心去世后，郭嵩焘于光绪元年（1875 年）初经军机大臣文祥的举荐，再度出山，授福建按察使。同年又被朝廷正式加授为钦差大臣，出使英国，成为中国历史上的第一位驻外使节，直至光绪五年（1879 年）五月称病回籍。

在王柏心去世十七年后，即德宗光绪十六年（1890 年），子寿先生之孙

① 王柏心：《百柱堂全集·杂著》卷四十六，《百柱堂全集》，崇文书局 2008 年版，第 1302～1304 页。

传乔，恭请祖父挚友、外交家、文学家郭嵩焘为其祖父撰写墓志铭。郭嵩焘想起王柏心生前对自己的提携、关心和照顾，遂满口答应，并饱含深情地撰写了《王子寿先生墓志铭》一文①相赠：

监利王子寿先生既卒十有七年，其孙传乔以书告曰："大父之丧，诸父无存者，传乔年在童稚，邑人以乡贤请，左文襄公又奏请史馆立传。大父为有传矣，而铭墓之文缺然未具。传乔生晚，闻大父之生，知交遍天下，内外文章道义相接，讫今无一存，存者独有先生。传乔念非先生无与铭大父之墓者，敢以请。"

嵩焘自少学为文，则知先生。而读其《枢言》上下篇，以为怀文抱质，有道君子之言也。先生长于嵩焘二十年，是时年未逾四十，文章已冠绝海内。湖南北讲论经史文艺，必归先生。即有所述造，老师大儒皆咋伏，莫敢与并。先生亦自以其诗文启诱后进才俊，见人一技之长，誉之不容口，推毂而策励之，必使有所兴发，以成其善。容接故人子弟尤厚。家无儋石储，其急人之忧，尝倍甚于忧其私。以其道德文章独步江汉间五十余年，然先生远揽古今，勤求时要，日思所以振厉一世之人心而厝之安，岂思以文士终哉！其始通籍，即乞归养。嵩焘就询其故，喟然曰："政敝民顽，盗贼肆行。承平日久，惟务以法律束缚驰骤。天下贤者无所用其能。吾官卑，濡忍二十年，得一郡守，自审无能为，不如归而事亲之欢也。"先生言治术必达民情，言兵事必明地险。心和而气愉，貌慈而言温。与人处，无不输心感服，久而益相亲也。诚得假手以效其尺寸，所施必有过人者。而自先生罢官归，学益光，道益高。其心泊然，不以荣悴隐见易其守。大帅如曾文正、左文襄、胡文忠诸公，有事焉必就咨，有谋焉必待断，而终不能以一官强使相就也。呜呼，先生之于为人，可谓成矣，孰使其志终不一发摅？而天下言先生者，徒欷歔感慕其文章，亦岂先生之心哉！

先生名柏心，字子寿。明季由江西丰城徙湘潭，再徙监利，居螺山。曾祖秉道，祖文模，父有端，并以先生贵，赠封如其官。道光癸卯科举人，甲辰科进士，以主事签分刑部。夫人杨氏，跏坐诵佛，有解悟，实不能文也，年四十卒，与先生合葬螺山之藹园。子家遇，荆门州

① 郭嵩焘:《王子寿先生墓志铭》，见《郭嵩焘诗文集·文集》卷二十一，岳麓书社1984年版，第450～451页。另，《百柱堂全集》附录一"传记跋文"中亦收录有此文，其文章题目与正文内容稍有出入。

学训导；家隆，候选通判；家休，监生。孙传乔、传绶、传治。曾孙忠海、忠训、忠诚、忠礼。先生生于嘉庆四年己未岁十月二十七日，卒于同治十二年癸酉岁五月十三日。所著书曰《枢言》，曰《导江三议》，曰《漆室吟》，曰《百柱堂诗》。

通若干卷，皆刊行。未刊者：《子寿诗钞》六卷，《螺洲近稿》六卷，《文集》二十卷。同治元年上经纶言事八条，由云贵总督铜山张公代进，奉旨褒奖，详《家传》及所刊《乡贤录》。嵩焘为具先生之学行荦荦大者，揭之于墓，昭示来哲，而系之铭。铭曰：

其生先我，二纪相望，后我七年，乃贡于乡。名声夙驰，通籍盖晚，浮湛郎署，任薄道远。溘然南归，播扬馨芬，昂霄蹑景，大霈于文。莘莘学徒，门阗户溢，活而通之，导其湮塞。大湖南北，物望斯归，孕包众能，宁受鞚羁！自致其名，泰山北斗，仕则匪丰，其施孔厚。

除前面提到的几位之外，与王柏心关系密切的同（治）光（绪）名臣尚有官文（1798—1871，王佳氏，字秀峰，又字揆伯，满洲正白旗人；自蓝翎侍卫累官至文渊阁大学士，加太子太保衔），朱凤标［1800—1873，字桐轩，号建霞，浙江萧山人；道光十二年（1832 年）进士，官至体仁阁大学士］，严树森［1814—1876，初名澍森，字渭春，四川新繁人；道光二十年(1840 年)举人，官至广西巡抚］，何璟［1816—1888，字伯玉，号小宋，一作筱宋，广东香山人；道光二十七年(1847 年)进士，官至闽浙总督兼署福州将军］，李宗羲［1818—1884，字雨亭，四川开县人；道光二十三年(1843 年)举人，二十七年进士，累官至两江总督］，沈葆桢（1820—1879，原名振宇，字瀚宇，又字幼丹，福建侯官人；道光二十七年进士，官至两江总督兼署南洋通商大臣），倪文蔚［1823—1890，字茂甫，号豹岑，安徽望江人；咸丰二年(1852 年)进士，官至河道总督］，曾国荃（1824—1890，字沅甫，号叔纯，湖南湘乡人，曾国藩之弟，贡生出身，因军功累官至两江总督兼署南洋通商大臣、加太子太保衔）等人，限于篇幅，此处不再详述。

第九章　王柏心与同光名流

清王朝的同治（1862—1874）、光绪（1875—1908）年间，可谓风云际会，英雄辈出。我们的传主王柏心不仅以其卓越的识见与过人的谋略见重于地方疆吏、朝中大臣，为他们出谋划策、献计建言，为他们建立丰功伟绩贡献出自己的智慧和力量，促成了“同治中兴”局面的出现；而且以其出众的才华和突出的创作实绩，得到了活跃于当时文坛的各地文学名流们的敬重和钦佩，并纷纷与之结交，建立了深厚的友谊，相互学习，取长补短，共同为这个时期文学创作的繁荣兴盛而添砖加瓦。

第一节　王柏心与朱琦

朱琦与王柏心结识于道光二十四年（1844 年），是近二十年的挚友。

朱琦（1803—1861），字伯韩，一说字濂甫，号伯韩。广西临桂（今桂林市）人。出身于下层官僚家庭。道光十一年（1831 年）中举，十五年（1835 年）成进士，被选为庶吉士，入翰林院；散馆后任翰林院编修，后又由编修迁监察御史。朱氏重视气节，忠于职守，切直敢言；时正当鸦片战争失败之后，感于国势衰颓，书上疏论天下大计，与陈庆镛、苏廷魁被誉为“谏垣三直”；又与湖南的汤海秋、福建的张际亮等人是好朋友。

道光二十四年（1844 年）五月，已考中进士并被签分至刑部任候补主事的王柏心，经汤鹏、张际亮二人的介绍，与朱琦正式结识。

王柏心在京城任职期间，朱琦因为耿直敢言，得罪了不少权贵，一直不能升迁，郁郁不得志。当时，另一位好友苏廷魁又丁忧回了老家。因而，朱琦便经常与王柏心交往，向王柏心倾吐胸怀，成为知己。王柏心甚是同情他，曾写了一首七言长篇歌行《乌府行赠朱伯韩侍御兼忆苏赓堂给谏》①相赠，既称赞他的诗好，更赞美他与苏廷魁的人品：

---

① 王柏心：《百柱堂全集·诗》卷九，《百柱堂全集》，崇文书局 2008 年版，第 164 页。

乌府先生起岭表，吟诗独学杜陵老。上书阙下多报闻，时托诗篇代谏草。出入但有鸡栖车，朝退萧然惟读书。辇下才人复不少，先生雄笔谁并驱。世言汲魏不可见，今见先生实邦彦。但论诗格已嶙峋，何况直声振台谏。嗟乎妖氛动海国，谁为朝廷画兵食。救时终倚管萧才，心计何劳桑孔策。黄流再决势益横，河堤使者日请命。海边白骨犹未收，天下苍生又已病。进贤峨冠如浮云，台谏高议唯有君。海南苏子亦谔谔，台端遂有两直臣。苏子昨者返乡里，麻衣秋风渡漓水。我惭进退无寸补，独喜先生遇明主。国家大计先宏纲，余者未足烦封章。但须注意相与将，请持此议陈明堂，万年垂衣朝八荒。

朱琦的诗集将要付梓，请王柏心作序，王柏心欣然命笔，为其作《朱伯韩诗序》[①]；朱琦的《新铙歌》（“铙歌”为军中的一种乐歌）刊刻，王柏心亦受命为其写了《朱伯韩侍御新铙歌跋》一文[②]。

道光二十五年（1845 年）正月，一次聚会，朱琦将其父亲韫山先生的手书诗卷拿出来给王柏心阅览，并请为之题跋。韫山先生曾上阵杀敌，戡乱有功，王柏心对其十分敬仰，欣然为手卷题写了五言长篇歌行《伯韩侍御出其尊甫韫山先生手书诗卷属题为赋五言一章》，随又作《题朱韫山司马诗钞》[③]纪其事。

几个月后，王柏心辞官南归，在旅途中，他还由自己的境况想到在京城的朱琦以及他目前的处境，甚是挂念，遂作《道中寄伯韩侍御》一诗[④]寄赠：

昔者高三直，吁嗟气不伸。何辞铩鸾羽，犹欲犯龙鳞。日月终无翳，朝廷尚有人。台端一回首，落落见霜筠。

同年十一月初八日（12 月 6 日），王柏心的长子家遇举行新婚大典，朱琦非常高兴，得知消息后，虽不能赶来参加新婚大典，却早早寄来了贺仪。

---

① 王柏心：《百柱堂全集・序》卷三十三，《百柱堂全集》，崇文书局 2008 年版，第 958～960 页。

② 王柏心：《百柱堂全集・跋》卷四十五，《百柱堂全集》，崇文书局 2008 年版，第 1296～1297 页。

③ 王柏心：《百柱堂全集・诗》卷十，《百柱堂全集》，崇文书局 2008 年版，第 189～190、191 页。

④ 王柏心：《百柱堂全集・诗》卷十，《百柱堂全集》，崇文书局 2008 年版，第 203 页。

同月里，朱琦在阅读完好友王柏心所著之《续枢言》后，十分赞赏，并欣然为其作《书续枢言后》一文，自京城寄赠：

《续枢言》九篇，监利王子寿官刑曹时之所著也。子寿曩作《枢言》十六篇，规切时事，姚子春木比之申鉴中说。今时又异矣。天下苦于财力之绌，海疆晏然，抱无形之忧，而边地盗贼，时时窃发。子寿尝为予言："天下之事，任法者敝，任人者强。兵虽疲，财虽匮，得其人而治之，不难振也。"故其所著书，曰《君臣》，曰《信臣》，曰《明是》，曰《七蠹》，曰《谋备》，曰《防侈》、《纠慢》。独于《官才》恳恳详言之，分上、下篇，其意以谓天下之要，人才而已；人才之为我用，赏罚而已。今之为法，限于成格，或疏于巨而核于细，至其取士，止进士一途，不足以尽天下之才之选。宜设特科，如古之贤良、方正、直言、极谏，以收天下方闻硕儒，趋死不顾利害之士，严其功罪而甄拔之。又谓官人之柄，在吏兵二尚书，非知兵知人者，不得居其职。朝廷惟宰执、卿贰天子自简，其余尽以责吏兵二部，使官必当其才，才必尽其用也。诚推是言以施于世，其补于治道岂少哉？措乎子寿将归，而其道莫之行；其官又卑，而言亦莫之信也。古之君子不有得于身，必有得于后。子寿归矣，故不与驰骋当世求声利者，较一时得失。养亲著书，诚有以自乐也。吾独谓子寿退居荊湘间，举酒放歌，登高以望大湖，滔滔而莫之拯也，其能恝然无所动于中耶？

乙巳（1845 年）仲冬桂林愚弟朱琦。①

道光二十六年（1846 年）十一月下旬，好友梅曾亮自京城有问候的书函寄赠，王柏心甚是高兴，立即回函致谢。由梅曾亮又自然而然地想到挚友朱琦，柏心心中甚是挂念，乃作《古诗三章寄伯韩侍御》②寄赠：

懿彼孤生葵，阳辉心所宗。朝晡结倾向，宛转西复东。中天丽白日，骖驾皆飞龙。垂光溢八表，何不烛微衷。素节逝云届，凛凛多寒风。零落不敢惜，庶以明丹悰。贞性有如此，散为萧与蓬。

古来觇国家，隆替视言路。谔谔朝则昌，唯唯职多负。伉直汲长孺，刚鲠萧太傅。守郡辄先辞，恋阙不能去。岂不撄龙鳞，屡犯万乘

① 朱琦:《书续枢言后》，见《百柱堂全集》卷三十，《百柱堂全集》，崇文书局 2008 年版，第 918～919 页。

② 王柏心:《百柱堂全集·诗》卷十一，《百柱堂全集》，崇文书局 2008 年版，第 222 页。

怒。纳约期自明，弥缝冀终悟。念欲翊皇舆，王臣匪躬故。

日轮驰西晖，回飙扇深谷。槁叶纵横飞，琼树焉可托。鸑鷟南海归，不得留信宿。鸒斯何翩翩，呼群饱余粟。惟有九苞禽，高栖在贞木。振羽不妄飞，忍饥不妄啄。勿遽翔故山，光华旦可复。留此朝阳鸣，百鸟气犹肃。

不久，朱琦见自己在京城的所言不为权要所用，乃辞官归里。太平天国起义爆发后，以组办团练助守广西省城之功擢升为道员，几年后又奉命回京候选。

咸丰八年（1858 年）三月，王柏心听友人告知，朱琦仍在京都候选，十分同情他的遭遇，更相信以他的才华终会被任用，便写了《寄怀伯韩观察》一诗①去问候他：

三年淹滞凤凰城，宣室何时问贾生。终倚人才方拨乱，非关天意未休兵。诸州寇盗犹屯结，万里蛮夷复震惊。揽辔定堪销反侧，亟须公等出澄清。

咸丰九年（1859 年）十月，王柏心见朝廷仍没有起用朱琦的意思，便给朱琦寄去一幅明朝宰相张居正的画像和自己创作的《悯忠赋·谒张文忠墓作》②问候、安慰好友。

很明显，王柏心这里所说“悯忠”的“忠”，既是指的张居正，也是暗指朱琦。他之所以寄画与赋给好友，就是要安慰好友，希望他不要性急、灰心，一定要坚信：有能力、有才华的人，总有一天会崭露头角，施展其抱负的。

咸丰十年（1860 年）三月中旬，朱琦收到王柏心给他寄赠的张居正的画像和题写的辞赋后，异常感动，立即给王柏心回了信，这就是著名的《答王子寿比部书》③：

去冬获手教，寄来江陵画像一轴，云是祠中摩得。朱服修髯，神采甚英异。

---

① 王柏心：《百柱堂全集·诗》卷十七，《百柱堂全集》，崇文书局 2008 年版，第 406 页。

② 王柏心：《百柱堂全集·赋》卷三十一，《百柱堂全集》，崇文书局 2008 年版，第 923～924 页。

③ 此信见于王柏心《百柱堂全集》附录三，《百柱堂全集》，崇文书局 2008 年版，第 1494～1496 页。

琦少时读《明史》，尝怪江陵以比其才，辅少主，明赏峻罚，鞭笞海内，有安天下神稷之大功，何以论者不少恕若是？既而读其遗集，然后知江陵所处之难；则其用心，固宜非流俗所识。而琦窃妄为窥见一二，而恨不一见其人也。及得足下所遗画像，瞻拜久之；又读所为《悯忠赋》，掩卷长叹，以为知江陵，莫如吾子寿之深；则虽举天下后世疑且谤，而固不害其为江陵也。

夫江陵之才大矣。后世岂无为江陵者？而卒不敢望江陵，非其才之绌也，遇也；亦非其遇之绌也，有其才与遇而忠不足也。夫为宰相者，不可无才；有其才矣，不可无遇；而尤不可无忠以济之。彼朝夕谋谟于帷幄之中者，恩宠非不隆也，依任非不专也，进退天下士，非不与闻也。然出入唯唯，但伺人主意指，民日困，财日匮，远夷内侵，盗贼并起，则曰时为之也，我无如何也。是非有其遇而无其才者乎？幸而有其才矣，有才而用之矣，然一言不合，则蘧夺之宠；一事不臧，则旋罹其祸。施者未及尺寸，丛咎已若邱山。则虽有人焉，蒙伊、吕之术，挟管、葛之智，而非破成格，举一国任之，犹讫不得施也，况下此者乎？而谓无其遇者，其可行乎？幸而又有其遇矣；有其遇，宜可以有为矣。顾天下事利害参半，有害重利轻，有利巨害细；有关一时一事利害者，有关异时利害，而忧并及其身者。利于公而不害于身，人固为之。利于公而害于身，智者或辍不为。就令为之，亦必曰："吾受其害，犹冀人之矛我以名，而不我谤也。"至于不矛我名而又我谤，此至不平之事也。然智者犹曰："谤者一二，吾犹为之。"谤者千万，虽贲、育之勇，亦必为之夺气而辍不为矣。若江陵则不然。江陵，愚忠者也。盖明知其害于身而为之者也。明知害于身而利于国，又负天下后世之谤，而勇为之者也。呜呼！是真所谓愚忠者也！是故无江陵之才与遇，不可为江陵；有江陵之才与遇而无其忠，亦不可为江陵。然则江陵其遂无訾尔乎？江陵之过，在于功成而不知止，又不能荐达贤相以为之后。虽然，此不可以责之江陵也。有江陵之功名而能知止，又能树贤以为国家长久计，其几于纯臣哉！

画像谨装成轴，并如来教，书《悯忠赋》于后。琦非知江陵者，聊感足下之意而附论之。

由于朱琦这封写给王柏心的信，文字精致，说理透辟，短小精悍，因此，被民国时期嘉定人吴拯寰选入了《清文观止》一书。

咸丰十年（1860 年）冬，朱琦见候补无望，便出京南下，前往投奔浙江巡抚王有龄，奉命总理杭州团练局，带领军队驻守杭州城。

咸丰十一年十二月二十九日（1861 年 1 月 28 日），太平天国忠王李秀成率领太平军主力攻打杭州城；虽然将士们奋起抵抗，终因杭城被困已达二月之久，兵力严重不足，且弹尽粮绝，寡不敌众，杭州城还是被攻破。城破时，杭州将军瑞昌、浙江巡抚王有龄皆殉国。

朱琦在杭州城攻破之时，亦为乱兵所杀。消息传来，王柏心十分悲痛，立即写了《哭伯韩观察》五言律诗六首，以表达其悲痛与哀思①。

前诗写完后，王柏心尚觉意犹未尽，又写了一首《前诗意犹未尽复有是篇》诗②，以悼念好友的怀才不遇和未能施展才华就不幸遇难：

> 绁麟服衡轭，篸凤困尘埃。志士终全节，明时竟弃才。斧柯曾为假，剑锷遽先摧。风雨孤山夜，将无化鹤来。

第二节　王柏心与吴敏树

吴敏树是王柏心在咸丰（1851—1861）后期结识的好友。

吴敏树（1805—1873），字本深，号南屏，晚号乐生翁、柈湖老人。学者称“南屏先生”。巴陵铜柈湖（今湖南省岳阳市岳阳县友爱乡）人。道光十二年（1832 年）举人。二十四年（1844 年）大挑，任为湖南浏阳县教谕。自感怀才不遇，又厌恶争权夺利、尔虞我诈的官场生涯，年余则称病辞官回乡。咸丰二年（1852 年），再次赴京会试，不第，遂绝意仕途，专攻古文，穷老于世，以侍奉老母、著述自娱。曾国藩挂帅湘军，多次邀请其入幕，不赴。曾与梅曾亮、朱琦、邵懿辰、王拯等交游，受桐城派影响较深，其文风亦接近桐城派，但不以桐城派相标榜，且拒绝曾国藩将他列为桐城派。其文虽出自桐城派，且能自成一家，成为柈湖文派的创始人。又能诗，是当时颇有影响的一位文学家。

闲居在家的吴敏树早就从梅曾亮、朱琦、邵懿辰、王拯等好友那里闻知王柏心的大名，甚是钦佩王柏心的人品和学识。于是，他于咸丰八年（1858 年）四月中旬，专程前往荆南书院拜访王柏心，两人正式结交，从此

---

① 王柏心：《百柱堂全集·诗》卷二十二，《百柱堂全集》，崇文书局 2008 年版，第 598～599 页。

② 王柏心：《百柱堂全集·诗》卷二十二，《百柱堂全集》，崇文书局 2008 年版，第 599 页。

成为挚友。

王柏心亦早闻吴敏树之名，希望有机会与之结交。两人有机会在荆南书院相聚，都感到分外高兴，促膝相谈数日，十分融洽。临别之际，王柏心写有五言歌行《赠吴南屏学博即送其还巴陵》（三首）[①]为其送行，表达其依依不舍之情：

君家洞庭南，我家洞庭北。烟波百里间，望望招不得。宛陵昔称君（谓伯言梅丈），文章实绝特。飞云难合并，矫首重叹息。自从戎马生，乾坤榛莽塞。足音跫然来，令我喜动色。既幸脱艰虞，又得展胸臆。鸿儒肩艺文，实关造化力。崎岖竟获全，斯道不中昃。以此卜昌期，嘉会未有极。莫负好湖山，宽间安钓弋。

近来颇与牧，跃起皆湖湘。夺身扫氛孛，威棱在战场。惟君老矻矻，文苑为鹰扬。高睨韩欧间，千载追翱翔。治化翊淳古，微言赖以昌。破屋出煨烬，中有万丈芒。烂然烛霄汉，垂作虹霓光。策勋仗柔翰，竹帛无低昂。经国有大业，岂不在文章。

闻有骚人国，实在古荆州。翩然挂片席，褰佩来汀洲。屈宋竟已矣，蘅杜渺难求。滔滔大江水，无端生古愁。世难且未息，登高写我忧。我忧未遑写，百感纷相投。太息舍之去，兴尽回孤舟。君来曾几日，去又不少留。安得假羽翮，相送过巴邱。乘月听瑶瑟，从君湘水游。

咸丰十一年（1861年）正月，吴敏树得知王柏心的夫人杨氏于去年年底去世的消息，遂写了悼念杨夫人去世、安慰好友的诗作寄赠。王柏心收到好友寄来的诗作后，则写了七言歌行《望湖吟答吴南屏学博》[②]寄赠报谢：

同在洞庭湖畔住，行吟日望湖边路。湖云冉冉接苍梧，南幸重华渺何处。因忆古皇生古愁，对山巡海事悠悠。襄野曾迷轩帝辙，弇山空骋穆王游。祖龙意气骄千载，鞭石驾鼋望东海。大鱼吹起波连山，金阙蓬莱竟安在？当年芝盖远飘摇，万里徒嗟归路遥。不见湖中悲帝子，千春泪竹恨难消。昨君寄我湖上吟，动我离忧万古心。湖涨湖消忧不歇，忧

① 王柏心：《百柱堂全集·诗》卷十七，《百柱堂全集》，崇文书局2008年版，第408～409页。

② 王柏心：《百柱堂全集·诗》卷二十，《百柱堂全集》，崇文书局2008年版，第524～525页。

端直共海波深。

同治三年（1864 年）金陵克复后，吴敏树曾往游苏杭一带。其到达金陵时，被曾国藩奉为上宾，与曾氏幕府群才俊彦相交甚欢，与其酬赠酬和者达三百余人，极文坛一时之盛。

吴敏树一生勤奋博学，诗文、经史造诣深厚，晚年曾受聘赴长沙忠义书局，主持编纂《湖南通志》、续修《沅湘耆旧诗文集》。

同治九年（1870 年）十月间，王柏心的母亲蔡老夫人去世，吴敏树得知消息，不顾年老体衰，赶到螺山百柱堂出席了蔡老夫人的殡葬仪式。

同治十一年（1872 年）九月间，吴敏树闻知王柏心的第三子家仕英年早逝噩耗，便写了书函寄来问候、安慰好友；王柏心感念好友的盛意，遂写了《得南屏舍人书却寄》（二首）[①]寄赠致谢：

一笑轻轩冕，天容此老间。余情托铅椠，长物挟湖山。鸥杜犹垂讯，鸿音遂叩关。输君览吴越，超忽御风还。

坎壈吾能遣，凋伤乃俊才。清声沉凤穴，死骨惜龙媒。晚遘三灵谴，衰兼百感摧。悲翁多苦调，同病亦相哀。

王柏心去世三个月后，吴敏树亦病逝于省城通志局。有《柈湖文录》、《柈湖诗录》、《鹤茗词钞》、《周易注义补象》、《春秋三传义求》、《大学考异别钞》、《论语考义发》、《孟子考义发》等著作，另纂修有同治《巴陵县志》行世。

第三节　王柏心与胡凤丹

胡凤丹是王柏心在同治（1862—1874）年间结识的好友。

胡凤丹（1823—1890），初名枫江，字齐飞，号月樵，别号萍浮散人、清溪岸人、归田老人、桃溪渔隐、双溪渔隐等，浙江永康（今金华市永康市）人。出身书香殷富之家。道光二十五年（1845 年）取为佾生[②]第一，随后入杭州诂经精舍肄业。因累试不举，遂于咸丰五年（1855 年）入京纳赀为光禄寺署正。其在京中仗义疏财，广结友朋，声名达于内廷，因大臣

① 王柏心：《百柱堂全集·诗》卷二十八，《百柱堂全集》，崇文书局 2008 年版，第 850～851 页。

② 佾生是指考秀才虽未入闱，但成绩尚好者，选取充任孔庙中祭礼乐舞的人员。获得“佾生”资格则下次考试不必参加县试、府试，只参加院试即可，又称“半个秀才”。

举荐而任为兵部员外郎。第二次鸦片战争期间（1856—1860），被派为外城办事处主管，恪尽职守，深得上司器重，被荐举相继升任知府、道员。同治二年（1863 年）秋，因丁母忧回籍守制。

同治五年（1866 年）夏，当胡凤丹正准备由皖入鄂，游览湖湘、四川等地时，顷接朝命，命其速赴湖北，以候补道主持鄂省厘局。

同年十一月，王柏心自荆南书院抵达汉阳，巡查《汉阳县志》的编纂情况。大约在此期间，胡凤丹得与王柏心正式订交，并成为好友。

同治六年十月十五日（1867 年 11 月 10 日），由江苏巡抚、署理湖广总督李瀚章、湖北巡抚曾国荃倡议并奏请朝廷同意，湖北官书局在武昌（即夏口）正觉寺①正式开张；因好友、候补道胡凤丹、弟子张炳堃奉派总埋其事，故王柏心作为地方名儒亦被聘为总校雠。

湖北官书局，又称“崇文书局”，亦称“武昌书局”，有时简称“武局”。局址初设于武昌候补街（崇府山南）正觉寺。光绪三年（1877 年），改称“湖北官书处”，或称“经理官书处”，并迁址于巡道岭（今粮道街东）。1931 年，湖北官书处又易名“湖北崇文书局”。1936 年，崇文书局并入湖北省立图书馆，更名为“（湖北）省立图书馆崇文书局保管处”。

胡凤丹曾在《退补斋文存》卷六之《重修鄂垣正觉寺碑记》中云：“越岁，适奉各省创设书局之旨，时署督楚者为合肥李小荃中丞，抚楚者为湘乡曾沅浦宫保，以余好藏书，命承乏其事，即假寺之隙地，构矮房数十间，为手民刊刻之所。次年三月，复与张鹿仙观察同督校雠，由是日夕往来于寺中。”

胡氏又在其《退补斋诗存二编》卷三之《七月望日鄂江开帆连日东北风阻滞至九月二日抵杭州作此自慰》诗句“刊书惠士林，仇校不停手”后的自注中云：“同治六年冬，檄开书局，至今十一年，刊成书籍二百三十七种。”王柏心去世，胡凤丹曾作有《挽监利王子寿比部》（《退补斋诗存》卷一）云：“丁卯之秋奉诏书，雕镌经籍颁乡闾。搴萧剟瑕费搜讨，拥篲清道迎蒲车。校理秘文经七载，翻书日与古贤对。”

---

① 正觉寺：初建于明代，清咸丰二年（1852 年）毁于战火，同治三年（1864 年）募资修复；未及一年，因大风寺内大殿、后殿颓倾，诸佛像破败。同治八年（1869 年），由湖北官书局重修，寺内香火始续。寺址在武昌候补街。寺之北为花园山天主教堂，寺之东是湖北省中医院。

马志立在《湖北崇文书局版刻概述》中说："崇文书局初设之际，设有校勘官绅，有胡凤丹、张炳堃、王柏心、沈棠溪、车元春等人。"由此可见，王柏心乃是崇文书局早期聘请的校勘官绅之一，只是从王柏心此后的具体经历看，他没有相对较长的、固定的时间在书局从事校勘工作。由此推断，他应该只是书局聘请的兼职校勘官绅。

同治七年（1868年）九月间，王柏心在结束江西高安之游后，曾应胡凤丹之邀，专门去了一趟汉阳，并在汉阳小住，为其整理《退补斋诗存》十六卷、《退补斋文存》十二卷①。胡凤丹曾在其《严师畏友记》中说："同治戊辰（1868年）晤监利王子寿比部，出稿就正，仅删咏物诗十余首。"

同治八年（1869年）九月中旬，王柏心应知县王廷桢之邀来到汉阳，在彭渔叟、胡月樵、王箬农②等友朋的协助下，招集所有参编人员集中精力编纂《汉阳县志》。

已任湖北官书局总理、署理都转盐运使胡凤丹的行馆离王柏心编志之所不远。闲暇之时，胡凤丹常邀王柏心等好友至其行馆燕集。一日，馆中水仙开放正盛，遂邀好友们聚而赏之。王柏心乃作有五言歌行《兰蕊有作水仙瓣者，俗名水仙兰，胡月樵都转行馆阶下兰丛，棹此二箭，赏异之，赋诗征咏》③纪其事：

> 兰生空谷中，倒映湘江涘。清流何溅溅，白石何齿齿。湘上有皇英，同心惬孔迩。有邻德不孤，莫逆笑相视。联璧如同车，赠珠邀彼美。绝无罗袜尘，皭然泥不滓。节使高外台，阶下忽茁此。竞秀谢庭芳，跗鄂封胡比。夜半燃青藜，奇芬袭书史。虽持管榷权，清洁共怀履。异卉乃呈奇，天葩并坼蕊。摇笔走珠玑，征和兴未已。穆羽赓继声，逸韵协宫征。由来君子交，素心淡如水。涉江忆骚人，香草喻微旨。

由于朋友们的精诚合作，前期准备工作做得充分、扎实，又有编辑《宜昌府志》和《东湖县志》的经验，因此，《汉阳县志》（二十八卷，首一卷）的最后集中编写、审定时，非常顺利，用了不到三个月的时间即告完

---

① 胡凤丹《退补斋诗存》、《退补斋文存》，有同治十二年(1873年)武昌刻本。

② 王箬农，又作若农，即王加敏，生卒年不详，浙江山阴(今绍兴市)人。王柏心弟子。曾入左宗棠军幕，并深得信任。咸丰十一年(1861年)，以按察使衔官湖南即补道。

③ 王柏心：《百柱堂全集·诗》卷二十七，《百柱堂全集》，崇文书局2008年版，第792～793页。

成。十一月下旬，王柏心遂告别诸位好友、自汉阳返回螺山老家。

同年十二月下旬，胡凤丹主持重修之省城正觉寺落成，乃聘请诗僧莲衣卓为主持；又赋诗纪其事，且致函螺山，向好友征和。王柏心接到好友信函及诗作后，欣然作《月樵都转重修鄂城正觉寺落成，招诗僧莲衣卓锡其中。赋诗纪事且征和作，即次原韵寄之》（五首）①相赠：

东壁鸿文起，西来象教兴。麻沙罗善本，莲社得诗僧。福地琅嬛洞，宗门智慧镫。总持开觉路，此是白牛乘。

信有胸中厦，楼台涌地兴。百城稽古士，一榻坐禅僧。大道再中日，如来无尽镫。双修儒梵业，公也独超乘。

使君才八面，百废遂俱兴。自谢津梁佛，惟称粥饭僧。能将方寸念，尽化亿千镫。弹指华严阁，高居最上乘。

鄂城兵燹后，龙象竟重兴。直作图书府，兼栖云水僧。一源为正学，万世此传镫。科美儒门广，梯杭大可乘。

何但招提拓，居然梵呗兴。只须一开士，足敌九诗僧。册府英华薮，光明日月镫。料应兼慧业，谢尽辟支乘。

在螺山老家度岁期间，王柏心想起近几年为编纂《汉阳县志》，好友、湖北布政使兼署巡抚何璟和好友、湖北官书局总理、署理都转盐运使胡凤丹曾给予了大力支持、帮助，心里颇为感激，眼看就要过年了，遂写了《寄怀月樵都转兼忆筱宋何公》一诗②寄赠，以表达自己对他们的思念和感激之情：

燃藜中垒校遗经，筦榷持筹未暂停。判事精明摧霹雳，吟诗余力破沧溟。楼台尊酒乖良会，节钺江天望使星。岁暮故人多契阔，折梅分寄雁门陉。

同治十二年五月十三日（1873 年 6 月 7 日）晚，王柏心在荆南书院病逝，胡凤丹得知去世消息，当即作了七言长篇歌行《挽监利王子寿比部》③，叙述两人的友谊，表达其悲痛心情。

五月三十日（6 月 24 日），胡凤丹又与聂定焜、彭崧毓、张炳堃、王加

① 王柏心:《百柱堂全集·诗》卷二十七,《百柱堂全集》,崇文书局 2008 年版,第 797～798 页。

② 王柏心:《百柱堂全集·诗》卷二十七,《百柱堂全集》,崇文书局 2008 年版,第 796～797 页。

③ 此诗见于胡凤丹《退补斋诗存》卷一,清同治十二年(1873 年)刊本。

敏、张荫桓、但培良等弟子及亲友在正觉寺中设位，为王柏心举行了隆重的祭奠仪式，以寄托人们对这位国学大师的哀思。

胡凤丹由于政绩斐然，于光绪元年（1875 年）被朝廷授职湖北督粮道；又于光绪三年（1878 年）夏秋之际，毅然辞官归乡，寓居杭州、金华等地，以著述、刻书终老。其一生著述丰富，有《退补斋诗存》、《退补斋诗存二编》、《退补斋文存》、《六朝四家诗集考异》、《唐四家诗集考异》、《金华丛书书目提要》、《识字一隅》、《刑案汇要》、《诗话汇编》、《楹联集锦》等；又撰有《大别山志》、《黄鹄山志》、《鹦鹉洲志》、《桃花源志》、《黄陵庙志》、《漂母祠志》、《马嵬坡志》、《青冢志》、《严濑志》、《曹娥江志》、《孤山志》、《露筋祠志》等一系列山水志；另编校刊行有《金华丛书》六十七种，线装三百四十册行世。

第四节　王柏心与杨彝珍

杨彝珍与王柏心结识于道光二十四年（1844 年），是相交近三十年的挚友。

杨彝珍（1806—1898），字湘涵，又作季涵，一字性农，又作荇农，别号移芝，湖南武陵（今常德市鼎城区）回龙桥人。幼承庭训，好学不倦，博学多才，又正直敢言。道光十二年（1832 年），考中举人。此后多次进京会试，皆困顿科场而不第。鸦片战争爆发，曾上书琦善，反对议和，要求重用林则徐等主战派。曾任教于衡阳石鼓、湘阴仰高、澧州澧阳等书院。工诗文，尤以古文见称于世。

杨彝珍与王柏心的正式订交，大约在道光二十九年（1849 年）年初。这一年，两人皆进京参加会试，在京中相遇。两人不仅都喜欢作诗，而且都喜欢谈论经世之学，遂一见如故，相见恨晚，从此成为挚友。

道光二十九年（1849 年）三月，时尚未中进士（杨氏在 1850 年才考中进士）、在湖南澧州教书的杨彝珍，见江汉连降大雨，江水猛涨，颇担心王柏心的安危，特地寄诗至荆南书院来问候王柏心。王柏心接到杨氏的赠诗后，非常高兴，亦盛感其厚意，立即写了一首长篇七言歌行《答杨性农次其韵》[①]寄赠，表示感谢：

① 王柏心:《百柱堂全集·诗》卷十二,《百柱堂全集》,崇文书局 2008 年版,第 245～246 页。

江汉四溢潜与沱，洞庭吐纳沅湘波。雨无其极潦将壮，奈此泽国生民何？顷者汉决荡民舍，复似穷鸟亡其巢。流庸被道入夔万，攀陟石磴缘坡陀。我坐空斋泪如雨，鸿雁之篇谁忍哦。故人贻笺述民困，三复名论良不磨。山泽驰利纵采取，无烦官吏严禁诃。行糜贷租尽可能，自然大力苏沉疴。庄山铸币古不废，兹议岂得怀媕婀。嗟君献赋久未遇，天门九扇悬嵯峨。生平许身契与稷，少陵中夜徒悲歌。磊落非无济世策，惜不致之金銮坡。我逃蓬藋亦已久，君也奖饰何其多。此邦荐饥大无麦，累月不见巴船过。腐儒饘粥望一饱，悠悠万事甘蹉跎。

咸丰二年（1852 年）八月下旬，前方战事越来越紧张，王柏心赶回荆南书院处理相关事宜。刚来到书院，就收到好友杨彝珍寄来请教的来信。原来，好友杨彝珍于道光三十年（1850 年）已考取进士，并被选为庶吉士，入翰林院深造。散馆后授兵部主事之职。他见太平天国起义军声势越来越大，朝廷慌了手脚，顾了东头就顾不了西头，没有平乱的良策，便辞官回乡办团练对抗太平军，以保卫乡梓，被湖南巡抚张亮基招入幕府。王柏心觉得自己有责任、有义务帮好友，也是帮张亮基出谋划策，便相继给他去了两封信：《与杨季涵书（一）》和《与杨季涵书（二）》[①]，为他分析敌我双方的形势，阐明自己对战守的看法。

咸丰七年（1857 年）闰五月间，早已辞幕回家以著述自娱的杨彝珍，在读到好友王柏心所著之《漆室吟》后，甚是赞赏，乃欣然命笔，写了一篇《漆室吟跋》[②]寄赠：

闲尝反复《正月》、《桑柔》诸诗，而后知其时之贤人君子，感愤怨诽，盖有由而然也。不观之医者乎？见有疾者之呻吟焉，宛转焉，倘得千金之方与起死之术，无不亟举而投之，使得免于死也。如其入愦愦然，不以为良焉，而仍杂投夫一切不可尝试之技，则不免深矉太息咨嗟于其旁，又或大其声急呼，不惜为危苦之词，以迫告于其所亲昵，使之共相救，以免于死亡而后已。此《正月》、《桑柔》诸诗之旨也。呜呼，推斯义也，可以读子寿秋曹《漆室吟》矣。

武陵杨彝珍跋。

---

① 王柏心：《百柱堂全集·书》卷三十七，《百柱堂全集》，崇文书局 2008 年版，第 1085～1087、1087～1088 页。

② 此跋见于王柏心《百柱堂全集·诗》卷二十一，《百柱堂全集》，崇文书局 2008 年版，第 573 页。

同年的八月间，杨彝珍将自己近几年所作之诗汇集起来，名《移芝室诗集读本》（二卷），付梓交人刊刻；随即驰书荆南书院，请好友为其作序；王柏心不仅颇欣赏好友的古文，而且颇欣赏其诗作，接到信函后，欣然为其作《杨性农诗序》①寄赠，叙述两人的友谊，并对其为人和诗作给予很高的评价：

往岁计偕，与杨子性农论交都下。两人者，皆喜言诗，喜言才俊，喜言经世事。顾杨子资禀高，读书多，予不逮也。久之，杨子通籍金闺，改官郎署，以假归。比归而乱作，杨子用兵法部伍其乡，入巇谍，代谋威詟，狼貙不敢正目窥其境。予乃转徙窜伏，仅而得免。常以孱弱愧杨子。今年杨子既序予近诗，亦邮其近岁诗属序。

杨子之诗，窈然以深，夷然以远，超然以隽，博辨渊颖，逸宕警健，予不逮远甚。然独能言其为诗之意。夫杨子不能有为于当世，而有不能已于当世之心，于是载而之诗，意将使味之者愀然思，蹴然感，有能拯颠隮之患，导降平之轨者乎？即不啻自为之矣，此杨子为诗之意也。

今夫祸乱之成，非一日也。其始之潜伏萌生者，不及救矣。至于溃裂四出，泯泯棼棼，回而遹靡定也。然亦未尝无救之之术，可药而治也，可惩而毖也。患在遭时任事者，懦且狃焉，不能早悟，而祸乱已成，至于终不可救。然使有深识者，介乎其侧，为之反覆讽谕，咨嗟涕洟，呼寐者使寤，导迷者知津，彼将听闻倍悚，忽发其悟，相与奋然，破积习，运智勇，举纲维，与人心拨而反之正，祸乱可立消，安攘可立睹。吾见篇什所感动，其功且与回斡元黄、澄清宙合者等。嗟乎！杨子不能已之心，载而之诗者，其不与此欤？

予尝闻杨子主用乡兵之议，其后自为之，果效。读杨子诗，勿第于诗求之，当于意求之。得其意，而见诸用效可踵至，不独乡兵一事为有验也。予亦无能有为于当世，抱不能已之心，又略与杨子同。因论其诗，为发明大意如此。

咸丰九年（1859 年）十一月，王柏心告别沈葆桢等好友，乘舟自辰州（今湖南省怀化市沅陵县）出发，经伏波祠、瓮子洞、桃源洞、武陵、郎州、津市（今湖南常德市津市市）、洪湖，回螺山老家度岁。

---

① 王柏心：《百柱堂全集·序》卷三十五，《百柱堂全集》，崇文书局 2008 年版，第 1042～1043 页。

途经武陵（今湖南常德市武陵区）时，天正下大雪，王柏心遂泊舟上岸，乘此机会专程前往拜访杨彝珍。只是不巧，此时杨彝珍不在武陵，未能相见；王柏心颇感遗憾，便给杨彝珍留下了《武陵阻雪未得见性农赋诗寄之》一诗[1]后，怅然离去：

归帆风雪暮沉沉，汉寿城边阻盍簪。羁客遥穷南塞路，故人高卧北山岑。桃花仙洞约君隐，兰芷空江愁我心。未折疏麻代芳讯，题诗聊用托鸿音。

咸丰十一年（1861 年），仍在家乡著述、讲学的好友杨彝珍曾有诗寄赠、问候；王柏心则作有《却虎诗和杨性农驾部》（五首）[2]回赠致谢：

偶然片语慑山君，樵路从容扫白云。排难无惭天下士，直凭奋舌却秦军。

月上疏梅万壑高，寻诗来往兴犹豪。少陵伐木无须课，不用夔人屋壁牢。

爪牙攫搏戢跳梁，有道真能化暴强。百万横行犹下拜，黄巾不犯郑公乡。

乐府徒传猛虎行，山中麋鹿了无惊。弯弓嗤尔熊渠子，月黑空飞霹雳声。

率野犹悲虎兕歌，磨牙凿齿日经过。先生纵有澜翻舌，尚恐牛哀幻化多。

同治四年（1865 年）六月间，杨彝珍自德山孤峰岭移芝讲舍［杨彝珍于同治元年（1862 年）捐田四百亩创办的私人书院］来信相约一起游览君山，王柏心颇为高兴，乃作长篇七言歌行《杨性农驾部约以季秋登君山作歌张之》[3]寄赠，表示赞同：

芙蓉峰云尽作紫，随风吹度洞庭水。移芝老人把芝华，乘云下溯八百里。老人何年辞紫庭，浩然散发秋扬舲。胸吞云梦已八九，相识渔樵半白首。一峰湖上青岧峣，往往亭榭干云霄。前有轩皇张野之广奏，后

① 王柏心：《百柱堂全集·诗》卷十八，《百柱堂全集》，崇文书局 2008 年版，第 463～464 页。

② 王柏心：《百柱堂全集·诗》二十一，《百柱堂全集》，崇文书局 2008 年版，第 558 页。

③ 王柏心：《百柱堂全集·诗》卷二十四，《百柱堂全集》，崇文书局 2008 年版，第 681～682 页。

有重华仪凤之九韶。……樵翁钓客起为寿，且有风月娱长年。大笑浮名真局促，长绳谁系六龙足。空夸出世大还丹，向似明湖化醽醁，杯中醉吸君山绿。

同治八年（1869年）十二月间，好友杨彝珍寄示其与杨瀚观察往游德山的唱和之作请题。王柏心颇羡慕他们的游览唱和，阅后乃次其韵而和，作五言歌行《性农驾部以偕海琴观察德山唱和之作见示即次韵和寄》①寄赠：

风流望二客，未得差随肩。闻昔有善卷，高蹈唐尧年。让王迹邈矣，林壑今仍传。灵源溯枉水，澄澹何溅溅。缘岩蔽竹木，翼以亭与园。半空尽翠雨，一气皆苍烟。清游掞丽藻，付与崖石镌。诗成远寄我，三复同推袁。人生几緉屐，日月犹飞泉。俯视沅与澧，万古长潺湲。文字足不朽，壮哉两飞仙。所怅隔郢树，迟浮江上船。

同治九年（1870年）十月，王柏心的母亲蔡老夫人仙逝，杨彝珍闻知消息，虽不能前来参加殡葬仪式，却致送有奠仪并来函安慰。

同治十二年（1873年）五月中旬，王柏心在荆南书院辞世；杨彝珍得知好友去世消息，非常悲痛，遂撰写了一篇《王公子寿先生哀词》②，以寄托其哀思：

我初交君，于皇之都。越岘集客，邂逅坐隅。一见心醉，如饮醍醐。不待三爵，我色敷腴。爰托末契，道不嗟孤。瞻言皇路，愿共驰驱。惜铩其羽，仍困泥途。君则决起，直蹑天衢。珮玉苦傩，不习走趣。是用将母，归涤厕牏。

彼螺者洲，有蜗之庐。我跫其音，适客夔巫。遐不可即，伫立踟蹰。嗣再如鄂，重叩乃居。有犬当关，摇尾迎予。君出握手，言笑与俱。犬复低徊，嗅我衣裾。君大怪诧，顾语童奴。是非驯种，夙憎里闾。解亲有道，殆类豚鱼。我闻内怍，忸怩奚如。

君徐命酒，品以嘉蔬。流连逮暮，送我登舻。载阅三霜，贼起邕管。长驱而东，乘势席卷。我里中贼，扰及鸡犬。急图保聚，岂遑息偃。

① 王柏心：《百柱堂全集·诗》卷二十七，《百柱堂全集》，崇文书局2008年版，第799页。

② 此文被收入王柏心《百柱堂全集》附录一，《百柱堂全集》，崇文书局2008年版，第1437～1439页。

异军特起，苍头是选。列栅屯云，山深日晚。杆彼间谍，贼遁而远。遂渡重湖，直汉与沔。闻贼购君，走匿得免。亟告水军，东下无缓。捣其无备，贼用以殄。成此大捷，功不之户。屡荐莫起，偃蹇茅茨。视彼浮荣，唾如滓泥。众影其缨，君冠犹淄。

恻然悯乱，作为歌诗。不无怨诽，《小雅》之遗。冲圣委裘，庶政方基。君思纳牖，进戒彤墀。表里伊训，防蔽于微。诏付史馆，名动华夷。杖履所至，辄生光辉。行道聚观，妇孺争窥。还巢故纸，恒拥皋比。材无良楛，陶冶均施。扫门纳轨，不阖其扉。庭充羔雁，巷多旌旗。如彼甘井，汲者累累。各副所求，盈量而归。尤甘说士，娓娓忘疲。下笔嘘枯，槁者皆滋。

昨春之暮，尺书我遗。尤称聂生，为古洗罍。得所津逮，庶乎其几。一夕之变，所亲远离。惟生侍侧，左右无违。来告君丧，曾不少稽。我承凶问，有泪如縻。江汉横流，砥柱伊谁？斯人云亡，吾道益非。词以告哀，匪哭其私。为斯文痛，为士林悲。哀哉尚飨！

王柏心去世后，杨彝珍仍以授徒、著述自娱。光绪十三年（1887年），与刘廷棫、刘廷泽、程隽超、戚湛廷等地方士绅支持武陵县令李宗莲在古青莲庵遗址修建德山书院，为地方培养人才。十七年（1891年），地方大吏以杨彝珍的善行义举入奏，赏加员外郎衔；同年，以重宴鹿鸣，再赏加四品京卿衔。光绪二十五年（1899年）六月逝于家，享年94岁。有《移芝室文集》和《紫霞山馆诗钞》等著作行世。

第五节　王柏心与汪士铎

汪士铎是王柏心在同治（1862—1874）初年结识的好友。

汪士铎（1802—1889），初名鳌，又名世铎，字晋侯，一字振庵，号梅村，晚号悔翁、芝生、无不悔翁，因嗜吴梅村诗，人称“梅村先生”。江苏江宁（今南京市）人。出生于破落的封建地主家庭，早年学过徒，经过商。后致力于学，工诗文，诸生时即颇有文名。道光二十年（1840年）举人。咸丰初，太平军入南京，家人大多死难，只身逃至安徽绩溪，授徒为生。常与曾国藩、刘坤一等大吏往来，为他们出谋划策。咸丰九年（1859年），应邀入胡林翼幕府，代胡编辑《读史兵略》、《大清中外一统舆地全图》等。胡林翼去世后，曾被曾国藩聘请入幕。家富藏书，尤擅舆地，为咸丰（1851—1861）、同治（1862—1874）年间著名的历史地理学家、学者。

同治元年（1862年）二月间，有朋友告知王柏心一件事：江宁举人汪士铎的夫人和女儿淑芹、淑苹及两岁的小儿子，在太平军攻占江宁时，先后死难；尤其是他的两个女儿，见母亲和弟弟死了，不愿苟活，亦先后殉难。王柏心听后甚为悲痛，汪士铎是自己的朋友，而其两女又如此刚烈，乃作七言歌行《哀江宁汪氏两女子·两女子者，江宁汪梅村孝廉之女也。贼陷金陵，两女先后以节孝殉。长者曰淑芹，次者曰淑苹。长者适吴，次未字》①以悼之：

建业妖星下枉矢，春风无地葬罗绮。江东露骴积如邱，中有英英两女子。女也系出金陵汪，恨无白刃诛豺狼。长者辞姑赴水死，少者殉母偕弟殇。万卷无惭读父书，劫灰终不掩玙璠。时危大节出巾帼，文武诸公恐不如。人间椿树飘零苦，地下荃兰化为土。纵使芳根化不归，完名犹胜中郎女。

同治二年（1863年）二月间，王柏心应友朋之邀，曾有鄂州、江夏、夏口、汉阳之游。在夏口时，他不仅前往拜访、看望了好友、湖广总督官文和好友、湖北巡抚严树森，而且还与尚留在抚署编辑好友、已故湖北巡抚胡林翼遗集的江宁举人、亦是自己好友的汪士铎相聚。临别之时，王柏心作有五言歌行《赠汪梅村孝廉》②相赠：

世治贤登朝，道丧儒在野。汪君渊识人，精博群雅。纵意及文辞，周秦入陶冶。哀哉秣陵城，扫地陷铜马。奔窜挈莱妻，骨肉存者寡。生平所著录，一炬付残灺。康成晚漂萍，伯鸾寄庑下。诗哀严郑公③，老泪中宵泻。厄屯留硕儒，一线绍游夏。典籍遭散亡，仗兹木支厦。斯文未堕地，长夜烛堪假。我幸睹灵光，曷云罄心写。梼昧借发蒙，津逮勿予舍。何日结衡茅，相从隐白社。

王柏心在诗中既赞扬了好友的出众才华、渊博学识，又对其家人遭逢乱世大多死难表示深切的同情，并盼望有朝一日能与好友结邻，可以时常相从学习。

① 王柏心：《百柱堂全集·诗》卷二十二，《百柱堂全集》，崇文书局2008年版，第577～578页。

② 王柏心：《百柱堂全集·诗》卷二十二，《百柱堂全集》，崇文书局2008年版，第613页。

③ 郑公：胡文忠公，君盖文忠典试所得士。

同年的五月间，汪士铎自省城武昌（即夏口）专程前来荆南书院看望、拜访王柏心，并有诗相赠；王柏心颇为感动，乃作五言歌行《次韵酬汪梅村孝廉》[①]以酬之：

画地证图经，胸吞九云梦。自从裴（秀）贾（耽）来，覆发醯鸡瓮。晚途遘乱离，穷巷守饥冻。甫幸依羊公，亡何賈时栋。东望凤凰台，犹屯白马众。谁其奋鹰扬，劲翮九霄瓨。转饷仍艰劬，飞书尚倥偬。久客忧时危，落落类衰凤。忽念菰芦人，冰弦寄奇弄。泠泠有余音，天风不可控。望清江左尘，岂但穷途恸。援弧指天狼，期之一矢中。翼晋温平南，匡周管敬仲。师申九伐威，喜听万方送。吾侪结向禽，不必慕王贡。愿分临烛光，宵绩有余緵。

同治三年（1864 年）秋，王柏心带领弟子、友朋在夷陵编志，偶感风寒，竟然病倒了，遂暂回螺山老家休养；归家途中，听友朋告知，汪士铎将回金陵，不知情况到底如何，很是放心不下，遂写了《寄讯汪梅村先生闻其将归白下》一诗[②]寄赠闻讯：

初闻露布杂悲歌，愁裹乡园未忍看。将帅貂蝉勋赫奕，山川龙虎气凋残。磷飞断础秋阴黑，潮打荒城夜月寒。乱后白头归思切，荆榛何处问长干。

同治五年（1866 年）正月，尚在家过年的王柏心，想起汪士铎已回江宁一年多了，一直没有音讯，不知其近况如何，甚是挂念，遂作《寄讯梅村孝廉》一诗[③]寄赠问候：

入户迷三径，还乡赋七哀。笳连蒋山戍，春冷雨花台。酒化愁中泪，编残劫后灰。东南犹用武，谁问著书才？

汪士铎自同治三年（1864 年）冬回到金陵后，心灰意冷，遂埋首著述，不问世事，于光绪十五年（1889 年）孤寂地离开人世。身后留有《汪梅村先生集》、《悔翁笔记》、《汉志志疑》、《南北史补记》、《水经注图》、《水经注释文》、《悔翁诗钞》、《汪悔翁乙丙日记》等著作，另主持纂修有《江宁府志》、《同治上江二县志》。

---

① 王柏心：《百柱堂全集·诗》卷二十三，《百柱堂全集》，崇文书局 2008 年版，第 623 页。

② 王柏心：《百柱堂全集·诗》卷二十四，《百柱堂全集》，崇文书局 2008 年版，第 661 页。

③ 王柏心：《百柱堂全集·诗》卷二十四，《百柱堂全集》，崇文书局 2008 年版，第 691 页。

第六节　王柏心与黎庶昌

黎庶昌是王柏心在同治初年（1862 年）结识的好友。

黎庶昌（1837—1897），字莼斋，别署黔男子，贵州遵义人。早年师从表兄郑珍，讲求经世之学。咸丰七年（1857 年）廪贡生。后几次乡试均不举，曾做过家庭教师。

咸丰十一年（1861 年）五月间，黎庶昌入京参加顺天乡试，途经荆州时，因其堂兄黎兆勋时常向他们兄弟提到自己的好友、时主荆南书院讲席的王柏心的人品和学问，遂稍作停留，特地到荆南书院去看望、拜见王柏心；王柏心则热情地接待了他，还将自己所著之《漆室吟》和《枢言》赠送给他作为纪念。从此，王柏心便与这位后辈结成好友。

同治元年（1862 年）四月间，王柏心收到黎庶昌寄自京城的一封书函：

子寿先生大人史席：

成童即闻楚四贤中有子寿先生者，学邃德迈，思欲一见，而无由也。既而得读《枢言》一编，卓识似贾太傅，而伟论似仲长统，益大韪之。不意荆州便道，竟睹光仪，畴昔私衷，于斯而遂，虽陈蕃、周举之遇叔度，未足以远喻鄙怀也。所惜者先生抱经世之学，不获展用于时，以为黔黎福耳。

荒江屏处，时抱杞忧，百赋千诗，长歌当哭，此志亦可悲矣！唯是楚中文献，渐以寥落，先生尚巍然灵光之不朽，关系岂浅鲜哉？庶昌少见寡闻，深有望于长者之教诲，倘蒙不弃，赐我德音，则厚幸矣！

客岁见许大著，春初寄到者，为友人分去，至今未得。尚希将《漆室》、《枢言》两集寄掷一、二部为感，临楮不尽倾佩之忱。

敬请道安，伏惟垂察。

黎庶昌顿首上　　三月廿九日①

黎庶昌信中所说之“楚四贤”，有可能指的是刘淳、张其英、王柏心和蔡以偁。道光十五年（1835 年），因江苏巡抚林则徐的保荐，已由湖北江夏知县擢升甘肃巩昌知府、署理道员的唐树义，出资刊刻了刘淳、王柏心、张其英和蔡以偁的词集，合为《楚四家词》（即刘淳的《云中集》、张其英

---

① 林则徐等：《道咸同光名人手札》，（台北）台湾商务印书馆 1972 年版，第 895 页。今《百柱堂全集》未收，故全文移录。

的《角山集》、王柏心的《子寿集》和蔡以偁的《黄楼集》)。于是，四子之名播于全国。

接着信中谈到他拜读王柏心《枢言》后的感受，认为其“卓识似贾太傅，而伟论似仲长统”。贾太傅即贾谊（前200—前168），雒阳（今河南洛阳）人，西汉大臣，文帝时贬为长沙王太傅，著有《过秦论》、《论积贮疏》等。仲长统（180—220），字公理，汉末山阳郡高平（今山东邹城）人。曾参曹操军事，然未得其重用。著有《昌言》三十四篇。《过秦论》与《昌言》都是传世名作，故黎庶昌将王柏心的《枢言》与之相提并论。

信中所说的“不意荆州便道，竟睹光仪，畴昔私衷，于斯而遂”，是指黎庶昌咸丰十一年（1861年）五月间入京参加顺天乡试，途经荆州时，两人在荆南书院相见之事；黎庶昌对此次相见甚感荣幸，并将此次两人的相遇比作“陈蕃、周举之遇叔度”。“叔度”谓黄宪（109—156），字叔度，号征君，汝南慎阳人。其人品高尚，耿介正直，不与世俗同流合污，是东汉著名的贤士。陈蕃（?—168）和周举（105—149）都是东汉名流，据《世说新语》载：他二人常言：“吾时月不见黄叔度，则鄙吝之心已复生矣！”

在此信中，黎庶昌对王柏心的高远志向和出众才华表现出由衷的仰慕和钦佩，而对王柏心“抱经世之学，不获展用于时”表示了真诚的同情、惋惜和极大的愤慨。最后，因上次见面所赠之书“为友人分去”，自己至今手头尚未得到，特请前辈好友将其“《漆室》、《枢言》两集寄掷一、二部”，自己好随时学习。

同年八月，黎庶昌在京再应顺天乡试，仍落第。此前，朝廷已下诏求言，听说应者寥寥。黎庶昌经过认真审视当时形势，也抱着试试看的想法，精心地撰写了一份《上皇帝书》（即所谓“万言书”），痛陈时弊，力主改良，交由都察院代呈。结果，受到皇上的青睐，特赏知县衔，发往安徽安庆两江总督曾国藩的幕府效力。

同治二年（1863年）二月间，应友朋之邀，王柏心有鄂州、江夏、武昌（即夏口）、汉阳之游。在鄂州时，正与前往安徽曾国藩大营赴任的黎庶昌相遇。两人都感到分外高兴。临别之际，王柏心乃作七言歌行《歌赠黎莼斋大令·君以诸生于同治初元应诏言事，擢县令，赴皖需次》一首①相贻，为黎庶昌赠行：

① 王柏心:《百柱堂全集·诗》卷二十二,《百柱堂全集》,崇文书局2008年版,第611页。

布衣不肯老环堵，但欲攀龙见明主。上书拟伏公车门，况乃求言悬谏鼓。十年寰寓惊烽尘，伏阙摅忠未有人。黎侯慷慨进封事，严安徐乐真其伦。纵横万言若指掌，拜疏朝陈夕被奖。一官墨绶特承恩，骥足〇〇纵长往。春风相遇鄂王城，飞棹将趋皖上营。

丈夫报主在经济，窃禄干时非俊英。嗟乎万国半荆杞，明诏征求文武士。岂无元老握戎机，可少循良扶治理。凋残淮甸最堪悲，殄尽鲸鲵会有期。安得黎侯数十辈，务农殖穀起疮痍。

同年的四月间，王柏心在荆南书院收到后辈、好友黎庶昌寄自安徽安庆两江总督曾国藩大营的一封书函：

子寿先生大人钧座：

前日由京抵寓，遇先生及汪先生在坐，私心快慰，以为得见两贤，可徐请益。不图江上维舟，先生行赋西归矣，怅恨无似！

连日风雨遽作，闻尚未解缆，喜而不寐。庶昌赋性凡下，学识疏庸，自陈言以来，谬盗虚声，未审此后何以上答殊眷。先生懿德纯行，如光风霁月，为学者所宗。平素切究今世大务，必有明体达用、确乎不拔者；可以坐言起行，拨乱反正者。乞先生推广不倦之教，赐道一二，俾得景行私淑，以为植身进德之基，他日能稍自树立，不至颠覆，皆先生之德之教也。

呈上扇一柄，并乞赐书近著；面恳《漆室》、《枢言》等集及《经纶》陈言，亦望早为掷寄。曩岁奉和见寄伯兄一律，录辱训诲，想先生乐育之怀，当如太和元气之鼓舞万物，必不以贱质而弃遗也。

琐琐昧渎，无任惶汗，敬请道安！

黎庶昌顿首谨上　　十五夜灯下①

黎庶昌信中所说“前日由京抵寓”，应该指的是他由京城抵达湖北省城武昌（即夏口）的寓所。信中所谓“汪先生”，则指的是汪士铎。汪氏于咸丰九年（1859年）进入湖北巡抚胡林翼的幕府，胡氏病故后一直受聘留在巡抚衙署整理、编辑胡林翼的遗集，直至同治三年（1864年）冬才离开武昌回江宁老家。“遇先生及汪先生在坐”——本年二月中旬，王柏心在武昌（即夏口）确曾与好友汪士铎相聚，相互酬唱。因荆州在省城武昌的西边，故信中所谓“先生行赋西归”，是指王柏心已经返棹回监利老家了。信中所谓“《经纶》陈言”，是指王柏心于同治元年（1862年）初应诏所

① 林则徐等：《道咸同光名人手札》，（台北）台湾商务印书馆1972年版，第898页。

写，并由好友、云贵总督张亮基代为进呈之《呈进经纶疏并经纶八首》（即《今王嗣厥德罔不在初》、《尔惟德罔小万邦惟庆》、《自周有终相亦惟终》、《慎乃俭德惟怀永图》、《修厥身允德协于下惟明后》、《视远惟明听德惟聪》、《无轻民事惟难无安厥位惟危》、《有言逆于汝心必求诸道有言逊于汝志必求诸非道》）。信中所说之“伯兄”，即黎兆勋（1804—1864）；兆勋字伯庸，又作柏容、伯容，号檬村，晚号涧门居士。诸生。累试不举，致力于诗词。道光二十九年（1849年），代理石阡府学教授，补开泰（今贵州省黎平县）教谕。后因参与镇压苗民反清斗争有功，晋升湖北鹤峰州州判。同治元年（1862年）调任随州州判；三年，父死奔丧还乡，遂卒于家。

王柏心诗文之外，尚工书善画，故黎庶昌在寄书函的同时，还寄有折扇一柄，恳请王柏心为其书写扇面。从整封信的内容看，黎庶昌对王柏心的道德文章极为钦佩，甚至表示愿意成为王柏心的“私淑”弟子。

同治九年（1870年）十月，前辈好友王柏心的母亲蔡老夫人在螺山老家仙逝，时任江苏吴江署理知县的黎庶昌，因公务不能前来参加蔡老夫人的殡葬仪式，特致函前辈好友表示吊唁并赠送了奠仪。

王柏心去世后，黎庶昌历任青浦署理知县、管淮阴堤工支应、管扬州荷花池厘金局、榷通州花布厘捐，出使英国三等参赞与驻德国三等参赞、驻法国三等参赞与驻法国、西班牙二等参赞等职；光绪七年（1881年），朝廷擢升其为记名道员、赏给二品顶戴，并任命其为出使日本钦差大臣。十年（1884年）十二月回国。十三年（1887年），再次被任命为出使日本钦差大臣。十七年（1891年）回国后，简授四川川东兵备道，兼署重庆海关监督。二十二年（1896年）因病辞职回乡养病，次年卒于乡。

黎氏于政务之余，勤于笔耕，为“曾门四弟子”之一，著述甚多，有《拙尊园丛稿》六卷、《西洋杂志》八卷、《丁亥入都纪程》二卷、《海行录》一卷、《黎氏家集》四十卷、《曾文正公年谱》十二卷等；另有《全黔国故颂》二十四卷、《续古文辞类纂》二十八卷、《古逸丛书》二百卷、《青浦县志》三十三卷等著作行世。

除前面提到的之外，与王柏心关系密切的同（治）光（绪）名流尚有宗稷辰［1792—1867，字迪甫，一作涤甫，号涤楼，浙江会稽人；道光元年（1821年）举人，累官至山东运河道］、王永彬（1792—1869，字宜山，人称宜山先生，湖北枝江县人；诸生，道光、咸丰、同治时期学者）、邓传密（1795—1870，原名尚玺，字守之，号少白，安徽怀宁人；邓石如之子，著名书法家、篆刻家）、何绍基［1799—1873，字子贞，号东洲，晚号猿叟，湖南道州人；道光十六年（1836 年）进士，官至四川学政，宋诗派代表作家］、黎兆勋［1804—1864，字伯庸，一作伯容、柏容，号檬村，晚号洞门居士，贵州遵义人；道光八年（1828 年）秀才，官至随州州判］、郑珍［1806—1864，字子尹，晚号柴翁，别号五尺道人、且同亭长、子午山孩。贵州遵义人；道光十七（1837 年）举人，曾官贵州荔波、镇远训导，著名学者，宋诗派代表诗人］、孔宪彝（1808—1863，字仲叙，号绣山，一号秀珊，又号韩斋，山东曲阜人；道光十七年举人，官至内阁中书）、谭溥（1809—1888，号荔仙，别号瓮塘居士，湖南湘潭人；家贫，无师自学，工诗、善画，漫游江南，广泛结交地方大吏、社会名流）、邵懿辰［1810—1861，一作懿臣，字位西，浙江仁和人；道光十一年（1831 年）举人，官至刑部员外郎］、莫友芝（1811—1871，字子偲，号郘亭，又号紫泉、眲叟，贵州独山人；道光十一年举人，先后入胡林翼、曾国藩幕；著名学者，宋诗派代表作家）、秦缃业［1813—1883，字应华，号澹如。江苏无锡人；道光二十六年（1846 年）顺天副榜，累官至浙江盐运使］、周寿昌［1814—1884，字应甫，一字荇农，亦写作“行农”，号友生，晚号自庵，湖南长沙人；道光二十五年（1845 年）进士，累官至内阁学士］、薛时雨［1818—1885，字慰农，一字澍生，晚号桑根老农，一作桑根老人，安徽全椒人；咸丰三年（1853 年）进士，官至杭州知府，兼署督粮道，赏赐顶戴花翎］、方宗诚（1818—1888，字存之，号柏堂，学者称柏堂先生，安徽桐城人；曾入曾国藩幕，荐补河北枣强知县；著名学者，古文家）、方大湜（1821—1886，字守一，又字守初，号菊人，湖南岳阳人；以诸生投军，累官至山西布政使）、黄彭年（1823—1890，谱名邦贵，字子寿，号陶楼，晚号更生，贵州贵筑人；道光二十五年进士，官至湖北布政使）、洪钧［1839—1893，字陶士，号文卿，江苏吴县人；同治七年（1868 年）状元，曾任出使俄、德、奥、荷兰四国大臣，官至总理各国事务衙门大臣］、杨守敬［1839—1915，谱名开科，榜名恺，更名守敬，字鹏云，号惺吾、星吾、心物，晚号邻苏老人，湖北宜都人；同治元年（1862 年）举人，官至黄州府学教谕；入民国，曾任参议院参议、清史馆纂修；著名学者、书法家、藏书家］等人，限于篇幅，在此不再详述。

第十章　王柏心的思想

王柏心是生活于清王朝的嘉庆（1796—1820）、道光（1821—1850）、咸丰（1851—1861）、同治（1862—1874）年间的一位封建知识分子，自幼就有着远大的理想，且勇于实践；个人的不懈努力和社会、历史对他的影响，使他不仅成长为这个时期著名的文学家，而且使他成长为这个时期著名的思想家。其思想主要表现在经世、治水、军事和文学等方面，为当时的社会发展和文化建设做出了积极的贡献。

第一节　王柏心的经世思想

早年，王柏心“瓣香范文正，隐然怀用世之志”①，且“远揽古今，勤求时要，日思所以振厉一世之人心而厝之安，岂思以文士终哉！”②其中晚年，阅世既久，思考亦多，愿尽一份在野儒士的责任，将其长期所思考的问题奉献给朝廷或地方大吏，冀为当道者所纳，以兴利除弊，利国利民。王柏心所思考的这些问题——也是他长期以来所形成的经世思想，主要集中在《枢言》和《续枢言》之中。

《枢言》大约完成于道光十七年（1837年）九、十月间，包括“审宜”、“旌意”、“责实”、“修约”、“核才”、“广议”、“择吏”、“寓政”、“禁末”、“导俗”、“王言”、“正谀”、“学誉”、“凝信”、“量交”、“辩言”十六篇。其“于历代兴亡、成败、得失之故，言之了然，尤多可采”③，是王柏心最重要的著作，也是他政治思想的集中体

---

① 王柏心:《国史馆本传》,《百柱堂全集·卷首》,《百柱堂全集》,崇文书局2008年版,第20页。

② 郭嵩焘:《王子寿先生墓志铭》,《郭嵩焘诗文集》卷二十一,岳麓书社1984年版,第450页。

③ 左宗棠:《已故军务人员志节可传请付史馆折》,《百柱堂全集·卷首》,《百柱堂全集》,崇文书局2008年版,第22页。

现。该书由其挚友、时任巩昌知府署理道员的唐树义出资刊行，并力荐给时任湖广总督的林则徐。

此书刊行后，受到许多地方大吏和社会名流的称赞。王柏心的挚友姚春木在为《枢言》所作的序言中就认为：此书“所以济乎法之所不及，而使人以自为之者”；而其所论“通达似荀悦，激发似王符，纯粹似徐干[①]，不为危言极论、迂词诞语，而使人悠然自得于简编之外。读之掩卷，而慨然有余思也”。并解释说，《枢言》强调“使人以自为者”，并非废法，“所贵乎法者，贵其能适变也；有不适，则虽圣人之法，亦有可议者矣。……王子之意，非谓废法而任人，乃欲任人而用法也”[②]。在这里，姚氏对《枢言》的主旨、意义和地位概括得异常准确、清楚和明白。也正因为如此，后来，该书的绝大多数篇章被相继选入各种行世的“经世文编”，流传颇广。

《枢言》虽然讨论的内容十分丰富和宽广，但最终可以归结为一个中心点，那就是“修齐治平”。王柏心根据这个中心点，广泛而具体地论述了审时度势、创制变法、循名责实、端风正教、进贤黜否、固本抑末等等问题，时有独到、深刻而又中肯的观点。当然，亦不可避免地存在一些落后、保守，甚至迂腐的提法。

书中首先强调的是立政的根本问题——“审宜”和“责实”，即合乎时宜与讲求实效。在王柏心看来，“政虽善，弗宜则滞；法虽良，弗宜则格”。制度和法令制定得再好，如果不适用于现实，不仅毫无益处，相反会带来危害。所谓“宜”，就是要“因天、因地、因时、因民”，就是要重视社会的发展变化，并根据社会的变化采取切实可行的办法来解决社会存在的实际问题，而不是因循守旧、纸上谈兵、迁延回避。作者进而指出，“民可顺不可拂，可安不可扰。微而导之，使自蹈之；徐而喻之，使自赴之，是曰因民”。也就是说，执政者应该顺从民众的意愿，安民生业；要善于引导和劝谕老百姓，让他们明白自己应该做什么，并且自觉自愿地去做。而且，执政者首先应该考虑的是政令是否符合时势和民心，而不应该首先去考虑政令是否能推行，即所谓“无忧政令之不行也，忧其弗宜而已”

---

① 荀悦(148—209)、王符(85? —163?)、徐干(170—217)皆为东汉著名的政论家，分别是《昌言》、《潜夫论》、《中论》的作者。

② 姚春木:《枢言序》,《百柱堂全集》卷二十九,《百柱堂全集》,崇文书局2008年版，第881～882页。

（以上所引均见《审宜》，下同）。如果政令符合时势和民心，自然就会顺利推行；如果不符合，自然就难以推行。

对于为政和立法的问题，王柏心强调，既要讲形式，更要讲实效；必须反对那种“上以名责下，下以名报上”，“得名遗实者，万举而万有弊”，从上至下都满足于讲形式和过场，什么事情都办不好、办不了，不讲实际效果的做法；而提倡那种“舍名就实”，“严杜其浮罔”，“赏当功，罚当罪”的方法，从而达到“令简而易明，法成而可守”（上引见《责实》）的实际效果。这就像当时实行保甲制度一样，执政者只是将保甲组织当作“徭役征索”的工具，而且“充之不择人，遇之不以礼”，于是“猾者乃与胥吏比，以困齐民，每遇赈贷，则张虚疾，抑贫穷，无敢与校者”，以至于“奸宄之出入，盗贼之剽掠，未尝发举，罚固不及也；发举焉，赏亦不及也”。其结果，保甲组织要么起不到社会基层组织的作用，要么成为民众所痛恨的组织。此种情况的出现，实际上就是那种“名之所从，实之所违”（上引见《寓政》）做法所导致的。

至于君主要做到“因天、因地、因时、因民”，以防止“仁不足，刚有余焉；明不足，愎有余”（《旌意》），不仅要广泛听取意见，还要善于听取意见；不仅要听取在职官员的意见，还要听取在野士人的意见。广泛听取各方面的意见，最好的方法是开设特科，以选拔“山林敦朴之士”，让他们大胆建言。因为这些“山林敦朴之士”，“立朝尚浅，爵秩尚卑，有感激之心，无回枉之气”，不仅“无系恋顾忌之私”，而且“无门户党援之习”。因此，这样既能广开言路，又能激励士气，还能收到与“由资格居谏垣者”（《广议》）不同的效果。作为执政者，尤其是作为君主，必须明白言论对于世道人心、施政立法至关重要。所以，既要做到“广议”，又要善于“辨言”。因为君主一言，“将以决百代之嫌疑，定万方之轨则，布之史册，垂之子孙”，故“不可不慎”；且“代言者，务择其人”（《王言》）。尤其值得注意的是，“明智有位之君子，欲正人心，矫时弊，必自去谀始”（《正谀》）。

而无论是那些在职的官员也好，还是那些“山林敦朴之士”也好，都要做到既敢于发表自己的意见，又要善于表达自己的意见。其言也，自应“持之也有故，如水火金石，较然不渝其性，以待取者而各适于用”；做到“言有要，匪理无言也，匪事无言也”，使之达到“宽以裕、和以畅”，“静以正、肃以悫”，“疏以达、闳以远”，“庄以敬、廉以洁”（《辨言》）的效果，容易为执政者或君主所接受。

其次是如何选才用人的问题。王柏心认为，人才使用的得当与否，是一个朝代兴盛衰亡的关键。他针对当时“举天下之才，悉约之于进士之途，优第者予馆职，试必以声律对偶之言，循资计俸，高者擢谏垣、跻卿列，次亦不失为牧守。故轻躁者怀进，阘冗者取容”的现实，主张用人应该“俭于数而宽于途”、“易于取而慎于用”、“略于言而详于事”；而反对“狭于途而丰于数”、“慎于取而轻于用”、“密于言而疏于事”的做法，从而避免出现“英奇者裹足”、“才猷智略之士无由自见”的情况（《核才》）。

那么到底应该怎样使用人才呢？当时的通常情况是，朝廷“谓地僻则政简，壤狭则功寡，不足容才吏。唯初从政或左迁及疲老者始往视事”；而“官其地者与谪斥同”，于是心灰意冷，因循苟且，自然也就不能“遏奸于未萌，销患于未形”；长此以往，必然酿成祸乱，最终还是朝廷蒙受损失。作者则主张将那些“简重有方略者”，选派到“山谷峻僻及缘边州邑”，“试之三年，有异绩，则居课最之先，或就加推擢，或移治繁剧，一切比近邑令长为优”。这是因为，边僻穷困之地容易藏奸，很难治理，它最能够让那些有才干者发挥聪明才智，“争自奋励”（《择吏》），脱颖而出。这种办法，不仅有利于地方的治理，而且有利于人才的培养。

再次是有关风俗教化的问题。王柏心见当时社会普遍存在着“一介之士，其视禄位，皆憪然有欲得之心，居之不辞，营之无已。百金之子，靡衣偷食，与赀累巨万者等”的现象，认为这都是因为不讲“让”，不崇“俭”的结果。因而，作者站在崇古的立场，极力主张“让道”和“俭德”，以引导社会风气，使整个社会形成“君让善于天，臣让善于君，子让善于亲。士之应选举也有让，授爵位也有让，下及觞酒豆肉、道路州巷之间，不期而让道达焉”和“天子卑宫菲食，诸侯制节谨度，群臣大法小廉，以逮庶民，食时用礼，不期而俭德昭焉”（《导俗》）那样一种和谐的氛围。

那么，怎样才能形成这种“不期而让道”和“不期而俭德”的和谐氛围呢？王柏心为我们指出了解决的办法：一是倡导“俭让”。王柏心提出，不仅要由“士大夫任风化之责”，“躬行俭让以先之”（《导俗》），而且要“始自贵近，及乎编氓”（《禁末》），举国上下一起努力。二是主张“抑商”。因为今天的商贾与古代“通有无，佐衣食”的商贾已完全不同，“不唯妨农且困农，不唯困农，上自贵流，下逮舆台，商皆钩取其赢余而困之”（《禁末》），故必须抑制。三是呼吁“恤农”。作者认为，“令农有能力耕倍收、不出乡里者，复赐爵之例，宽其徭役”，才会使“趋农者”“益奋”（《禁末》），农民丰衣足食，国家富裕。

最后，王柏心作为一名封建社会正直的知识分子，还对当时存在的宗亲骄横、官场腐败、官吏因循守旧、朝廷言路壅堵，经济凋敝，百姓困苦不堪等社会现状进行了委婉、含蓄的揭露和批评。有的揭露和批评还十分尖锐和大胆。譬如他批评朝廷“任左右，尚姑息，爵及私昵，罚弛奸慝，是谓妇寺之政。纳佞谀，务虚美，上违道以欺下，下矫诬以罔上，是谓聋瞶之政。刑赏亏替，禁防隳败，情不足相系，制不足相维，是谓痿痹之政”（《旌意》），就非常大胆、尖锐而深刻。

不仅如此，王柏心还对当时商贸中“役游技、通番货”的做法进行了分析，强调指出：大量洋货和鸦片的输入，既使中国的农业和手工业受到打击，又使中国的传统技艺受到威胁，还“炫耳目、荡心志”，“挟无形之鸩毒，烁九州之膏血，开尾闾之大壑，荡四民之筐箧……使利散于番舶”。最后，极力主张对鸦片等“番货”予以“厉禁”，不遵者“售与购皆有罪”（《枢言·禁末》）。这一主张对林则徐在湖北实行禁烟是一种极大的支持。作者写作本书的目的就是要加强中央集权，挽救清王朝面临的严重危机；其核心思想是救时和务实。书中所列各项要务，事事切中时弊，条条亟须整治，并针对以上所列各项要务，提出了自己完整、具体的改革方案，可谓是后来维新变法的先声，其重要价值是不言而喻的。

总之，王柏心作为一名正直的封建知识分子，对当时社会存在的诸多弊端具有清醒的认识，并提出了不少中肯而又深刻的看法和建议，这是非常不容易的，也是值得肯定的。但是，他毕竟是一位受传统思想影响较深的封建知识分子，也曾经是封建统治集团中的一分子，其政治立场和态度自然是与统治阶级一致的。因此，他所提出的不少看法和建议亦不同程度地存在着某些思想局限性；有些看法和建议，在当时的社会现实中也是很难实现的，我们应该给予充分的理解。

道光二十四年（1844 年）十二月，王柏心在中英《南京条约》（亦称《江宁条约》）签订两年后，即其考取进士留京担任刑部候补主事期间，在汤海秋等友朋的鼓励下，又写了《续枢言》一书，包括“君臣”、“信臣”、“明是”、“官才（上）”、“官才（下）”、“谋备”、“七蠹”、“防侈”、“纠慢”九篇文章。其中有部分文章是对《枢言》中观点、看法的继续阐发，大多数文章则是根据鸦片战争之后的具体情况而作，针对性较强。

其时，统治阶层中的多数人，好了伤疤忘了疮，照样天天迎来送往，夜夜笙歌燕舞，虚矫粉饰，因循苟且。王柏心却始终保持着清醒的头脑，曾苦口婆心地告诫时人“今时又异矣，天下苦于财力之绌，海疆宴然抱无形之忧，而边地盗贼，时时窃发”①，局势严峻。面对如此严峻的形势，他希望君主明白：“君道莫大于去疑，臣道莫大于去私。君莫急于选贤，臣莫先于不欺”（《君臣》）；只要君主能“明示好恶”，就不会有奸佞小人的“植党营私”（《信臣》）；只要君主善于“辨别贤否，与财器所宜，不仅以年劳为高下”（《官才》下），充分发挥官吏的积极性，自然就会有“奇伟非常之士”出来为朝廷效命（《官才》上）。只要君主真诚地信任和依靠正直之士，正直之士定会肝脑涂地，为君主效命，国家遇到什么问题、什么困难，就不难解决。他又对当时“其始犹贵家为之，后则富商大贾为之，后则中户为之，最后则极贫下户亦为之”，且“一宴之费，至数百缗”（《防侈》）的奢靡之风提出了批评。在他看来，国民过度地追求物质享受，既会造成经济问题，也会引发政治和社会问题，不能不早进行防范。他还诚心地劝告执政者，“上者莫如断，其次莫如质。断则果而必行，政斯肃矣；质则简而易行，政斯达矣。人人举事，揆之于理，询之于众，稽之于古，度之于今可以无失矣。……救文之弊，必在质断。”（《纠慢》）这实际上是要求执政者痛下决心，破除暮气和繁文缛节，不再心存侥幸，以“质断”来“纠慢”，“绳宽而警惰”，从而有所作为。

王柏心针对当时财力匮乏和国民负担过重的社会现实，极力主张清除“七蠹”：作者所说“七蠹”指的是：“府藏之蠹在奸胥，州邑之蠹在供亿，征榷之蠹在琐才，农之蠹在末技，糈之蠹在冗官，响之蠹在将弁之贪懦，士之蠹在置科之稠迭”。作者的主张非常明确，不仅要惩治贪腐，抑汰冗琐，裁减取士人数，以减少不必要的开支浪费；而且要反对一味地盘剥国民、向国民横征暴敛的做法。其“禁末技”的内容则更加广泛，包括严禁买卖和使用那些“荡心志、败风气、糜钱刀”的“奇淫奢丽之物（包括鸦片）”，严惩那些“交通蛮夷、输致琛诡、射利取赢”的奸商（《七蠹》）。

王柏心还大胆地批评朝廷在鸦片战争中采取妥协（即“款抚”）、事后又苟且“忘备”的做法与态度；而对那些妥协投降分子则予以痛斥：“凡主

---

① 朱琦：《书〈续枢言〉后》，《百柱堂全集》卷三十，《百柱堂全集》，崇文书局 2008 年版，第 918 页。

此者，始之有怯心，继之有幸心。虞其议之不成也，则倾资以奉之，启关津以悦之，饰大度以安之”；其结果是使我国“敌忾同仇之气沮抑不振，彼未至弱我，我先自弱；我忘其备，彼反得修备而乘隙以谋我”。妥协投降派一直以我国战备未善为由反对抵抗，而屈膝求和之后却仍不做战守准备，王柏心不禁怒火中烧：战争结束几年了，“军实果修乎？城郭果缮乎？将士何练乎？抑但为便文以自营乎？”如果说这些“有形之备”尚未着力进行，那么像“信赏罚，修政事，选择贤能”等“无形之备”（指妥协投降、无能误国之辈未惩，林则徐等抗战志士尚未平反复出）又如何呢？殊不知更差！清朝最高统治集团一味侥幸于“款抚”，这同“与人斗，不扼其吭，反自系手足”的情形又有什么区别呢？！正因如此，他提醒执政者要“因患谋备”，认为“太上先患而备，其次因患谋备，最下见患而忘备”；而对于“有形之备”与“无形之备”这两种情形来说，应该更加重视“无形之备”；否则，“见患忘备”，必将“为人所制”（上引均见《谋备》）。

在这里，虽然王柏心的思想尚存在着明显的历史局限性，没有像其同年、好友魏源那样，将眼光投向外部世界，提出像“师夷长技以制夷”那样影响深远的救国方案，但他仍然能以史为鉴，从中国传统文化的宝库中总结和发掘出许多进步因素，用以表达自己的爱国情怀。因此书中时有真知灼见，这在当时的历史条件下，对一位封建士大夫来说，实在是不容易。难怪其挚友郭嵩焘会说：“读其《枢言》上、下篇，以为怀文抱质，有道君子之言也。”①著名学者张舜徽先生亦认为：“盖柏心之学以致用为归，所著书如《枢言》上、下卷，尤究极古今治体，非拘墟之士所能为。”②

第二节　王柏心的治水思想

王柏心自幼生活在荆江边，那时的荆江经常溃堤；而一旦荆江堤溃，两岸无数难民便流离失所，无家可归。每当看到这悲惨的场景，王柏心就无比痛心。从年轻的时候起，王柏心便下决心要为解决荆江溃堤问题、从而为造福两岸民众做出自己的贡献。于是，他经常前往荆江两岸去实地考察地形，甚至溃堤时还亲临险境，仔细观察洪水流向，以利于自己思考合理的

① 郭嵩焘：《王子寿先生墓志铭》，《郭嵩焘诗文集》卷二十一，岳麓书社 1984 年版，第 450 页。

② 张舜徽：《清人文集别录》（下册）卷十八，中华书局 1963 年版，第 507 页。

治理方案。正是在多次实地考察的基础上，王柏心的治水思想得以逐步形成；而他的治水思想主要集中在他的《导江三议》一书中。

王柏心的《导江三议》一书作于清道光（1821—1850）和同治（1862—1874）年间。该书共收入四篇文章，即《浚虎渡口导江流入洞庭议》、《导江续议上》和《导江续议下》三篇，另附有《与何小宋布政书言邑下乡何家埠决处当留口事》。这四篇文章的中心思想归结起来就是：荆江两岸的堤防不足以抵挡长江洪水，而荆江洪水宜疏不宜堵；只有在荆江两岸有效分流，顺其势而导之，将疏、导结合起来，才可减轻荆江河段的洪水压力，将洪水造成的损失降低到最小。

其《浚虎渡口导江流入洞庭议》一文①大约作于道光十年（1830年）或此年之前。那时王柏心还是一名乡村秀才、村塾先生。时值监利水灾，他经过实地考察后写了此文。作者自称“生长江滨，数十年来，泛舟上下，纵观江势曲折，深悉其利害”②，故文中仔细分析了长江堤防的修筑，主要是为了以地谋利的目的。但“以数千里汪洋浩瀚之江，束之两堤间，无穴口以泄之，无高山以障之”，其危险不说可知。况且“十数年来，江心骤高，沙壅为洲，枝分歧出，不可胜数”；每到雨季，江水挟风雨之势猛冲大堤，因无穴口排缓，就必然出现江水盛涨且旁溢横决的局面。因此，作者的结论为：修筑堤防不是良策，应该寓取于弃。为了让自己的观点更有说服力，作者在文章的后面还采用自问自答的形式，先设定了十条反对意见，再逐条予以解答，论述其分流纾患的可行性。最后，作者强调指出：“以堤捍水，愈争而愈不胜，是控拳搏戟之智也。有策于此，不劳大役，不烦大费，因其已分者而分之，顺其已导者而导之，捐弃二、三百里江所蹂躏之地与水，全千余里肥饶之地与民，其与竭膏血、事畚锸者利害相去万万矣。”

王柏心的观点非常鲜明，主张充分地发挥人的主观能动性，并有效地利用自然地理条件的优势，来进行荆江的洪水治理；而治江的急务就是在南岸的公安、石首一带开辟分洪区，引江水泄入洞庭湖，牺牲南岸少量的垸田以确保北岸众多人物财产的安全；待北岸水利治理好后，再将长湖、白露湖、

① 王柏心:《浚虎渡口导江流入洞庭议》,《百柱堂全集·杂著》卷四十六,《百柱堂全集》,崇文书局2008年版,第1338～1345页。

② 王柏心:《与何小宋布政书·言邑下乡何家埠决处当留口事》,《百柱堂全集·书》卷三十八,《百柱堂全集》,崇文书局2008年版,第1158页。

洪湖辟为调蓄区；强调在对洪水实行因势利导的同时，加强河道的疏通，将疏导结合起来，从而达到治水防洪的目的。

道光二十八年（1848 年）夏天，荆江南岸的公安、石首、松滋县境和北岸监利县所辖之薛家潭等地溃口。王柏心闻信，甚为忧虑，立即赶去进行实地考察。回家后，又赶写了《导江续议上》一文[①]。在此文中，他再一次明确提出了“因任自然，而可以杀江怒，纾江患”的主张。他认为：不管是南岸的高家套、涂家港也好，还是北岸的薛家潭也好，“皆水所必争之地”，因而“决口宜勿塞”，“勿塞为便，塞则必败”，可通过有效的分流来减弱水势；并强调指出：“若留此三决口，而南纵之入洞庭，北纵之入洪湖，始有所分，继有所宿，终有所往”；而“水有所分，则其忿息；有所宿，则其悍平；有所往，则其行疾”；于是“一郡之中，千里终流，自此安矣”。其主张、建议既有道理，又行之有效。

第二年（1849 年）夏天，荆江又发洪水，松滋县的高家套和监利县的下车湾溃堤决口。王柏心在身临堤段、仔细考察两岸水灾后，又写了《导江续议》下篇[②]。文中除继续上文的观点外，又指出：此次的洪水治理，应该“高其高者，下其下者，顺从其性，水道自利，宜无巨害”；如果“必欲缮完故堤，增卑倍薄，劳费无已”，必将“数逢其害”。并反复强调说：“诚能旷然远览，勿塞决口，顺其势而导之，上合天心，远遵古圣之法，使水土各遂其性而不相奸，必有成功”，且“用财力亦寡”。如果“此功一就，江安患弭，人有定居，填淤加肥，租赋尚可徐复。虽云救败之下计，实乃通变之中策也”。在这里，王柏心不仅能够借鉴古人的治洪方法，遵循自然规律；又能够根据现实情况，充分考虑人力物力和实施的可行性，做到事半功倍。

同治五年（1866 年）夏，“水潦为灾，江汉并溢”，导致监利县的何家埠决口。已年近七旬的王柏心，立即致函好友、时任湖北布政使的何璟，阐明自己的治理主张——这就是他写的《与何小宋布政书言邑下乡何家埠决处当留口事》[③]。书中在详细分析了何家埠决口灾患的原因之后指出，如

① 王柏心：《导江续议上》，《百柱堂全集·杂著》卷四十六，《百柱堂全集》，崇文书局 2008 年版，第 1346～1348 页。

② 王柏心：《导江续议下》，《百柱堂全集·杂著》卷四十六，《百柱堂全集》，崇文书局 2008 年版，第 1348～1350 页。

③ 王柏心：《与何小宋布政书·言邑下乡何家埠决处当留口事》，《百柱堂全集·书》卷三十八，《百柱堂全集》，崇文书局 2008 年版，第 1156～1159 页。

果“筑塞决口”，“其费约在缗钱十万贯以上”；而眼下就是集“通省全力，恐不能办”。如果“罢筑而留口”，并“因势利导”，使洪水“自决口北行”，“所损垸田不过十数里，即可与内河相遇”；而其结果乃是“所弃田不过七八里之广，十数里之长，而能救全上下数百里之田”。最后强调，“专事修防，诚不若分渠厮流之为愈”；只有这样，才是“无大害而有长利”的事情。

王柏心提出的荆江洪水宜疏不宜堵、疏胜于堵，应当采取顺其自然、因势利导，南北分流、以南为主、分流纾患的治江主张，颇多精辟之见。它不仅体现了王柏心从保护生态环境出发、全面治理江患的思想和策略，而且表现出作者关注地方利弊、关心民生疾苦的那种强烈的忧国忧民的情怀，是他《枢言》和《续枢言》中人本思想的进一步发展。这也正好验证了郭嵩焘的一个说法：“先生言治术必达民情，言兵事必明地险。”①因此，这些主张和见解，对当时和后来荆江的防洪治理都提供了宝贵的借鉴，产生了较大的影响。

第三节　王柏心的军事思想

道光六年（1826 年）春至道光七年（1827 年）初，王柏心曾只身出关至甘肃凉州②一带漫游；道光十六年（1836 年）春、夏之交至道光十八年（1838 年）三月，应好友唐树义之邀，王柏心赴陇右巩昌府入其幕，并乘机游览了大西北的风光、考察了其山川形势，了解了当地的风土民情；随后又相继进入湖广总督林则徐、四川成绵龙茂道道台李宗传、陕甘学政罗文俊、湖北荆宜施道道台陶梁等地方大吏的幕府。其间，又曾游览、考察过四川、陕西的地理形势和风土民情。

咸丰（1851—1861）、同治（1862—1874）年间，在镇压太平天国和捻军以及西南、西北少数民族反清起义的历史进程中，王柏心或直接进入张亮基、胡林翼等疆臣幕府，参与其军事活动；或与李星沅、曾国藩、李孟群、罗遵殿、官文、严渭春、左宗棠、郭嵩焘等疆臣保持密切联系，随时应请为

① 郭嵩焘：《王子寿先生墓志铭》，《郭嵩焘诗文集》卷二十一，岳麓书社 1984 年版，第 450 页。

② 凉州：又名雍州、佽都、雍都、凉都，古称“雍州”、“姑臧”，又称“雍凉之都”，简称“雍凉”，即今甘肃省武威市。

他们出谋划策。

在长期的实践活动中，在对山川形势了如指掌的基础上，王柏心结合自己对当时军事斗争和军事问题的思考，逐渐形成了他独特的军事思想。他的军事思想主要表现在其撰写的《答客问一首》、《论军政》、《论四间》、《论秦豫宜备》、《兵事臆议五则》、《事机臆议》、《军事臆说》、《行营事宜管见九则》、《应诏上封事·行营宜宽减榷算》等讨论军事问题的文章和部分写给地方大吏的书函之中。

概括起来，王柏心的军事思想主要表现在军事策略和军政建设两个方面。

所谓军事策略，就是军队作战时，根据敌我具体情况而制定的作战方针和作战的方式方法。王柏心的军事策略颇为丰富，具体说来有以下四点：

其一，保粮道畅通，稳后方安定。王柏心在其《论秦豫宜备》一文中开篇就指出："天下知以战为守，而不知守之即为战，又以止战也。天下知备寇之所在，而不知寇所不在者，备尤急也。"[①]在王氏看来，军队要想稳固后方的安定，取得战争的最后胜利，就必须处理好"战""守""备"三者之间的关系。战争的终极目的是要平定"贼"和"逆匪"，因此，要打赢战争，既要做到有效的防守，又要做好充分的备战；有效的防守和充分的备战，是取得战争胜利的基础和保障。随后，仔细为我们分析了当时全国的形势：皖、豫、粤系东南平原，地势开阔，无险可守，军队不好展开，也会顾此失彼；如果要强行实施防守，就会消耗大量的军事力量，对整个战争的发展极为不利。而秦中和豫州[②]则完全不同：秦中不仅地势险要，易守难攻；而且是富饶之地，可作为战争的后方，为战争提供源源不断的物资支援。豫州地处九州腹地，山川密布，道路四通八达，极为利于备战。作者最后强调，只有保障了粮道的畅通，稳固了后方的安定，才能持续地支持前方战争，并最终取得战争的胜利。

咸丰五年（1855年）四月，王柏心见曾国藩正率领湘军主力以岳州为根据地，分兵四出清剿分散在周边各地的太平军，就写了一封《上曾涤生侍郎书》的书函寄赠，为其分析、阐明长江中游"关系餫道腹心根本"，是重

① 王柏心：《论秦豫宜备》，《百柱堂全集·杂著》卷四十六，《百柱堂全集》，崇文书局2008年版，第1308页。

② 秦中和豫州：秦中指今陕西中部平原地区；豫州指今河南东部、南部与安徽北部、江苏西北及山东西南一带。

要的战略之地；而保护好这个“腹心根本”是眼下“不可缓”之事，故建议曾国藩主动出击，“择一有勇略之将由陆路取鄂，或从潭州上游浮舟而下，会楚北诸将，廓清江汉，必易于拉朽”。而江汉这个“腹心根本”稳固后，湘军主力便可顺江而下，势如破竹，直捣“匪巢”。

其二，知通晓权衡，善因事变更。所谓“权衡”与“变更”，用王柏心的话说就是要“因敌制变”，即根据战争和敌人的实际变化而采用不同的战略：一方面，在具体战斗中要避开敌方的锐气，以攻击其疲惫之敌。而过去战斗的失败，常常是清军炫耀武力，强力攻击，“贼”却闭营不出；当清军疲惫力乏之时，“贼”乃开营出击。王氏主张“反其术以制之”。若要攻“贼”，可先以勇猛无谋之将前去引诱敌人，而以精兵埋伏要冲；当诱兵佯败引敌深入时，伏兵突出，必获大胜①。鉴于以往战斗中，敌人在假装败北时，常丢弃一些金帛财物于路途，清军见到后会一哄而上，相互争抢，以致中了“贼人”的陷阱的情况，王柏心主张制定法令，严明军纪，杜绝以后再有此类事情的发生②。

另一方面，灵活把握、及时变通影响战局的各种因素，对挽救战争败局具有重要作用。王柏心认为：此前清军在镇压太平军、捻军的战斗中屡次受挫的原因，并不是兵力少、器械不精、形势地利不便，也不是太平军或捻军骁勇无敌，而是因为众心不和，法令不明，谋划策略不完善，加之“粮料支应，多寡迟速，相去悬殊”。他明确主张：应根据军事活动的实际情况，“力加变更”，使全体将士“知恩”、“知法”，摈弃一己之私，全心全意谋划战争策略，以安定军心，平定“匪”乱，取得战争的最后胜利③。

其三，运筹出奇兵，谋求用奇策。在中国古代战争中，出奇兵，用奇策，以弱胜强、以少胜多的例子数不胜数；尤其是在两军实力相当时，采用出奇兵、用奇策的谋略克敌制胜就显得特别重要。王柏心认为：出奇兵，用奇策的方法有很多，且变化无穷，但其“大要不出设伏与乘夜攻击”。设伏就是采用“奇正”之法，事先择险要之地埋伏，待敌至后突然杀出，将

① 王柏心：《行营事宜管见·论因敌制变》，《百柱堂全集·杂著》卷四十六，《百柱堂全集》，崇文书局2008年版，第1321页。

② 王柏心：《军事臆说·论明法令》，《百柱堂全集·杂著》卷四十六，《百柱堂全集》，崇文书局2008年版，第1318页。

③ 王柏心：《军事臆说·论议变更》，《百柱堂全集·杂著》卷四十六，《百柱堂全集》，崇文书局2008年版，第1316页。

敌人歼灭。乘夜攻击就是要时常在夜间纵火袭扰敌人，以此麻痹敌人；待敌人疲惫困乏之时，突然发起攻击，迅速将敌人消灭①。

咸丰六年（1856 年）春，署理湖北巡抚胡林翼率领清军攻打湖北省城武昌（即夏口），想要夺回这个江南的军事重镇；然久攻不下，且伤亡很大，一时间急得手足无措，左右为难。不得已，只好驰书向王柏心求计。四月初八日（5 月 11 日），王柏心在收到胡林翼的书函后，立即写了《答胡润芝抚军书》一书②相赠，其中提出了自己的破敌复城的策略：可先招募黄州团丁，命其渡江，驻扎武昌（今鄂州市）县城，截断从兴国、大冶运往太平军大营的粮草物资；随后命水师顺流而下，泊驻青山、塘角等地，“坚壁以挫之”；又下令围城各军营严密防守，防止城中太平军突围。等到城中太平军粮草断绝、人困马乏之时，遂撤围放开武昌（即夏口）城一角使之出，并事先在前方险要之地设伏；待城中之“贼”进入伏击圈，乃突然发起攻击，且前后夹击，就可大获全胜。后来胡林翼采纳王柏心的计策，果然奏效，武昌城很快被收复。

其四，审度其虚实，估量其胜算。审虚实就是审时度势，具体说就是要知晓天时地利人和的道理，熟悉作战的地理环境，了解敌我双方的兵备情况；正所谓“知己知彼，方能百战不殆”。王柏心认为：审虚实就是要了解和看清战争的形与势、虚与实。譬如“贼舟最盛时，有二万余艘，大半朽败不可用”，而“我之舟楫甚利且多，贼水战不敢与我争利”。因此，水战之“贼”颇少，不需过多兵力，可将部分精锐部队转移至陆地战场，水上之舟楫只作虚饰，用以震慑太平军；而太平军须分散兵力，抽出大量军队来防守江面的薄弱地区；此时，清军就可以全力支持陆军，训练骁勇善战之士，直捣太平军的坚守之地，做到“因敌制胜”③。

认真分析、估量战争的胜算，也是关系到战争全局的胜败甚至影响到国家的存亡的重要问题。在王柏心看来，要想在战争中用兵，并取得战争的胜利，就必须事先度量其胜算。他认为，清军在长江流域平定太平军的胜

---

① 王柏心：《行营事宜管见·论用奇》，《百柱堂全集·杂著》卷四十六，《百柱堂全集》，崇文书局 2008 年版，第 1320～1321 页。

② 王柏心：《答胡润芝抚军书》，《百柱堂全集·书》卷三十七，《百柱堂全集》，崇文书局 2008 年版，第 1105～1107 页。

③ 王柏心：《兵事臆议五则·论审虚实》，《百柱堂全集·杂著》卷四十六，《百柱堂全集》，崇文书局 2008 年版，第 1312 页。

算有五个方面，即“以顺诛逆”、从“上游攻下游”、“以饱制饥”、“以整御乱”、“以有舟击无舟”。此五点就决定了清军在长江流域作战的优势地位，故清军战胜太平军，取得战争的最后胜利是不成问题的①。

关于军政建设，王柏心对其重要性有着深刻的认识。他认为：兵员的征调，粮草的筹措，天时与地利等，虽然是军队作战取胜的重要条件，但如果此三者已备，却不修军政，仍然难以取得战争的胜利。因此，他希望能够建立一个以“法”为中心，以择将选士为手段，以和谐军民关系为目的的军政体系。

具体说来，王柏心的军政建设思想主要集中在以下三点：

其一，爱惜民力，收取民心。所谓“爱惜民力，稳定民心”说的是要处理好军民关系的问题。同治元年（1862年）春，王柏心在其《应诏上封事·行营宜宽减榷算》中集中阐述了清末兵、民、“贼”三者之间的关系。他指出：国家建设军队的目的，在于平乱、灭“贼”以卫民，但各级地方军队在平乱、伐“贼”的过程中，大小将官皆设有行营，且不断增加兵员，致使地方财政枯竭；于是，各地方政府及军队遂纷纷在通衢要道设卡，截拦商旅，抽取厘金，以充军需。本来，普通民众知道出钱出力支持政府军队平乱、伐“贼”是正义之事，但先有“凶贼之搜掠”，继有“贪吏之勒捐，而各局司事又沥其髓而吸其膏”，“贼”乱与沉重赋税的压力，加之贪官污吏横行，肆意搜刮盘剥，使得民不聊生，可谓“将驱民以附贼”；民众的不满情绪越积越多，到一定的时候就会爆发。于是，官民、军民矛盾的激化，便成为农民起义的直接原因。正因为如此，王柏心希望朝廷和各级地方政府能“立法宽简，不至苛虐”，以爱惜民力，收取民心②。

其二，辨别勇怯，和谐将士。将帅和士卒是军队作战的主体，辨别其忠勇怯懦是使用将士的前提。如何根据将士的具体情况，充分地发挥他们的作用，是关系到战争胜负的大问题。王柏心认为：面对战争时，将士往往勇怯不齐，这是很正常的事情，“惟有精加简别，以怯者诱贼，以勇者击贼，尝任智计，每战一胜，众有所恃，则锐气百倍，怯者可使变而为勇矣”。这可说是军政建设中的辩证法：以怯者诱贼，以勇者击贼，将弱点

---

① 王柏心：《兵事臆议五则·论量胜算》，《百柱堂全集·杂著》卷四十六，《百柱堂全集》，崇文书局2008年版，第1312～1313页。

② 王柏心：《应诏上封事·行营宜宽减榷算》，《百柱堂全集·奏议》卷二十九，《百柱堂全集》，崇文书局2008年版，第867～868页。

转化为优势，使优点充分利用；又用智谋使每战获胜，以鼓舞军队士气，时间一长，怯者亦会变为勇者①。

和谐将士则是正确处理军队内部关系，加强军队整体团结的有效措施。王柏心认为：军中最缺乏的是“良将”。眼下的将帅，其“才智各有高下”，“或谋或勇”，可“节取而用之”；然后，“奖其所长，而训其不逮，使之感奋，收其力用足矣，不必求全”；因为“武人所尚者，气也，使得奋扬其气，则人人鼓舞，皆能以策力自效矣”。只有时时宣扬军队的正气，鼓舞军心，才能使军队上下一心，团结一致②。

其三，严明赏罚，慎择将士。王柏心在《论军政》中指出：此前清军在镇压太平军和“贼”乱时，经常师出无力，将士毫无斗志，军队避“贼”养寇，坐视城邑覆没，险隘捐弃徒然消耗赋税，致使“群盗满山，相〇而起”。而造成这种局面的主要原因在于军政不修——“不修之失，其大者，在不择将，不选士，不明赏罚，或任赏而无罚”。正因为军政不修，所以军队就没有优秀的将领和士卒；全军不明赏罚，部队的纪律就涣散，将领就不听调动或怯懦退缩，士卒就不能力战或遇敌就溃逃。只有立定法令，严明赏罚，严格纪律，才能革除种种弊病，以稳定军心，使将士效命；也只有“军政修明，锐气顿振，廓清摧陷，投之所往，无不如志，殄群丑如振槁矣”③。

严明赏罚既可使将士明了自身的行为和职责，从而提升军队的战斗力，又是军队选择将士的基础。只有赏罚分明，才能容纳四方贤能勇将，军队拥有了良将和睿智谋士，才能勇往而不胜。王柏心认为：军队择将的途径有三：或“群臣荐举”、或“拔自卒伍”、或“起自草泽”④。军队作战所依靠的是将帅，而将帅的才智各有不同，不必求全，“或谋或勇，有一于此，即可拔擢，示之表的，余者自知效慕”⑤。至于选择士卒，“贵精非贵

① 王柏心：《行营事宜管见·论辨勇怯》，《百柱堂全集·杂著》卷四十六，《百柱堂全集》，崇文书局2008年版，第1322页。

② 王柏心：《行营事宜管见·论和将士》，《百柱堂全集·杂著》卷四十六，《百柱堂全集》，崇文书局2008年版，第1322页。

③ 王柏心：《论军政》，《百柱堂全集·杂著》卷四十六，《百柱堂全集》，崇文书局2008年版，第1304～1306页。

④ 王柏心：《论军政》，《百柱堂全集·杂著》卷四十六，《百柱堂全集》，崇文书局2008年版，第1304页。

⑤ 王柏心：《行营事宜管见·论和将士》，《百柱堂全集·杂著》卷四十六，《百柱堂全集》，崇文书局2008年版，第1322页。

多”，“宜力加澄汰，去其骄惰，而留其堪战者，申严号令”，然后加以严格训练，自然就会成为一支明法守纪、具有极强战斗力的军队①。

第四节　王柏心的文学思想

王柏心是清朝道光（1821—1850）、咸丰（1851—1861）、同治（1862—1874）年间著名的文学家。其创作诗（词）、文兼工，无论是其诗词，还是其散文，都作品丰富，风格独特，自成一家，在当时及以后都产生过积极的影响。

王柏心的弟子唐炯在《百柱堂全集·叙》中指出：“（先生）为文章不规规于桐城体法，要之以气为主。”②所谓“桐城体法”，众所周知，清康熙、乾隆以后，文坛“以桐城派占绝对优势。桐城派是我国古代规模最大的一个散文流派。它产生于康、乾盛世，因其创始人方苞、刘大櫆、姚鼐同出于安徽桐城而得名；他们尊奉程朱理学为道统，以承继秦汉及唐宋八大家的文统相标榜，结为门户，世代相传；中经道咸，文人学士争相归附，弟子遍及各地，直至‘五四’前后，共延续了二百多年，才逐渐衰落。其规模之大、时间之长、作家之多，在中国文学史上是罕见的，故时有‘天下之文章，其在桐城乎’的赞誉”③。

王柏心生活的时代，也正是言简有序、清淡雅洁的桐城散文风行之时。湖南湘乡的曾国藩、武陵的杨彝珍、湘阴的郭嵩焘，安徽桐城的方宗诚、姚莹、姚春木，广西临桂的朱琦、龙启瑞、马平的王拯，贵州遵义的黎庶昌等人，皆奉桐城为圭臬，而他们又都是王柏心的好友，经常在一起切磋学问，唱和赠答，耳濡目染，受到桐城文风的影响，是完全可以理解的。但王柏心并“不规规于桐城体法”，而是在桐城义法的基础上提倡“气”。

王柏心在《梦研斋遗集序》中认为：“血之理也变为虹，怒之壮也激为

---

① 王柏心：《论军政》，《百柱堂全集·杂著》卷四十六，《百柱堂全集》，崇文书局2008年版，第1305页。

② 唐炯：《百柱堂全集·叙》，《百柱堂全集》附录六，《百柱堂全集》，崇文书局2008年版，第1549页。

③ 程翔章：《桐城散文在近代的发展与变化》，《晚清文学研究》，世界图书出版广东有限公司2014年版，第103页。

潮，精气不可磨灭故也。……公（按：指唐树义）晚好填词，亦以气胜。”①后又在《方友石鸿濛室诗文序》中指出：“若夫揽王霸治忽之要，苞奇正攻守之术，慨然以康屯济否为志，欲夷一世之以桀暴乱而返之正，其形诸言辞者，敷陈剀切，指画明悉，动关天下大计，忠亮伉爽之气，不可掩遏，往往达之足以摧金石，引之足以贯日星，是非俊杰之士不能。”②

王柏心这里所说的“气”，主要指的是文章的气势和文章的内在力量，是文章所具有的一种充沛的、不可抵御的张力，也可以说是作家独有的一种风格特征。很显然，它继承了我国古代传统的“文气说”，又因新的社会时代有所发展。在王柏心看来，文章的气势之所以宏大，文章的内在力量之所以强盛，是和作家的个性与平时的学养密不可分的，非“俊杰之士”难以驾驭。

王柏心的文学创作以诗歌创作为大宗，亦风格独特，自成一家，很难将其归入当时文坛五花八门的任何一个文学流派。如果一定要将其归入一个流派的话，则可勉强地将其归入倡导汉魏六朝和盛唐的湖湘派。

同治十年九月十九日（1871 年 11 月 1 日），湖北学政洪钧在《致王子寿先生书》中就说：“尝谓诗家宗派，皆在于楚：左徒师弟振藻于前，工部襄阳传薪于后。大著师法杜陵，骎骎乎骐骥并驾矣。”③其弟子唐炯则云：“（先生）诗少宗王李，既乃变化。军兴以来，感时书事，引古喻今，汪洋恣肆，别辟门径，直上夺少陵之席，天宝后无此作也。”④

咸丰十年（1860 年）仲春，王柏心的挚友夏承业在为好友诗集（即《漆室吟》）作序时亦指出：柏心“所为诗，雄宕有奇气”，其“含咀经史，浸淫汉魏，高华匹太白，沉痛跻杜陵，盛唐以下耻弗为”⑤。

虽然王柏心自己并没有像有的作家那样，对自己的文学思想、理论有集

---

① 王柏心：《梦研斋遗集·序》，《百柱堂全集·序》卷三十三，《百柱堂全集》，崇文书局 2008 年版，第 965 页。

② 王柏心：《方友石鸿濛室诗文·序》，《百柱堂全集·序》卷三十三，《百柱堂全集》，崇文书局 2008 年版，第 966 页。

③ 洪钧：《致王子寿先生书》，《百柱堂全集》附录三，《百柱堂全集》，崇文书局 2008 年版，第 1497 页。

④ 唐炯：《百柱堂全集·叙》，《百柱堂全集》附录六，《百柱堂全集》，崇文书局 2008 年版，第 1549 页。

⑤ 夏承业：《漆室吟·序》，《百柱堂全集》卷首，《百柱堂全集》，崇文书局 2008 年版，第 31 页。

中的、明确的总结；但通过仔细阅读其诗（词）、文等作品和其友朋、弟子对其文学创作的评价以及对其文学创作的一些心得、体会的审视，我们还是可以从中窥见其文学创作的基本思想。

王柏心在为亡友胡鼎臣《姑诵草堂诗》所作的序中说：“子重少好乐府、汉魏、古诗，及晋元亮陶氏、唐子美杜氏、明献吉李氏之作，思沉力厚，一往遒鸷。中年以后则浑融磅礴，纯任天机，脱去摹拟町畦。忽而捍突，若生军；忽而轮囷磦砢、斑驳陆离，若老树之瘿、沙石之成篆籀；忽而浑朴，若田父话桑麻；忽而肫挚，若家人骨肉，倾写肝鬲；忽而忻然以笑，若赤子叫呼跳跃；忽而悄然以悲，若羁旅飘摇、放逐缧囚之士，累欷相对。虽不主一格，然大要归之于真而已矣。今夫诗之境，莫贵于真。真则贯三光，亘金石，历终古而常新。然非专取之思与力也。积之有养焉，鼓之有气焉，迎之有机焉。水之流湿也，火之就燥也，曲蘖之醲醇醪也，真故也。雉之窜凤也，狐之假虎也，碔砆之乱瑶琨也，非真故也。柏心独贵子重之诗者，惟其真耳。”①

这是王柏心为亡友诗集所写的序言，评价的是亡友的诗歌创作，但它完全可说是王柏心的夫子自道。这里所说的“真”，指的是诗人的性情之真。在王柏心看来，诗歌要表现诗人的个性，表现诗人的性情，表现诗人的心声，就必须“真”；诗人只有袒露自己的真实性情，才会感情真挚，自然流露，反映现实生活，言之有物；自然也就不会空洞无物，无病呻吟，矫揉造作，迷离恍惚。王柏心不仅提倡写诗要“真”，而且自己也是努力地去实践自己的主张的。认真阅读《百柱堂全集》中的诗歌作品，皆是王柏心真实性情的表露。

王柏心的文学思想要以其词学思想和词学理论的影响为大。概括起来，王柏心的词学思想和词学理论主要表现在两个方面：

其一，对词体的新认识。词作为一种特殊的诗歌体裁，自其产生之日起，便给传统士人形成了一种“诗庄词媚”的思维定式。随着词的不断创作发展，时至近代中叶，越来越多的词人对词体有了新的认识。他们认为，不能再将词看成是题材的闺情、艳情化倾向突出，情感淫靡，色彩艳丽

① 王柏心：《姑诵草堂诗序》，《百柱堂全集·序》卷三十四，《百柱堂全集》，崇文书局2008年版，第1010页。

的“艳科”，而应该不断吸取诗歌创作的经验，使词体逐渐向诗化发展，做到题材庄雅，情感庄重，在节奏和韵律上亦不必有诸多限定，在创作方法上亦应当像诗歌一样抒写怀抱和吟咏情志。

王柏心在为刘淳《云中集》所写的序言中曾说：“世之工此者，谐声应节，回翔雅步而已，其极至于鼓宫宫动，鼓商商动而止耳。其喜也，不知何以喜；其忧也，不知何以忧倜。”这就指出了世间作词者的通病——拘泥声律，缺少真实而丰富的思想情感。随后，王柏心提出了自己的词学主张，即“乘吾气之所至，肖吾情之所赴，抑之不能也”①。后来又在为好友夏成业的《研雨轩词》所写的序言中强调说：“填词虽文艺之一体，然与风雅乐章相出入，其深婉挚厚者，可以宣忠孝之怀，见性情之正，非才性具而加以嗜好之笃者，不能至是。”②很明显，王柏心是主张词体诗化的。他明确主张创作词时，要“乘吾气之所至，肖吾情之所赴”，而不能过分拘泥于节奏与音律。这就是说，词人所创作的词，要以自己内心真实的情感为出发点和归宿。

其二，对词的题材内容的拓展。众所周知，在词的早期创作中，取材主要集中在艳情、闺情、写景、离愁、别绪等范畴。自北宋中期以后，尤其是在清代的早、中期，由于受词体诗化观点的影响，词的创作题材大大丰富，传统的艳情、闺情、写景、离愁、别绪等题材所占比重越来越少。王柏心在给前辈、好友陶梁《红豆树馆词》所写的跋中就指出：“词之始兴，大抵流连风月，泛咏皋壤，感物而动，其绪无端，以凭虚为奇，以超旷灵澹为宗。至子瞻、幼安辈为之，泛滥于子史，驰骋议论，其体一变，然特以发摅其壮气雄心而已。未有综贯生平，标举志行，若年经月纬，粲然可睹指者也。”在这里，王柏心指出了词的传统题材存在的局限性——缺少“标举志行”“义兼纪事”“粲然可睹指者”的作品。在王氏看来，那些在诗歌中出现的“标举志行”“义兼纪事”“粲然可睹指者”等题材内容，同样可以在词中出现，词本来就应该与诗并驾齐驱。

他还强调说：“今读《红豆树馆词》，包含宏大，直举胸情，然后知此

① 王柏心:《云中集·序》,《楚四家词》,南京图书馆藏道光十五年(1835年)刻本。

② 王柏心:《研雨轩词·序》,《百柱堂全集·序》卷三十四,《百柱堂全集》,崇文书局2008年版,第1033页。

境正自无穷，人特未能穷其所至耳。集中他美，诸公论之详矣。余以为自有倚声以来，兼众长而扩其境之所未至者，独于兹集见之。”[①]王柏心非常肯定前辈、好友陶梁词作的“包含宏大”与“直举胸情”。这里所谓的“包含宏大”，就是指词的内容要广泛而丰富；所谓的“直举胸情”，就是指作词要直抒胸臆。

王柏心的上述词学理论观点，不仅是对前人词学理论观点的总结和发扬，而且成为晚清周济、朱祖谋、王鹏运、郑文焯、况周颐等著名词人关于推尊词体，讲究词的比兴寄托，提倡词的“重”（指词的品格和气格）、“拙”（指纯真朴素）、“大”（指题材扩大），主张“诗有史，词亦有史”等观点的先导。

① 王柏心：《红豆树馆词·跋》，见于陶梁著《红豆树馆词》，道光二十三年（1843年）百媚书屋刻本；另见于程翔章、程祖灏著《王柏心年谱》，华中师范大学出版社2019年版，第59页。

第十一章　王柏心与地方志

方志，也叫“地方志”，它是记载某一个地方的地理沿革、建置与政治、历史、经济、军事、教育、人物、物产、风俗等方面情况的著作，如县志、州志、府志、省志等。地方志书实际上就是一种地方史书，是地方上的一项重要的文化建设。它不仅能够全面、系统地反映和保存各个地方的文献资料，还能为国家史书的编纂提供可靠的资料来源。因此，清代中、后期的各地方官吏，都很重视地方志的编纂。王柏心作为清代中期的著名学者、文学家，常常被地方官吏聘请为地方志的主纂者，使他成为这一时期的一位方志大家，为清代的地方文化建设做出了重要贡献。

第一节　王柏心编纂地方志的初步实践

道光二十七年（1847 年）十月，已经辞官在家闲居的王柏心，应时任黄冈县令的好友俞昌烈之邀，赶赴黄州，在谢荧等友朋们的协助下，以道光十一年（1831 年）陆炯、王德新所修而未竣的县志残稿为基础，开始编纂《黄冈县志》。

黄冈县是黄州府的首县，说到县志的修纂，其历史颇长。最早的一部《黄冈县志》编纂于明代万历年间。此志由黄冈知县茅瑞征修，而由本县举人吕元音、贡生王同轨等人纂辑，共十卷。卷首无凡例，卷末有茅瑞征的序。此志选举、人物两卷缺，舆地志于疆域、古迹、山川形势，建置志于公署关津，采录精确。田赋志详述租赋、徭役增减、沿革之故及闾阎疾苦、民俗俭奢、低回讽叹，使读者得张弛损益之意于言外。艺文志取各家专集，录关于一县典章文物，序记居多，诗赋甚少。此志虽属创修，其参酌弃取可称繁而不芜，简而不略。此志于万历三十六年（1608 年）刊刻行世。茅志纲举目张，次第井然，一时称为善本，后又有光绪十年（1884 年）的刻本。

清康熙十二年（1673 年），由黄冈知县董元俊主持，聘本县贡士孙锡蕃主纂，开始重修县志；而二人力从简略，又变更前志［案：此指茅志］体例，纲目不分，成书六卷，于当年完成刊印。乾隆二十四年（1759 年），县令刘煊、蔡韶清亦曾重修县志，然今无传本。

乾隆五十一年（1786 年），四川泸州人王正常由咸宁知县调任黄冈知县后，力主重修县志，并在政务之余，依据茅志，亲自搜集资料，重加补辑，历数年时间，终于编纂成新的《黄冈县志》（二十卷，首一卷），于乾隆五十四年（1789 年）刊印行世。此志的地理、建置二志，沿革、星野、山川、物产、公署、津梁，今昔无异，无可增加，一遵茅志。此志特立学校一门，附庙学、祭典、书院等类。明万历三十六年（1608 年）距其时一百八十余年，其间人才辈出，代不乏人，故此志“人物”增为四卷，采访甚广。艺文志，前列诗赋，仍录茅志，其所增益，皆有关县治。此志虽仿模茅志，但体例谨严，远胜旧志。

道光十一年（1831 年），新任黄冈县令李锦源延请陆炯、王德新等人，决定以王志为基础，对县志重加修辑；然一县事实，采访不易，未竣而止。

王柏心这是第一次主持编纂地方志，因此非常重视。他深知编纂地方志的意义和编纂方志的不易。为了将《黄冈县志》编纂好，也为了编志的方便，这一年的春节，王柏心没有回监利老家与父母团聚；而是应邀来到一江之隔的鄂州，在弟子吴又恒家度岁。一过完年，王柏心就渡江来到黄州，与同仁们继续编纂《黄冈县志》。

道光二十八年（1848 年）二月下旬，由于俞昌烈县令的大力支持，也由于王柏心的高度重视和全心投入，在友朋们的通力合作下，《黄冈县志》二十四卷，首一卷纂辑完成；并于四月在县署正式开雕，于同年九月刊刻完成。

此次所修之《黄冈县志》，各类仍遵王志，略有变更；其纲目清晰，体例严谨，增新补旧，后人览之，一目了然。

《黄冈县志》的修纂完成，不仅为王柏心修纂地方志积累了经验，而且为王柏心以后主持修纂地方志奠定了坚实的基础。

第二节　方志名家

王柏心具有渊博的学识，加之他态度严谨，认真负责，初试锋芒，就收到了很好的效果——他编纂的《黄冈县志》，得到学人们的一致好评，这也为他赢得了声誉。尤其是晚年，王柏心在教学之余，潜心史地之学，成为著名的方志学家，一时声名远扬，故两湖、江汉地区的地方官吏皆争相聘请其主持地方志书的编纂。

同治二年（1863 年）十月，应宜昌府知府聂光銮、宜昌县知县金序之的邀请，王柏心安排好荆南书院的事情，便带领聂定焜、刘俊贤等弟子前往宜昌，开始编纂《宜昌府志》和《东湖县志》。

同年的十一月间，王柏心又应荆门直隶州当阳知县阮恩光的邀请，专门去了一趟当阳县城，并接受阮县令的恳请，同意出任《当阳县志》的总纂，正式启动县志的编纂工作。在商定、安排妥当修纂县志事宜后，王柏心才回到宜昌继续编志。

在地方官府的大力支持下，经过一年半的时间，王柏心与友朋、弟子通力合作，不仅《宜昌府志》（十六卷，首一卷）和《续修东湖县志》（二十八卷，首一卷）编纂完成；而且《当阳县志》（十八卷，首一卷，末一卷）也顺利完成。

同治四年（1865 年）十月，应汉阳府汉阳县知县黄式度之聘，王柏心组织人手，启动对原《汉阳县志》的修纂工作。

同治六年（1867 年）的秋天，正当《汉阳县志》处于紧张的编纂期间，知县黄式度调任蕲州，而由无锡人王廷桢接任汉阳知县。好在王廷桢接任县令后，亦很重视、支持县志的编纂工作。因此，至同治八年（1869 年）的十二月，由于前、后县令的大力支持，友朋们的精诚合作，《续辑汉阳县志》（二十八卷，首一卷）终于编纂完成。

同治九年（1870 年）三月，应荆州府监利县知县陈国栋、知事林瑞枝之聘，王柏心安排好荆南书院的事情，便带领次子家隆和三子家仕以及一帮弟子来到监利县城，专心致志地修纂《监利县志》。同治十一年（1872 年）二月，经过数十人近两年的精诚合作、辛勤耕耘，《监利县志》（十二卷，首一卷）终于编纂完成，雕版印行。

也是在同治十一年（1872 年）里，王柏心还曾应湖南临湘县知县恩荣的聘请，顺利地完成了《临湘县志》（十三卷，首一卷，末一卷）的总纂工作。

王柏心在其晚年不到十年的时间里，就主持编纂了六部地方志书，再加上其早年编纂的《黄冈县志》，所编纂的地方志书就达七部之多，完全称得上是一位名副其实的方志学大家、方志学名家。

王柏心主持编纂的这些地方志书不仅数量多，而且质量高。既为时人所推崇，又有益于今人的学习借鉴，其中以《宜昌府志》和《监利县志》的编纂用力最勤，编审最精。以同治十一年（1872 年）版《监利县志》为例，它既是王柏心生前主持编纂的最后一部地方志书，也是他主持编纂的地方志书中的代表作之一（其二子秀才家隆、三子贡生家仕和一批弟子门生都曾参与此志的修撰；“父子兵”、“弟子兵”是此次修志的主力军）。全书共分为方舆、营建、江防、田赋、学校、职官、兵防、风土、选举、人物、艺文、杂识十二志，每志之下又列有若干子目，总计有二百多个子目。自同治九年（1870 年）初夏开始，数十人经过近两年的精诚合作，终于大功告成。

《监利县志》不仅体例完备、结构严谨、资料丰富，而且监利是王柏心的桑梓，深情倾注，述事简洁明了，文词感人至深，评议情真意切，可读性极强，亦较充分地体现了王柏心编纂方志的思想。

第三节　王柏心的方志理论与思想

王柏心晚年主持编纂的地方志书较多，又善于学习和总结，因此形成了他比较系统的方志修纂理论和思想。

王柏心主持修纂地方志，首先非常清楚地方志的重要性和性质。他曾在其《续辑汉阳县志·序》中指出：“邑无方志，则阙典之最大者。”又说：“方志记载略与史同，然其异者有数端：史尚严，志尚核；史褒刺并见，志则称美不称恶；史举大遗小，志则宏纤具列。此其所以异者也。”①

在这里，王柏心继承了前人“方志乃一方之全史”②的观点，并将其贯穿于自己所修纂的各部地方志书之中。在他看来，如果一个地方没有“方志”，那是这个地方最大的缺失。而“方志”“略与史同”，也就是说，“方志”也是一地之“正史”。而多次的编纂地方志书的实践，又使他清楚地认识到，“正史”与“方志”虽然都是“史”，但两者之间又有明显的不同：“正史”讲究严谨，“方志”讲究真实；“正史”“举大遗小”，“方志”宏纤具列；“正史”褒奖、批评兼具，“方志”则“称美不称恶”。说得更直白一点，“正史”与“方志”的根本区别在于：“正史”记

① 王柏心:《续辑汉阳县志·序》,《百柱堂全集》补遗三,《百柱堂全集》,崇文书局 2008 年版,第 1589 页。

② 章学诚:《章学诚遗书》卷二十八之《丁巳暮书怀投赠宾谷转运因以志别》注,文物出版社 1985 年版。

载的是一代之大事，重在纪事；“方志”记载的则是一方之详情，重在辅治。相对而言，由于“方志”“宏纤具列”，因此，“方志”在内容上比“正史”更加丰富，且更具有实用价值。

其次，明白编纂地方志的作用。王柏心在《重修临湘县志・序》中就强调指出：此次重修之县志，有两点非常重要，一是“示俭”，二是“设险”：“是二端者，为邑事之大且重者矣，而皆不见于前志，岂非盛衰升降流极使然”；“其用意深远，尤在‘示俭’与‘设险’，览者绎之，可具见于言外”①。在王柏心看来，一县之地，县民只有养成“示俭”的习惯，才会开源节流，由穷变富；反之，就是县民原本富裕，而不知“示俭”，时间一长，也是会由富变穷的。邑宰和邑民都应知晓其邑之“险”，并据而守之，使外敌不能入侵；只有这样，百姓才能安居乐业；百姓安居乐业，地方才能繁荣发展。

又次，关于方志的具体内容，必须根据具体地方、具体情况而定。王柏心认为：“同一志也，此邑与彼邑，后志与前志，又有缓急、详略之不同，亦各举其重大切要者，以为体要而已矣。”②这也就是说，无论编纂府志，还是编纂县志，都必须踏踏实实、认认真真地根据该府、该县的具体情况、发展变化，“举其重大切要者”，并分明其“缓急、详略之不同”而纪之，绝不能主观臆断，或生搬硬套，或投机取巧。

再次，关于编纂地方志书的体例。王柏心曾明确地指出：“大凡邑乘之有先后，体相沿而意不相袭。不变者山川也，日变者政教风俗也。后之视先，据其变者为言，故无取乎相袭也。”③这就是说，一个地方方志的编纂有先有后，后人在编纂这个地方的方志时，前人所编此地方志的体例是可以沿用（或借用，或袭用）的。但其具体内容是不能沿用的，这就像此地的山川不会变［案：按照今人的观点，山川也是在变化的，只是它变得慢，不明显］，而此地的“政教风俗”却时时在变化一样。

综观王柏心晚年所编纂之各地方方志所表现出来的方志思想，简要地概

① 王柏心：《重修临湘县志・序》，《百柱堂全集》补遗三，《百柱堂全集》，崇文书局2008年版，第1588～1589页。

② 王柏心：《续辑汉阳县志・序》，《百柱堂全集》补遗三，《百柱堂全集》，崇文书局2008年版，第1589页。

③ 王柏心：《重修临湘县志・序》，《百柱堂全集》补遗三，《百柱堂全集》，崇文书局2008年版，第1588页。

括起来主要有如下几个方面：

第一，以人为本，关注民生，重视百姓疾苦。如《重修临湘县志》中所倡导的“示俭”和“设险”，就是这一思想的具体体现。这与他早年在《枢言》、《续枢言》和《导江三议》中所表现出来的经世致用和忧国忧民思想也是一致的。

第二，重视区域地理与行政区划的研究。例如在其所编纂之《监利县志》中，就将监利县从春秋时期一直到清代的地理沿革和行政区划的演变过程进行了认真、系统的梳理，让今人一看就清楚明白。

第三，重视区域文化的建设与研究。例如在他所编纂的《监利县志》中就搜辑载有五篇碑、记、书、文和四首诗词。又如在《重修临湘县志·序》中强调对邑民进行“示俭”和“设险”的教育。再如在《续辑汉阳县志》中所弘扬的为保卫乡梓而不惜捐躯的不屈精神等等，都是对区域文化的挖掘。

第四，重视对地方历史人物的研究。这从王柏心所主持编纂的七部地方府、县志都可以看出，只要是对地方的发展、进步做出过重要贡献的地方历史人物，他都会为其立传，收入志中，让后人记住他。

最后要提到的是，王柏心非常重视编纂方志人员的构成，即编纂队伍的建设。他在主持编纂《宜昌府志》和《东湖县志》时，就带领了聂定焜、刘贤俊等一批弟子参与；主持编纂《汉阳县志》时，聘请参与编志的都是其故旧好友；至其主持编纂《监利县志》时，除了聘请故旧好友参与外，更是让两个儿子和一批弟子都参与进来。故旧、“父子兵”和“子弟兵”成为他纂修地方志的主力军。这不仅能保证志书按时、保质地完成，而且能让儿子和众弟子在实践中学习、提高、进步。

今天，无论国家还是各级地方政府，都很重视文化建设。而各级地方政府组织学人修纂地方志也成普遍现象。因此，对王柏心的一些进步的修志思想和比较好的修志方法，应该引起重视并进行认真总结，予以学习和借鉴。

第十二章　王柏心的文学创作

王柏心精通经史百家之学，学识淹博，不仅主讲荆南书院数十年，“以其道德文章独步江汉间五十余年”，而且“年未逾四十，文章已冠绝海内”[①]，是清道光（1821—1850）、咸丰（1851—1861）、同治（1862—1874）年间著名的文学家。他的文学创作十分丰富，不仅工诗词，而且擅长政论、古文和骈文，并以其卓越的才华和创作实绩赢得了时人的好评与推崇，为中国近代文学的繁荣、发展，尤其是为湖北近代文学的繁荣、发展做出了重要贡献。

第一节　王柏心的政论文创作

从《百柱堂全集》看，王柏心创作的“文”，计有古文十五卷、骈体文三卷、赋一卷、奏议一卷、论说文（即《枢言》、《续枢言》，原为二卷）一卷、杂著一卷。

早年，王柏心“瓣香范文正，隐然怀用世之志”[②]，且“远揽古今，勤求时要，日思所以振厉一世之人心而厝之安，岂思以文士终哉！”[③]晚年，阅世既久，思考亦多，愿尽一份在野儒士的责任，将其所思考之问题奉献给朝廷或地方大吏，冀为当道者所纳，以利国利民，故所作多论说，所言多兴利除弊。这方面的作品主要集中在《奏议》（一卷）、《枢言》（上、下卷）、《导江三议》（一卷）和《杂著》（一卷）中。

---

① 郭嵩焘:《王子寿先生墓志铭》,《郭嵩焘诗文集》卷二十一,岳麓书社 1984 年版,第 450 页。

② 王柏心:《国史馆本传》,见《百柱堂全集》卷首,《百柱堂全集》,崇文书局 2008 年版,第 20 页。

③ 郭嵩焘:《王子寿先生墓志铭》,《郭嵩焘诗文集》卷二十一,岳麓书社 1984 年版,第 450 页。

作为一位政论家，王柏心写有大量的政论文章，且在朝野享有盛名。这类文章又以《枢言》、《续枢言》与《导江三议》及一些奏议和讨论军事的政论为代表。其《枢言》和《续枢言》的篇幅都不长，而主题明确，观点鲜明，论据充分，论述透辟，文字古朴，是一批短小精悍的政论文，因在前文已有专门论述，此处不再赘述。

王柏心的《导江三议》作于清道光（1821—1850）年间。该书共收入四篇文章，即《浚虎渡口导江流入洞庭议》、《导江续议上》和《导江续议下》三篇，另附有《上何方伯言监邑下乡何家埠决口当留书》。这四篇文章的中心思想就是：荆江堤防不足以抵挡长江洪水，而荆江洪水宜疏不宜堵，疏胜于堵，只有在荆江两岸分流，疏导结合，才可减轻荆江河段的洪水压力，将洪水造成的损失降低到最小。

其《浚虎渡口导江流入洞庭议》①一文大约作于道光二十七年（1847年）或此年之前。这一年，作者将自己所写的这篇文章呈交给地方官吏，希望能够对今后治理江堤有所帮助。作者自称其“生长江滨，数十年来，泛舟上下，纵观江势曲折，深悉其利害”，故文中仔细分析了长江堤防的修筑，主要是为了以地谋利的目的。但“以数千里汪洋浩瀚之江，束之两堤间，无穴口以泄之，无高山以障之”，其危险不说可知。况且“十数年来，江心骤高，沙壅为洲，枝分歧出，不可胜数”；每到雨季，江水挟风雨之势猛冲大堤，因无穴口排缓，就必然出现江水盛涨且旁溢横决的局面。因此，作者的结论为：修筑堤防不是良策，应该寓取于弃。为了让自己的观点更有说服力，作者在文章的后面还采用自问自答的形式，先设定了十条反对意见，再逐条予以解答，论述其分流纾患的可行性。最后，作者强调指出：“以堤捍水，愈争而愈不胜，是控拳搏戟之智也。有策于此，不劳大役，不烦大费，因其已分者而分之，顺其已导者而导之，捐弃二三百里江所蹂躏之地与水，全千余里肥饶之地与民，其与竭膏血、事畚锸者利害相去万万矣。”王柏心的观点非常鲜明，治江的急务就是在南岸的公安、石首一带开辟分洪区，引江水泄入洞庭湖，牺牲南岸少量的垸田以确保北岸众多人物财产的安全；待北岸水利治理好后，再将长湖、白露湖、洪湖辟为调蓄区。

道光二十八年（1848年）夏天，荆江南岸的公安、石首、松滋县境和北

① 王柏心：《浚虎渡口导江流入洞庭议》，《百柱堂全集·杂著》卷四十六，《百柱堂全集》，崇文书局2008年版，第1338～1345页。

岸监利县所辖之薛家潭等地溃口。此时，王柏心已回荆南书院任教。王柏心闻信，立即赶去进行实地考察。回家后，赶写了《导江续议（上）》①一文。他明确主张："决口宜勿塞"，"勿塞为便，塞则必败"；并强调指出："若留此三决口，而南纵之入洞庭，北纵之入洪湖，始有所分，继有所宿，终有所往"；而"水有所分，则其忿息；有所宿，则其悍平；有所往，则其行疾"；于是"一郡之中，千里终流，自此安矣"。其主张、建议既有道理，又行之有效。

第二年（1849 年）夏天，荆江又发洪水，松滋县的高家套和监利县的下车湾溃堤决口。王柏心在身临堤段、仔细考察后，又写了《导江续议（下）》②。文中除继续上文的观点外，又反复强调说："诚能旷然远览，勿塞决口，顺其势而导之，上合天心，远遵古圣之法，使水土各遂其性而不相奸，必有成功"，且"用财力亦寡"。如果"此功一就，江安患弭，人有定居，填淤加肥，租赋尚可徐复。虽云救败之下计，实乃通变之中策也"。

王柏心提出的荆江洪水宜疏不宜堵、疏胜于堵，应当采取南北分流、以南为主、分流纾患的治江主张，颇多精辟之见。它不仅体现了王柏心从保护生态环境出发、全面治理江患的思想和策略，而且表现出作者关注地方利弊、关心民生疾苦的那种强烈的忧国忧民的情怀，是他《枢言》和《续枢言》中人本思想的进一步发展。这也正好验证了郭嵩焘的一个说法："先生言治术必达民情，言兵事必明地险。"③因此，这些主张和见解，对当时和后来荆江的防洪治理都提供了宝贵的借鉴，产生了较大的影响。

王柏心曾是统治阶级队伍中的一员，虽然后来脱离这支队伍长期生活在乡间，但毫无疑问，其思想一直是属于封建正统的，是维护和支持现有统治政权的。他一直希望统治阶级的政权能够稳定，百姓能够安居乐业。当太平天国运动和捻军起义爆发后，他盼望朝廷能尽快平定"贼"乱，使天下重归太平；为了实现这一愿望，他本人也积极参与其中，为朝廷和地方大吏献

① 王柏心:《导江续议(上)》,《百柱堂全集·杂著》卷四十六,《百柱堂全集》,崇文书局 2008 年版,第 1346～1348 页。

② 王柏心:《导江续议(下)》,《百柱堂全集·杂著》卷四十六,《百柱堂全集》,崇文书局 2008 年版,第 1348～1350 页。

③ 郭嵩焘:《王子寿先生墓志铭》,《郭嵩焘诗文集》卷二十一,岳麓书社 1984 年版,第 450 页。

谋献计，出谋划策。正是基于这种思想，王柏心曾经给朝廷、给相关封疆大吏写有多篇奏稿和奏疏。《拟陈形势制置疏》①就是其中的一篇。

这篇疏稿写于咸丰七年（1857 年），也是朝廷镇压农民起义最艰难的时候。文章开篇就提出："窃惟东南上游制贼之计，其最急者有二策：一曰合楚蜀为一，使相匡救；一曰择楚蜀险要，增置抚臣使任战守。"接着作者为我们仔细分析了楚、蜀各自的重要战略地位和当时各自面临的问题。通过分析后，作者认为："通楚蜀合一，则必取蜀之财，资楚以击贼；用楚之兵，击贼以卫蜀。东以覆金陵之巢窟，北以壮秦豫之声援。"随后，作者指出：在特殊时期，"楚蜀合一"与"增置抚臣"的做法并不是自己的异想天开，而是古已有之，随即列举了不少历朝历代采用这种办法的例子予以证明自己的观点。最后强调："天下非无事也，粤逆即平，眈眈窃发者犹恐变生里表，急强楚蜀，非止平贼也，且可防他变。悠悠者不察，或以为骤变成法，无当机宜。又疑外权太重，惧启异时藩镇之阶。不知从容之日，贵在守常而袭故；多难之会，贵在因事而制变。"

全文洋洋洒洒约一千六百字，不仅观点鲜明突出，内容丰富充实；而且分析透彻，论证充分，逻辑严密，具有很强的说服力，让人不得不信服。

此外，王柏心因镇压农民起义军的需要，还为那些地方封疆大吏写有为数不少的讨论军事问题的文章，即军事政论文。例如其《论军政》中有一段写道：

> 仓卒召募，未经选择，无技无胆，临阵辄北，其弊一也；虚张队伍，日图支饷，核其人数，大抵浮冒，其弊二也；本无尺籍，不乐长征，去来自便，未加限禁，脱有缓急，难可倚仗，其弊三也；前队失利，后队辄乱，遽烧本营，争掠粮台，相率溃归，所在剽敚，其弊四也；激其敢战，诱以厚赏，夺营攻城，必先议价，机即可乘，无财不进，其弊五也；前后左右，胜负进退，各不相应，亦不相救，未阵而嚣，未战而馁，其弊六也；贼或伪北，委弃金帛，贪掠贼财，趋利妄进，贼返乘之，屡堕奸计，其弊七也。其前五弊，惟勇则然。其后二弊，兵勇皆同。夫募勇特应猝之法，其剽疾敢战，诚胜额兵。然统御非才，轻进易退，动致挠败。且习见战斗，难安乡里，其后患尤有过于额

① 王柏心：《拟陈形势制置疏》，《百柱堂全集·奏议》卷二十九，《百柱堂全集》，崇文书局 2008 年版，第 878～881 页。

兵，欲偏重者失之矣。[①]

这段文字是揭露当时各地方疆吏在招募兵勇中存在的种种弊端，可谓一针见血，既全面，又深刻；而且主要是短句构成，文字简洁明了，铿锵有力，字里行间透露出作者的满腔痛惜和愤慨之情。

又如下面一段文字：

> 今兵久不解矣，而师出无功。意者，征调犹寡耶？刍粮不足耶？地利尚乏险阻耶？曰：法强，则兵强；法弱，则兵弱。军政不修，三者虽备，犹为敌资。不修之失，其大者，在不择将，不选士，不明赏罚，或任赏而无罚。凡此皆取败之道。[②]

这也是《论军政》中的一小段。它采用自问自答、排比与长短句相间等多种修辞手法，来说明不定法令、不明赏罚、不加强军政建设所造成的危害；从而从反面证明了制定法令，明确赏罚，加强军政建设的重要性。虽只有短短几十个字，却言简意明。

总之，王柏心的政论文章，无论是《枢言》、《续枢言》也好，还是《导江三议》也好，抑或是他所写之奏议、奏稿以及讨论军事问题的文章也好，它们不仅将经世实学上升到了理论的高度，而且对“实学”经验进行了具体总结，并且都主题明确，观点鲜明，材料充足，分析透辟，论说充分，文词严密，饱含激情，具有很强的感染力和说服力，值得我们去做进一步的研究和探讨。

第二节 王柏心的古文创作

自少时起，王柏心就勤奋嗜学，博涉经史，肆力诗古文辞，“年未逾四十，文章已冠绝海内。湖南北讲论经史文艺，必归先生。即有所述造，老师大儒皆咋伏，莫敢与并”[③]，成为名满湖湘的古文家。综览其集中古文，所反映的社会生活面并不是太宽。尽管如此，王氏的古文创作，却极讲究

① 王柏心:《论军政》,《百柱堂全集·杂著》卷四十六,《百柱堂全集》,崇文书局 2008 年版,第 1305～1306 页。

② 王柏心:《论军政》,《百柱堂全集·杂著》卷四十六,《百柱堂全集》,崇文书局 2008 年版,第 1304 页。

③ 郭嵩焘:《王子寿先生墓志铭》,《郭嵩焘诗文集》卷二十一,岳麓书社 1984 年版,第 450 页。

写作的技巧和方法，为时人所推崇。

作为一名卓有成就的古文家，王柏心写有数量众多、题材丰富的古文。而在这些古文中，最为人称道的则是那些序、记、传、墓志铭、书函之类的文章。

王柏心所写的“序”文，颇多叙议结合、以叙为主的作品。其《李梅生遗诗序》①是为挚友李杭遗诗所写的一篇序言。作者和李梅生是同年，“又同宦都下，论交最挚”，故对其了解甚深：李子不仅“肆力于诗”，其诗“超忽顿挫，变化不可端倪，近于浑成；识者谓开、宝数公后，中声湮郁将千余年，至李子复振”。而且“有开济之志”，于“当代忠亮经济文章之流，尤号为英俊者，必折节礼敬，出于诚款，甚者隐奉为矩范。四方利病，辄详察考究，筹所以兴革之方”。适遇“上召史臣轮对，至李子，独顾语移时，慰勉之，许以不次简擢”。然而，时隔不久，李子尚“年未三十”，便“咯血”而卒。于是，作者沉痛地感叹：“造物者，旷百年或旷数百年储其精灵，乃特生是人以泄之，将使经世宙，福萌隶，非偶然而已。中道夭于天年，勋业为就，徒区区以文字表见，斯人之不幸，实斯世之不幸也！”整篇文章叙述简略，概括准确，评议中肯。

其《黄仙峤诗序》②一文，是为同乡好友、著名诗人黄士瀛诗集所写的一篇序言。黄士瀛（1794—1875），字仙峤，松滋县磨盘洲人。道光元年（1821年）举人，三年（1823年）成进士。黄氏不仅仕途较顺，二十余年间，已官至云南、四川等地道员；又“所至声绩赫然”，“吏民爱而颂之”；而且工诗，“自咸丰壬、癸（即1852年、1853年）以来，烽烟转徙，触绪感喟”，“凡行役往来，山川名胜，闾阎疾苦，悉见之诗”。其风格或“高俊雄丽”，或“遒郁婉切”，皆“来无端”，“去无迹”，真可谓“运才气，而约之以中和之音，得唐人意深矣”。因此，作者相信“其讽谕感发与夫敷陈指切者”，定能“传之当世，贻之方来”。并反复强调：“诗之本在志，言则其质也，声与律则其节也。四者合而诗之体备，缺一焉则戾矣。”整篇诗序的行文，脉络清晰，要言不烦，开门见山，重点突出。

在王氏的“序”文中，亦多叙议结合、以议为主的作品。其《审音一

---

① 王柏心:《李梅生遗诗序》,《百柱堂全集·序》卷三十三,《百柱堂全集》,崇文书局2008年版,第955～957页。

② 王柏心:《黄仙峤诗序》,《百柱堂全集·序》卷三十三,《百柱堂全集》,崇文书局2008年版,第967～968页。

首序蔡济麓尺泽斋诗》[①]是作者应“未尝谋面”的朗州（今湖南常德市）诗人蔡济麓之请，为其诗集《尺泽斋诗》所写的一篇序言。作者“论诗，常持审音之说”，认为“宫”、“商”、“角”、“徵”、“羽”等“五音盖出天地之自然，兆于人之陶咏”，故“文而为诗，诗成而不离乎音”。随后用了较多的篇幅来论述由于每个人才识、遭际、见闻的不同，写诗时若采用不同的“音”，就会形成不同的风格。最后才写到蔡氏诗集，指出“以蔡子之才，遭蹇厄之时”，并将“无聊不平之气发诸诗歌”，又使“其诗之音中于商、角”，故其诗“使人读之震愕恻怆，愀然伤怀”。虽然议论较多，但针对性很强，又持之有故，颇令人信服。

其《傅虚谷遗类集序》[②]是为江陵同乡学者傅虚谷的理学著作《遗类集》所写的一篇序言。文章首先论述了“理”的“是”“非”关系问题，随后以宋、明理学为例：宋、明时期，儒学派系林立，且派中有派，各派所阐之“理”，互不认可，并时常会“彼此互诋”，致使各家之“理”“迄无可定”。正因如此，作者就特别赞赏傅虚谷“读书穷理数十年，取宋、明二代诸儒绪言，反复证析，得其相通与相救者，不惟其同与异，而惟其是，著为《遗类集》，罗列众说，附以己意”的做法。文章虽简短，却说理透彻。文中表达的观点，不仅反映了王氏宽广的学术胸怀，而且对其转变学风具有重要的现实意义。

王柏心的“记”文，一般篇幅不长，叙事简洁，叙议结合，详略得体。如其《改建节烈祠记》[③]，全文仅三百五十多个字，却将东湖县节烈祠原来的方位、“近岁都人士”谋议徙祠、节烈祠徙建后的方位与规模、何类“士女”能入节烈祠以及朝廷与地方官吏乃至乡邑之民对“士女”入节烈祠之事的重视等等情况，都写得简洁明了，交代得清清楚楚。尽管文中宣扬的是封建的伦理道德，但其“矢靡他之志，守从一之议，艰苦危厉，不能摇夺，若疾风振河海而石不可转，严霜坚冰，百卉摧折，而孤松劲柏挺其寒翠，以孱弱之质，奋然与忠义奇杰之士同归，能使人伦赖以不斁，贞信赖以不愆”

① 王柏心：《审音一首序蔡济麓尺泽斋诗》，《百柱堂全集·序》卷三十三，《百柱堂全集》，崇文书局2008年版，第989～990页。

② 王柏心：《傅虚谷遗类集序》，《百柱堂全集·序》卷三十五，《百柱堂全集》，崇文书局2008年版，第1053～1054页。

③ 王柏心：《改建节烈祠记》，《百柱堂全集》补遗三，《百柱堂全集》，崇文书局2008年版，第1579～1580页。

的提法，还是有一定的积极意义的，尤其是其谋篇布局的技巧，值得今天的为文者学习和借鉴。

其《补修黄牛峡武侯祠并造像记》①，大约写于咸丰十一年（1861年）。全文内容分为三个部分：第一个部分非常简要地交代了黄陵庙和武侯祠并造像的地理位置与其损坏、作者往游时见状私计募资维修、郡伯与邑侯晤谈时主动出资并即刻请人进行修缮、竣工后郡伯与邑侯则请作者为记等情况。第二部分是这篇“记”的重点，不仅盛赞大禹“导江”，“平万世之水患”的功绩，亦盛赞武侯“受遗诏，辅幼主，崎岖讨贼”，“志虽未就”却“忠忱贯日月，为千百世昭臣子之极则”以及“为学澹泊宁静，与圣贤合”的精神和品质。第三部分则是赞扬郡伯与邑侯“修举废坠”，“崇贤展敬，励俗流化，敏于事而用意甚深远”的做法。全文不足五百字，但简洁明了，详略得当，重点突出。

其《待归草堂记》②一文稍长，六百余字。此文是作者应挚友唐树义之邀，为其在贵州遵义老家建筑之新居——“待归草堂”（人称“唐家花园”）所写的一篇记。唐树义（1793—1855），字子方，遵义老城人。嘉庆二十一年（1816年）举人，道光六年（1826年）以大挑一等走上仕途，自此一路顺利。曾官咸丰、监利、江夏等地知县、汉阳府同知、巩昌知府、兰州道员、陕西按察使，道光二十七年（1847年）官至湖北布政使、署理巡抚。为官政绩颇多。因与上官意见不合，曾辞官回老家闲居数年。太平天国起义后，奉诏出山，任湖北按察使，与太平军对抗。咸丰五年（1855年），遭巡抚加害，与太平军战于汉阳之金口，兵败投江自尽。王、唐二人早年一见如故，友谊甚笃，后来还成为儿女亲家。唐氏曾多方提携、帮助王氏，对王氏的一生都产生过重要影响。文章首先说明将新居取名“待归草堂”的原因：“人臣受不世之知，膺股肱重寄，驰驱宣力，固其职也，敢言归哉”；且“任愈隆者责愈巨，识之未周，才之未裕，力之未果，有一于此，咎过从之”。因不能归，不敢归，更不知道何时能归，随时处于“待归”状态，故只能名新居曰“待归草堂”。接下来用比较多的篇幅讨论了“凡图政者，非贵其专己而立异”，“贵能行其志以济于事”的

① 王柏心：《补修黄牛峡武侯祠并造像记》，《百柱堂全集》补遗三，《百柱堂全集》，崇文书局2008年版，第1580～1581页。

② 王柏心：《待归草堂记》，《百柱堂全集·记》卷三十二，《百柱堂全集》，崇文书局2008年版，第931～933页。

问题，即“能行其志”或“不能行其志”是否“济于事”的问题，并强调指出：只有时时“以深权熟计，而必悬归志以自励者”，才会不为功名利禄所左右，无所畏惧，敢说敢做。最后，作者勉励挚友莫忘“古名贤德业经纶之本”，“矢之以淡泊，持之以坚定，荣辱不得汩”，“危疑不能震”，“视老氏所云‘知止知足’”，“以智计自全”。文章娓娓道来，自然流畅，情真意切。

王柏心的传记文，数量不是太多，主要根据传主事迹的多寡来决定文章篇幅的长短。其文大多能抓住传主最突出的特点来写，叙事简洁，生动具体，文笔流畅，详略得当。请看其《丁国昌传》[①]云：

> 丁国昌，字禹言，汉阳人。康熙丁酉武举，官至四川副将。射法冠一时，百步外植香数炷，射左，中左；射右，中右。力尤绝人，能屈二指擎石臼起，行数十步不坠。北上，途遇大盗，负其力暴凌乡里，攫取人财物，莫能谁何。大泽中有牛百余头，悉掠之旁村，驱入泽，钤以火印，则牛主瞠视，莫敢问。昌乃购一牛，纵诸外诱之，盗果攘去。昌起，共仆追之。盗腾跃走，昌亦腾跃而赴之，击盗立死，尽驱所掠牛，呼各牛主，使持去。众罗拜去。又尝宿逆旅舍中，门皆扃闭，且下钥。所啖，人肉也。有少妇被掠絷其中。昌乃以布二匹，自裹所乘马掷出垣外，呼仆与逾垣出，星夜驰省。请兵擒剿，尽获盗魁，拔出被掠之妇。昌行事近古侠烈，其才武胆略，北齐高、敖、曹、彭、乐之俦也。遭时承平，优游麾下，无所呈奇。使当开边出塞之秋，飞而食肉，其功名岂可量哉！子时可，武生；孙人贵，庠生，乾隆己卯科举人。

全文不足三百字，舍弃早先数十年艰苦奋斗之经历和后期享受“承平，优游麾下”的生活不写，却紧紧抓住丁国昌“射法冠一时”和“力尤绝人”的最突出特点来写；而所写事迹亦不多，但所写事迹又最能凸显其特点。因此，整篇传记文字精炼，叙事简洁，重点突出，详略得当，短小精悍，且写得绘声绘色，生龙活现，如在眼前。传文的字里行间亦透露出作者为人处世的态度：他敬佩和赞扬那些“才武胆略”皆高、“行事近古侠烈”的忠君爱国、除暴安良的英雄；而鄙弃和谴责那些“负其力暴凌乡里，攫取人财物”的“大盗”。

---

① 王柏心：《丁国昌传》，《百柱堂全集·传》卷四十，《百柱堂全集》，崇文书局 2008 年版，第 1213～1214 页。

其《刘孝长传》①是为同乡学人、天门刘淳所写的传记。此传较长，约一千字。它比较详细地介绍了刘淳的人生经历、性格才华及诗文创作等方面情况：刘淳出身于书香之家，年少时“资禀绝人，于书未尝再览，下笔不移晷，万言立就”；应院试，学政涂药庄“目以国士”。嘉庆皇帝“西巡五台”，“诣行在”，“献诗五百韵”；嘉庆二十一年（1816 年）“拔萃”，即“拔贡”，“鲍觉生侍郎得其文，大奇之，环语诸生曰：‘刘生旷代才也，吾不逮远甚。’还朝遍告公卿曰：‘所得奇士无逾刘生者’”。同年“举于乡”。“至都，名大起。伟貌玉立，英辩飚发，酒酣纵论，千夫卷舌”；人赞之“为贾谊、苏轼复生”。其“慷慨怀大略，通知古今时变之异”，且“性豪迈，不屑小节；然其事亲孝”；对有朋真诚，“终身于人物无所臧否”。至“其所为文，以意为起止，驰骋变化而不失法度”；“诗亦然”，“神俊超逸，往往似曹植、李白”；而“于词艺最敏，才识又最高，无覃思沉吟之苦”。两江总督、沔阳陆建瀛与湖北布政使、贵州遵义唐树义等大吏素重其才。然而，就是这样一位杰出的才智之士，却困顿科场，不能中进士；亦仕途坎坷，只做过短期的远安“学博”之类的低级学官，其后则为生计奔走于大江南北，穷愁而死。最后，作者亦不能不“悲良友之逝，又悼君负奇才而不遇”。这可说是对封建社会科举制度埋没人才的大胆揭露和有力批判。此文虽稍长，然层次清晰，叙事简洁，自然流畅，重点突出。

其《田经畬传》（一名《经畬田公传》）②是为同乡学人、公安田国芳所写的传记。传中说：田国芳字世传，号经畬，出身于书香之家，“幼而隽颖迈恒童，年十余，即溺苦于学，在诸生籍中名噪甚”。可“六赴乡举不第，遂辍举子业，研求大道”。几十年后，他不仅于“儒者之学”，而且于“星象、形家、医卜诸书莫不精”，著述丰富。此传给读者的启发颇多：其一，世上的路很多，没必要一条道走到底，应该根据自己的长处和兴趣爱好选择一条适合自己的路，并坚持走下去，必然成功。其二，俗话说：“三百六十行，行行出状元。”每个人可根据自己的实际情况，选择一行，不为“矜奇立异、饰为名高”所扰，将它做好做精；当年老回首往事，自觉

① 王柏心：《刘孝长传》，《百柱堂全集·传》卷四十，《百柱堂全集》，崇文书局 2008 年版，第 1190～1192 页。

② 王柏心：《田经畬传》，《百柱堂全集·传》卷四十，《百柱堂全集》，崇文书局 2008 年版，第 1197～1198 页。

“生平事皆可告人无愧色”即可。其三，平生行事，只要自己认为是对的，就不必顾忌他人的说三道四，只求有益社会或有益他人，“无憾”于心就行。

王柏心的神道碑、墓志铭，大多篇幅较长，记述碑主、铭主的生平事迹较全面、详细，交代与碑主、铭主有关的情况十分清楚，文字也简洁明了。其《姚君春木墓志铭》、《山东海丰知县龚君墓志铭》、《明故义士李伯纶先生神道表铭》等就是这方面的代表作。例如：

> 其治经也，融合汉、宋而审其至当；其析理也，博涉蕃变而约诸至精；其为学也，去私弊，恶倍谲而该悲体用；其论治也，正本原，鄙功利而参酌时变。修诸己者必诚，导诸人者必详。淹通群籍不以自矜，兼擅文辞不以自伐。世有笑为迂远、骇为闳大者，不顾也。独穷年矻矻，深信不摇。

这是《姚君春木墓志铭》①中的几句话。姚春木（1777—1853），字子寿，一字春木，号春水，江苏娄县（今上海市松江）人。少时以国子监生应顺天乡试，才名噪京师；继而连试不售，夷然不为意。后放弃举业，潜心授徒和著述，并成为嘉庆（1796—1820）、道光（1821—1850）、咸丰（1851—1861）时期著名的文学家和学者。姚春木曾与王柏心同在林则徐幕府共事过一段时间，后姚春木又应聘至荆南书院教书，与王柏心朝夕相处七载，成为挚友。这段话虽然仅百余字，但作者采用排比的句式，不仅将姚春木治学的态度、特点与方法和为人处世的品格与精神，概括得既全面又清楚；而且读来特别有气势、有说服力。由此可见王柏心驾驭文字的能力。也正因为如此，“四方求文者亦多，日不暇给，以诗文就正者踵相接”②。

作者又在姚氏传中写道：

> 少即资禀绝人，博诵，善属文。长游京师，以国子监生应试京兆，诸文学钜公伟其才，争折节与之商榷。连试不售，不复应举。

这段文字还不足五十字，就将姚春木英俊年少、博学多才，那些“文学钜公”因钦慕其才华，也都愿意“折节”与其交往以及其“连试不售”，亦毫不在意，遂“不复应举”，而以授徒、著述自娱的高傲性格刻画得十分生动

① 王柏心：《姚君春木墓志铭》，《百柱堂全集·墓志铭》卷四十三，《百柱堂全集》，崇文书局2008年版，第1258～1260页。

② 王柏心：《国史馆本传》，《百柱堂全集》卷首，《百柱堂全集》，崇文书局2008年版，第20～21页。

形象。

有时，王柏心所写神道碑、墓志铭之类的文章又做到了当简则简，当繁则繁，如下面一段话：

> 公于吏能精敏，然不纯任威猛，务在惩暴桀，安柔良，令行禁止，吏不容奸而已。意所独见，期在必伸，不为大吏喜怒夺，不以己得丧宠措意，虽贲育之勇莫之过。海丰斥卤，五谷不生，民食草子。公曰："是堪重困耶？"悉罢徭役，劝兴鱼盐，即私贩亦纵遣之。期年政清，三年，民无菜色。

这段话出自《山东海丰知县龚君墓志铭》[①]一文。龚经远，字仲来，号静岩，监利人，既是王柏心好友龚绍仁之父，也是同乡前辈好友。嘉庆十二年（1807 年）举人，道光六年（1826 年）以大挑分发山东，曾署理肥城、武城、新泰、寿章等县知县，后实授海丰知县。在位时从不考虑个人升迁得失，也不为权贵所左右，一心一意为百姓办实事。前面所引这段话，就是记述他在海丰任上为民办实事的事迹。这段话仅百余字，就将龚氏的个性、行事风格、在海丰为民办实事的情况以及为民办实事所取得实效记述得非常清楚明白，盛赞龚氏那种"奖其善，训其失，儆其惰且骜者，声息动止不敢隐"的务实品格和精神。文字既简洁，又明了。

我们再来看下面这段文字：

> 亡何，定陶狱起。往嘉庆十八年，滑县逆首以邪教倡乱，扰及曹郡。既首逆暨羽党皆伏诛，其无辜被污者，一切讯释，籍记俱在。至道光十八年，山左抚军遣弁过定陶，令不礼焉。返而流言定陶、钜野贼将起。抚军闻之惧，令私人往侦之，则举旧籍无辜已释者姓名，增注王侯将相于下，若贼党自相署置者然。抚军遽飞章入告，仍遣前刺事者往定陶，檄兵名捕。捕至，导以邪教中语。其初犹懵然，对不如指，则楚毒之至毙，积尸狼藉。对如指者，即诬以真贼，槛致抚军所，命鞠治。皆望风希旨，大抵取钳纲锻炼，不承则斩，无不立承者。又檄遍捕其徒，株连蔓引。定陶、钜野、曹单、郓濮间，符帖骚然矣。荷泽亦被檄名捕教首三十余人，皆乡里目为善士者也。公伤之曰："与杀无辜，不如杀令。"寝不捕。抚军怒其沮格，将坐以军法。郡守促之。公曰："安有坐视无辜之民陷死地不一救者？"守曰："开府意决，子毋然；守不能抗

---

① 王柏心：《山东海丰知县龚君墓志铭》，《百柱堂全集·墓志铭》卷四十三，《百柱堂全集》，崇文书局 2008 年版，第 1268～1271 页。

令，于何有子？即投劾去，后令来，此属终无生理，子毋然。”公退愤甚。独居深念累日。忽大喜曰：“得之矣。不有廉访使者乎？大府受欺，廉访岂受欺者？以情哀之，当可动。”即星夜驰赴济南，叩臬使辕上谒，既入，伏地，泣不止。廉访强起之，乃具白曹民无辜状。廉访悟曰：“大府意不可回，汝邑名捕诸人，得无已逸？”公曰：“檄下，外未知，且荷泽民于令若父子，必不逸。”廉访曰：“若归，速逮诸人至吾庭，吾亲讯，且雪之，必不付大府私人鞫也。”公顿首曰：“如教令。”三十余人者逮至，果得释。他邑逮至者，皆得释。抚军衔之，无以难也。

这一段文字是记述龚经远处理定陶“邪教倡乱”胁从人员的事情，作者则用了数百字的篇幅来介绍事情的缘由、处理过程和其中波折以及最后的结果，同样是表彰龚氏那种不顾个人安危、不顾个人前程、敢于与权贵抗争、全力为普通老百姓明雪申冤的品格和精神。但在文字的处理上，作者却能够根据表达事情的需要，当简则简，当繁则繁，且详略十分得体。

书函是王柏心古文中的一个大类，数量比较多。他的这类文章一般都是根据所写内容，或长、或短，短的几百字，长的一千字左右，大多不是太长，然每篇都写得主旨鲜明，重点突出，简洁明了，且自由舒展，情意真切，没有半点的虚情假意。如其《答胡润芝抚军书》①：

接诵钧复，详示所以未能速发之故，盖楚境三面受敌，狡寇窥伺，途径甚多。必也，蓄威设备以待之，如合肥有韦虎，华州有王罴，使彼闻而惕伏，不敢稍萌觊觎。诚伐谋之上策，制胜之良筹也。又念漕弊甫厘，军储未裕，一身兼内安外攘之计，必使谋出万全，乃图大举，荩怀硕画，敬用咨叹。日来承闻润州、瓜步，先后克复，金陵残孽，亡在旦夕。廷旨又促都、杨、李三帅，水陆并会，枭渠扫穴，在此一举。窃料穷寇瓦解，必有上突之势，且将袭据皖城，赊死旦夕。或西窥楚塞，或北窜豫州，一经越轶，又恐死灰复燃，移祸他境。鄙见以为三帅引兵东指，宜先据皖城，杜彼窜逸之路。移咨豫省大帅，严兵据境，以防奔突。而执事亦戒厉士马，先期亲赴下游，节度相机攻守。金陵果下，则专防残贼之上窜者。若犹未也，则藉执事威名为后继，声援诸军。前锋锐气百倍，必能速蒇成功。

管蠡之见，未审当否？伏祈财择，肃牋贡臆。

---

① 王柏心：《答胡润芝抚军书》，《百柱堂全集・书》卷三十七，《百柱堂全集》，崇文书局2008年版，第1122～1123页。

这封书函写于咸丰七年（1857 年）十二月初八日。一年前，湖北巡抚胡林翼率军再次收复武昌、汉阳和汉口。一个月前，王柏心鉴于当时的整体形势，曾写信建议胡巡抚统帅楚师，水陆东下；并奏请朝廷下命周边各省配合，一举捣毁金陵的“贼”匪巢穴；又对夺取金陵后的相关事宜提出了种种建议。此信就是接到胡巡抚给他的回函后又写的一封书函。在此书函中，作者先简要述说了胡巡抚尚未进军的一些顾虑；随后强调，这些顾虑都是可以解决的，而且现在是攻取金陵的最好时机；最后重点为胡巡抚分析了攻打金陵会出现的种种情况以及如何进行防范、应对的方法。

这封信函仅三百余字，但作者的叙述开门见山，主旨非常明确，办法行之有效，语言简洁明了，重点十分突出，一气呵成，可谓短小精悍。又如其《与姚石甫观察书》：

曩于建宁张亨父、桂林朱伯韩及贵宗春木翁处，时时得见大作。雄直之气，望而震慑。嗣闻南溟告捷，歼殄鲸鲵，威行百岛之外，为当时战功第一，心窃壮之。今岁持节外台，已拜楚北鹾使之命。深幸绣斧非遥，庶几抠衣一识伟人。俄而粤西戎幕，资奇谋于借箸，藉峻望以折冲，则又闻投袂即行矣。顷友人书来，言执事于鄙人姓字，颇辱拳拳，复承出尊著全集，属为转贻。甚矣，执事垂意之深也。或者亨父诸君，平日尝有所称道耶？乃柏心则智术短浅，实不如诸公所云云也，且感且愧。徐当取尊集，次第绸绎，稍尽管蠡之窥测焉。

粤氛甚恶，辄敢淫名僭号，显犯天诛，其殄灭可计日待。但丑党啸应，恃众恃险，螳撑蜩沸，势极纷纭。此时浪战，无益散地，姑且置之。惟当谨扼冲要，全师蓄锐，或用间道，或数路并进，直捣其腹心，余者自同破竹。韩襄毅云：“贼已蔓延千里，而所至与战，是自敝之道。”孙子亦谓“致人而不致于人”，兵家机要，似在于此。执事智略辐辏，必有百下百全之术。书生遥度，自知疏谬，然窃愿以愚言进助于万一焉。

这是王柏心于咸丰元年（1851 年）十月写给时任湖北盐法道（实际上还未到任，便被朝廷擢升为广西按察使）的著名史学家、文学家姚莹的一封书函。姚莹（1785—1853），字石甫，号明叔，晚号展和、幸翁，安徽桐城人。姚鼐侄孙。嘉庆十三年（1808 年）进士，签分至福建为官。道光十年（1830 年）擢升台湾道，加按察使衔。鸦片战争爆发，与台湾总兵达洪阿积极备战，累败侵台英军。《南京条约》签订后，遭投降派陷害，被贬官四川。咸丰初，授湖北盐法道，旋擢升广西按察使、湖南按察使，卒于任。姚莹为“姚门四大弟子”是桐城派的代表作家之一，有《中复堂全集》（九十八卷）行世。虽然此时姚莹和王柏心还未曾见过面（直至姚莹病逝，两人都未见面），但通过张际亮、朱琦和姚春木等好友的介绍，两人早已成为神交已久的朋友。这封书函分为前、后两个部分：前一部分赞扬姚莹的文才武略，感谢他的挂念和赠书，并表达了自己的思念之情。后一部分则专门为好友奉命即将赴广西剿“匪”献计出谋，希望好友能出师大捷。全文亦不足四百字，写得主旨明确，重点突出，言简意赅，短小精悍。我们再看其《与彭于蕃书·言区处滇事》①一文：

滇疆大局，纷乱如麻，苦难措手，归来思之累日，与尊见略同。入竟之后，第可陈兵，以张威势。而劝石翁先驻师曲靖，借讯问秦抚被戕事为名，追集左证，以计诱致何氏父子，即军中斩之，余置不问。急举兵抵昆明，出其不意，下赦檄，解散其党，他练皆不敢动矣。重劾某中丞，逮系送都论罪，以谢吏民。然后檄谕回民，退出城池，交还坑井，为置官画界，各安生业。敢有搆衅及跋扈者，即引军诛灭之。群回必听令。似此或可不烦兵而下，惟善后颇不易耳。请持愚议，转送石翁览之。

“扬汤止沸，不如去薪灭火”，“不战而屈人之兵”，斯古人所高也。偶忆唐温造诛兴元乱军，及宋余玠诛悍将王夔事，似可仿之，以诛二何。舟中未携史册，别纸录出，聊备览焉。

这封书函写于同治二年（1863年）冬天。弟子、时任云南永昌知府兼署迤西道的彭崧毓见战争形势的发展已明显有利于朝廷和清军，遂自云南任所致函老师，向恩师请教处理滇事的办法；王柏心收到弟子信函后，觉得这是一个颇为重要的问题，经过认真思考，当即给弟子写了这封书函，将自己的想法和处理策略和盘托出，供弟子参考。书函开门见山，主旨明确，重点突出，叙事简洁，分析透辟；而全文还不足二百五十字，可谓短小精悍。

在王柏心的《百柱堂全集》中，像以上这种短小精悍的书函，可说是俯拾皆是；而他那些篇幅较长的书函，则更是观点鲜明，主旨突出，自由舒展，多方举证，论说透辟，令人信服，只是限于篇幅，此处不再举例赘述。

① 王柏心：《与彭于蕃书·言区处滇事》，《全集·书》卷三十八，《百柱堂全集》，崇文书局2008年版，第1145～1146页。

第三节　王柏心的诗歌创作

在中国近代早、中期的文坛上，王柏心不仅是一位著名的政论家、古文家，而且是一位卓有成就、自成一家的诗人。

从《百柱堂全集》中可知，王柏心现存的诗歌作品有二十八卷，将近三千首，反映了19世纪30—70年代比较广阔的现实生活，展现了这一时期绚丽多姿的社会图卷，表现出了他自觉的经世致用和深厚的忧国忧民的情怀，具有丰富的思想内容和高超的写作技巧。

王柏心自少而壮，遍览经史子集，学识渊博；又两次游历西北诸省，熟谙边疆形势，为的就是有朝一日能鱼跃龙门，走上仕途，凭借自己的才华，大展宏图，为国家建功立业。因而，他在很多诗作中都表达了这种愿望。如其《大雪偕潘芷裳登壶天阁》①中云：

> 凭临杰阁雪中开，何处茫茫是楚台。地尽江悬高树出，云横天拥大荒来。巴邱寒影遥相倚，梦泽雄风莽自回。莫讶飞扬多壮思，和歌难得郢中才。

此诗写于诗人二十五岁之时。诗人虽然几次参加乡试，均落榜；但诗人并不以为意，照样经常与友朋一起登山临水，饮酒赋诗，切磋学问。他对自己的学问才华充满自信，“莫讶飞扬多壮思，和歌难得郢中才”，相信总有一天会实现自己的理想，让他人刮目相看。又如其《岳阳郡楼春望》②中写道：

> 逶迤巴邱折复回，雄城分险亦崔嵬。山蟠远塞巫滇接，江转东流郢鄂开。野阔星依南极正，春晴天抱洞庭来。凭高更指荒城垒，跃马公孙岂霸才。

这首诗写于诗人二十八岁那年的春天。在春暖花开的时节，诗人与好友登上岳阳楼，放眼四望，只见远处群山逶迤，郁郁葱葱，长江奔腾而来，十分秀丽；近处，长江与洞庭湖环抱，汹涌澎湃，一片汪洋，随即浩浩荡荡，滚滚东去，雄奇壮观。由眼前的景观想到自己今年秋天将再赴乡试，不觉心胸开阔，充满信心，他坚信，“凭高更指荒城垒，跃马公孙岂霸才”，自己仕途的春天即将来临！

---

① 王柏心：《百柱堂全集·诗》卷一，《百柱堂全集》，崇文书局2008年版，第4页。

② 王柏心：《百柱堂全集·诗》卷二，《百柱堂全集》，崇文书局2008年版，第18页。

再看其《秋登陇右威远楼》（二首之一）①：

群山绕郭势岧峣，朱栱浮空擢丽谯。列郡东连三辅近，雄边西控五凉遥。天低古戍环亭障，云涌危栏荡斗杓。便觉九阍真咫尺，将凭六翮鼓扶摇。

这首诗写于道光十七年（1837年）秋天，时王柏心正在好友、巩昌知府唐树义的幕府。金秋时节，王柏心在唐树义等人的陪同下，登临陇右威远楼。威远楼位于陇西县城中心，是陇上的著名古建筑。它构造精妙、雕梁画栋、巍峨壮丽、气势雄伟，始建于北宋仁宗天圣元年（1023年），是陇西悠久历史和灿烂文化的象征。但因战乱频繁，年久失修，已破旧不堪。唐树义到任后，因边防的需要，将其修葺一新，并请王柏心为其撰写了《重修巩昌威远楼记（并铭）》，以纪其事。站在新修的威远楼上，放眼一望无际的大漠，一种豪迈的气概油然而生。王柏心又欣然命笔，作《秋登陇右威远楼》（二首）诗以纪其情。在王柏心看来，尽管自己目前还困顿科场，但他坚信，凭着自己的才华，“便觉九阍真咫尺，将凭六翮鼓扶摇”，中举登第，大展宏图，应该是指日可待的事情。

然而，中国的封建社会已经进入了它的末期，整个封建统治集团已经腐败透顶，真正的有识之士已经很难得到朝廷的重用。当诗人看到英雄已经无用武之地、无法实现自己的理想，只能蹉跎岁月的时候，他便用了很大的篇幅来抒写自己的满腔忧愤之情和怀才不遇之感。请看他的《赠周筱楼》（二首）②写道：

江汉风流渺，沅湘春色深。时清身未遇，客久意难任。欲学云中举，空怀泽畔吟。昔贤犹坎壈，将子莫沾襟。

未奏终军对，驱车出帝京。独游仍汗漫，百感益峥嵘。古调人谁赏，高言众易惊。君看鸿与鹄，寥廓任长征。

这两首诗写于道光二十二年（1842年）二月间。上年的冬天，王柏心来到京城，希望能像过去有才华的士人通常采用的那种方法，即通过活动朝中大臣，得到他们的赏识和保荐，将自己的著作（如《枢言》）呈递给皇上，以得到皇上的重视和青睐，从而获得一官半职，走上仕途。这一年的春天，王柏心与同样怀才不遇、亦来京城“干禄”的长沙士人周筱楼相识，两人一

① 王柏心：《百柱堂全集·诗》卷五，《百柱堂全集》，崇文书局2008年版，第76～77页。

② 王柏心：《百柱堂全集·诗》卷八，《百柱堂全集》，崇文书局2008年版，第135页。

见如故，相见恨晚。此诗就写于此时。几个月下来，不知跑了多少路，见了多少人。然而，“古调人谁赏，高言众易惊”；最终是“空怀泽畔吟”，“时清身未遇”，“未奏终军对”，只得“百感益峥嵘”，“驱车出帝京”。又如其《漫兴》[1]写道：

江上秋行尽，愁心向落晖。岁丰农转病，兵久捷何稀。燠候无凋叶，暄阳未授衣。天心宽肃杀，安可测元机。猰貐狂难制，吹唇沸地来。烽连贾傅宅，矢集定王台。尚遣游魂骋，徒开爨骨哀。六旬围不解，谁抉阵云开？仗节专征讨，连营授指麾。封侯原自易，报主不应迟。屡蹈多方误，频闻左次师。明明诛赏在，星断岂能移。山泽多亡命，纷然劫库兵。鹰鹯无搏击，蛇虎遂纵横。吏道犹多杂，征徭或未平。愿求龚渤海，尽化盗为氓。寇乱何时息，人才此日艰。干戈悲老至，江海愧身闲。北极尊长拱，东溟势尽环。凶渠须自缚，万一贷苗顽。

此诗作于咸丰二年（1852 年）八月间。国家破败，世事艰难；战火不断，百姓凄苦，正是用人之际。然而，诗人怀抱宏图大志，却报国无门，效力无处，只好暗自在那里慨叹：“寇乱何时息，人才此日艰。干戈悲老至，江海愧身闲。”再看其《除日舟中》[2]云：

来日光阴催去日，旧年风雨入新年。家山到眼犹难达，身事回头只自怜。秦陇幽燕思昨梦，舟车冰雪送华颠。抽簪未定躬耕计，岁暮飘摇道路边。

此诗作于咸丰七年（1857 年）的除夕之夜。这一年的年底，大雪不止，诗人冒雪自南郡乘舟回家过年，岂料船至观音洲，又遇大风，船不能行走，只得停泊等待。除夕之夜，正是万家灯火、亲人团聚的时候，诗人却滞留舟中，无法回家与亲人团聚，不禁百感交集：本来自己满腹经纶，等待着有朝一日驰骋疆场，一展雄才，建功立业，光宗耀祖。哪知道自己已年过六十，却仍然困顿仕途，一事无成！字里行间充满失落、不平之情。

---

① 王柏心：《百柱堂全集・诗》卷十四，《百柱堂全集》，崇文书局 2008 年版，第 282～283 页。

② 王柏心：《百柱堂全集・诗》卷十六，《百柱堂全集》，崇文书局 2008 年版，第 401 页。

王柏心长期生活在家乡，也是一位非常热爱家乡的诗人。他常常将自己对家乡、对亲友的一片挚爱之情寓于诗歌之中。如其《抵汉江》①写道：

隐隐铜鞮路，风烟绕汉津。帆悬三楚月，缨濯两京尘。芳草汀洲色，飞花岘首春。故乡莺与燕，渐欲识归人。

这首诗写于道光十八年（1838年）的三月。当诗人告别好友唐树义，一路南下，经过数月的长途跋涉，终于到达汉口，又嗅到了故乡土地浓郁的芳香，看到故乡美丽的山水和月亮；那飞莺和燕子也好像认识人似的，翩翩起舞，前来迎接。我们从诗的字里行间，可以体会得到诗人的那种无比喜悦的心情，那种对家乡无比眷念情怀。又如其《晚泊嘉鱼》②云：

夕照全收雨，平芜欲入城。鸠啼贪荫茂，燕浴喜沙晴。山翠望中合，渚霞天外明。渐看乡路近，亭堠亦多情。

此诗写于道光十九年（1839年）的春天。诗人离开家乡将近三年，在一个雨后天晴的春日的傍晚，终于踏上了回家的路——家乡就近在咫尺！站在船头放眼四望，只见远处山峦起伏，一片葱翠；晚霞漫天，分外绚丽。近处树丛中的斑鸠在欢叫，燕子在沙渚嬉闹。再看那沿途的亭、堠，也张开了双臂，欢迎主人的归来。短短一首四十个字的小诗，就将诗人归家时那种无比兴奋和喜悦的心情，淋漓尽致地呈现在读者面前。

正因为诗人非常热爱自己的家乡，因此常在诗中赞美家乡。如其《江上》③写道：

云合冈欲重，林回岸如复。波光浮空来，微风漾轻谷。时见天际峰，飞堕半江绿。汀州生白苹，千里送春目。思与谢元晖，共咏江上曲。

此诗写于道光二十六年（1846年）春天，即诗人从京城辞官回乡的第二年。这首小诗的前六句全是描写家乡美丽的景色，后两句则是用著名诗人谢朓的典故来表达自己写此诗的用意。谢元晖即谢朓（464—499），朓字玄晖，陈郡阳夏（今河南省太康县）人。南朝齐时著名山水诗人，与谢灵运同族、齐名，史称“小谢”，为“竟陵八友”之一。官至尚书吏部郎，人称“谢吏部”。其诗多描写自然景物，间亦直抒怀抱。诗风清新秀丽，圆美

① 王柏心：《百柱堂全集·诗》卷六，《百柱堂全集》，崇文书局2008年版，第92页。

② 王柏心：《百柱堂全集·诗》卷六，《百柱堂全集》，崇文书局2008年版，第94页。

③ 王柏心：《百柱堂全集·诗》卷十一，《百柱堂全集》，崇文书局2008年版，第217～218页。

流转，时有佳句；又平仄协调，对仗工稳，开唐代律、绝之先河。《江上曲》是他的代表作品之一，是一首表达纯情少女追求爱情婉曲心迹的情歌。在这里，诗人是借谢朓的《江上曲》来表达自己对家乡的挚爱之情。

王柏心既是一位辞职回乡的在野官员，同时又是一位胸怀远大理想，随时都准备走上仕途，手握权柄，一展宏图，干一番大事业，为国为民效力的士人。因此，他时刻都在关注着社会的发展、时局的变化、战争的影响。这样的诗作在诗人集中可以说是俯拾皆是。如其《重有感》①写道：

靖变无雄俊，残黎逼祸灾。兵多仍养寇，乱久未闻才。辛苦昭通将，艰危转斗来。夺城援不至，空遣按军回。

沔鄂化沙虫，频年浩劫同。伤心三户尽，暴骨两城空。日月烟尘里，山川战血中。威名能壮拯，引领望元戎。

这首诗写于咸丰五年（1855 年）夏天。当时，太平军与清军在湖北已相持数年，致使湖北“沔鄂化沙虫，频年浩劫同。伤心三户尽，暴骨两城空。日月烟尘里，山川战血中”，到处是残垣断壁，满眼都是尸骨硝烟，普通老百姓遭受了深重的灾难，这让诗人感到十分痛心。而更让世人痛心的是，“兵多仍养寇，乱久未闻才”，清兵尽管人很多，但都各自为政，缺乏统一的指挥，以致“夺城援不至，空遣按军回”，如此一来，也更加重了老百姓的“祸灾”。诗人迫切希望执政者重视，“威名能壮拯，引领望元戎”，选拔有才干之人出来指挥，亦扭转战局，平息战乱。又如其：

素节旋看大火流，萧疏客鬓倦登楼。微云不卷斜侵汉，凉雨无声暗度秋。推毂讵难清楚塞，挥戈仍未靖神州。疮痍满地方征敛，垂泪江湖有百忧。

——《立秋夕》

西风荡万里，摇落多商声。摇落易为感，豺狼犹未平。今夕复何夕，桂魄三五盈。浮云挟疏雨，翳此玉镜明。座客起惆怅，停觞对前楹。霄汉有显晦，世运多战争。万事不足道，才俊难合并。管侯惜嘉会，落笔人尽惊。群贤亦振藻，文雅皆纵横。吾衰抚匣剑，徒作蛟龙鸣。宣愤寄词翰，解纷须豪英。谁其挥白羽，一扫烟尘清。

——《中秋夕招同管清轩李勉斋家意蘧月樵宴集》

杰出罗山门下士，恂恂无过李将军。孤罴屡折贪狼势，一鹗横凌鸷

① 王柏心:《百柱堂全集·诗》卷十五,《百柱堂全集》,崇文书局 2008 年版,第 329 页。

乌群。越石壮心终不遂，嫖姚天幸竟无闻。五年精锐同歼尽，谁与东南扫寇氛。

——《又吊李迪庵中丞》

从以上几首诗中我们可以看到，诗人无论在什么地方，无论在什么时候，无时无刻不在关注着战争形势的发展，时局的变化。当诗人目睹遍地战火，满地疮痍，百姓流离失所，不禁悲从中来，暗自“垂泪”；即使是传统佳节，亦“倦登楼”。当诗人得知又有“精锐同歼尽”，又有“孤罴”丧命战场，就会情不自禁地“起惆怅”，“有百忧”。他真心实意地盼望执政者能选用“豪英”，“挥白羽”，“扫寇氛”，“靖神州”，“一扫烟尘清”，关心时局、忧虑国家之情溢于言表。再如其《春感》（二首之一）①：

大淮南北失金汤，进犯中原下太行。今日两河成战地，早时三辅略军防。壶关天井非无险，滏水滹沱岂易杭。节相行营连献捷，烽烟多在帝京旁。

此诗写于咸丰四年（1854年）春。虽为感春而作，笔下却没有半点春意。因为此时乾坤动荡，世情混乱，太平军以金陵为巢穴，南征北伐，四处侵扰，转眼间武昌、汉阳、汉口便又落入太平军之手，举目远望，到处是残垣断壁，硝烟瓦砾，一片衰败景象，诗人见不到春天的景象，也无心吟春。诗人正是通过对时令天气的描写，将其济世情怀、忧时忧民之心蕴含其中。整首诗的格律雄浑，音节浏亮。难怪其好友林昌彝会说：“余犹爱其五七言律，其高者直摩杜垒，次亦不落钱刘而下，可以独出冠时。”②

同治三年六月十六日（1864年7月19日），湘军取得决定性胜利，浙江巡抚曾国荃率领所部湘军攻占太平天国都城天京（南京）。王柏心闻知消息，高兴得老泪纵横，立即挥毫写了《师克金陵志喜》（六首），以表达其喜悦的心情。

立秋那天（七月初六日，8月7日），王柏心又写了《夷陵立秋》③一诗：

山城犹未散炎蒸，坐看中宵转玉绳。天上捷书传北极，人间秋色下

① 王柏心：《百柱堂全集·诗》卷十五，《百柱堂全集》，崇文书局2008年版，第310页。

② 林昌彝：《射鹰楼诗话》，上海古籍出版社1988年版，第32页。

③ 王柏心：《百柱堂全集·诗》卷二十四，《百柱堂全集》，崇文书局2008年版，第656页。

西陵。漫游江海成长往，垂老乾坤喜中兴。翘首金风动阊阖，鷦鹩终不慕溟鹏。

诗人当时正在夷陵编写《宜昌府志》和《东湖县志》，适逢立秋，感慨良多。他真心希望那种战火纷飞、颠沛流离的日子“成长往”；从此，再无战乱，天下太平，“乾坤喜中兴”。

尽管王柏心曾中过进士，并在朝中做过官，属于统治集团队伍中的一员，但毕竟他为官时间不长，很早就辞官归里，长期生活在社会底层，对普通老百姓的生活比较熟悉和了解。因此，其诗集中忧虑民生疾苦的诗作特别多。例如：

阴阳错沴不可测，自春徂夏雨无极。畛隰弥望成白波，病农肠饥哭无力。去年江决漂民家，委骨悉化龙与蛇。涉冬横潦始稍敛，低田成潦高成沙。沿村官赈亦复少，筑堤朝朝况不饱。残黎性命才如丝，卖牛质衣无不为。来年计日已可熟，忍死犹冀能充饥。楚天淫霖势不止，陵陂二麦尽烂死。稻苗才过三寸余，可怜青青没在水。高田低田殚为河，日夜骤雨倾滂沱。呜呼昊天方降瘥，纵有神农奈若何？

——《苦雨叹》

去秋已少雨，道上多黄埃。冬雪不盈尺，暖律潜相催。恒阳届春孟，气候如恢台。南风走砂石，昼夜声喧豗。暄燠讶何骤，当昼时为霾。江湖可步涉，菽麦成枯荄。农人望甘泽，剡耜空迟回。干戈尚未戢，遍地虎与豺。征讨历年岁，讵见歼渠魁。行赍复居送，闾左倾赀财。逆贼仍出没，田野多污莱。旱象复如此，遍沴难可推。生民日流血，真宰能弗哀。农事首东作，屯膏何为哉。圣皇内儆惕，忧勤尧舜怀。阳感不旋日，侧身销变灾。霖雨任贤佐，旱登岩穴才。

——《入春久不雨》

阳气多愆伏，春兼夏令行。祸连兵不解，忧迫旱将成。变异归消弭，烽烟望肃清。潜郎卧江海，挥泪独纵横。

——《忧旱》

这里的第一首诗写于道光二十九年（1849 年）夏天。这一年，自春至夏，“楚天淫霖势不止，陵陂二麦尽烂死。稻苗才过三寸余，可怜青青没在水。高田低田殚为河，日夜骤雨倾滂沱”，满眼都是水乡泽国；普通老百姓“朝朝况不饱”，“卖牛质衣无不为”，即使是这样，仍然“性命才如丝”。看到这种景象，诗人感到无比悲痛。第二、第三首诗则写于咸丰五年（1855 年）春天。自去年冬天开始，天就很少下雨；而今年整个春天又没下雨，放眼望去，“江湖可步涉，菽麦成枯荄”，到处土地干裂，植物枯黄。更兼“干戈尚未戢，遍地虎与豺”，可谓雪上加霜。看到这一切，“真宰能弗哀”？老百姓在日“日流血”，成天“望甘泽”。诗人在“挥泪独纵横”之余，诚挚地希望“圣皇内儆惕，忧勤尧舜怀”，早“任贤佐”，“变异归消弭，烽烟望肃清”，让老百姓过上安稳的日子。又如其《七哀诗》（三首之一）①：

巨猾煽岭峤，全楚为战场。鼓行下江汉，悍犷犹猘狂。浮桥跨天堑，肉搏不可挡。乘闉冒苦雾，蚁附绿池隍。居人化白骨，守臣殉封疆。自从巴邱陷，失我西南防。仓促战散地，未阵先奔亡。连兵二十万，不能固金汤。天意纵妖乱，人谋亦未臧。勃苏卒复楚，跖穿何慨慷。痛哭怀义士，使我多感伤。

咸丰二年十二月四日（1853年1月12日），武昌（即夏口）为太平军攻陷，好友湖北巡抚常大淳、武昌知府明善皆殉国。闻知消息，王柏心悲痛不已，遂写了这一组五言歌行以纪其事，真实、客观、细致地记录了武昌城陷时的惨状，表达了他悲天悯人的情怀。杨钟羲曾在其《雪桥诗话》中云：“咸丰壬子，粤贼入湖南，武昌大府倚岳州险要，不为备。十二月四日，鄂州陷，富察韫田太守明善巷战死。”②此前，“柏心建议以岳州为楚北门户，宜重兵防守……宜守隘设奇，使其进无所略，退无所据，长沙可保无虞；如纵其东下，则不可复制”③。诗人虽然屡献奇策，可保长沙、岳州无虞。然当权者未纳其言，或然其言而未能实施，致使长沙、岳州、武昌相继失陷。目睹满眼断壁残垣，遍野累累白骨，诗人倍感痛心，乃至以为此系“天意”，为人力难为挽回。再看其《哀彼氓》④：

哀彼氓兮蚩蚩，托性命兮危堤。堤不可恃兮卒戕汝，命化白骨兮为涂泥。化为泥兮筑不歇，畚土盛兮半白骨。泥杂骨兮骨为泥，筑未举兮倏漂没。率水食人兮毒倍长，蛟谁造祸兮生厉阶。结筏赈粟兮汝弗逮，汝不知兮谓天实为灾。披发骑鲸兮诉苍天，天不闻兮亦不怒。汝命在堤

① 王柏心：《百柱堂全集·诗》卷十四，《百柱堂全集》，崇文书局2008年版，第296页。

② 杨钟羲：《雪桥诗话》，北京古籍出版社1989年版，第566页。

③ 王钟翰：《清史列传》，中华书局1987年版，第6053页。

④ 王柏心：《百柱堂全集·诗》卷十二，《百柱堂全集》，崇文书局2008年版，第247页。

兮不在天，汝死堤兮汝曾不悟其故。

此诗写于道光二十九年（1849 年）四月。这一年，自春至夏连降大雨，荆江江水猛涨，监利的车湾段江堤决口，淹没民户数百家，老百姓流离失所，无家可归，诗人遂写了这首诗，以表达其悲痛和哀悼之情。更值得我们注意的是，诗人在这首诗中提出了一个发人深省的问题——“汝命在堤兮不在天，汝死堤兮汝曾不悟其故”。是呀，朝廷年年在拨款修堤，为什么江堤老是修不牢固？是谁在“生厉阶”而“造祸”？

随着时间的推移，年龄的增长，王柏心并没有被统治者委以重任，一展宏图，以实现自己报效朝廷，造福黎民的理想愿望。于是，他像历史上大多数有识之士一样，希望退隐林泉，过一种平居幽静的生活。如其《山行绝句》（七首）①写道：

前山惊凤举，后岭讶龙盘。招我共翔逐，游戏青云端。

谷深罕人迹，磴回复萦纡。唤破空山寂，一声山鹧鸪。

草根未萌芽，生机尚如遏。微见石罅流，涓涓泉脉活。

笑谢明堂选，般斤幸得全。春来忘蜕甲，鬅叟不知年。

山家止我宿，灯火劝松醪。君悉东南事，何时解战袍。

晨起别岩岫，浮生苦未闻。白云不轻出，送我便还山。

我从云雾来，不记来时路。回首过来山，苍苍但云雾。

此诗写于咸丰九年（1859 年）初春。诗人为我们描绘了一幅山居图。在这里，没有尘世的喧嚣，也没有人间的纷扰，有的只是“谷深罕人迹”，“唤破空山寂”；有的只是“游戏青云端”，“灯火劝松醪”，可谓世外桃源。置身其中，“浮生苦未闻”，哪里来的烦恼？有的只是“鬅叟不知年”。再看其《题清溪寺》（七首）②：

秀绝清溪寺，溪光静更妍。峰含太古色，僧老蔚蓝天。龙象威仪肃，麋麚踵迹连。空阶何代柏，蟠屈不知年。

衣钵犹留塔，离披罥薜萝。洞虚云卧久，石裂木生多。绝蹬樵相语，危峰牧放歌。僧言松径外，昨夜虎来过。

崩崖五丁辟，叠石圻穹窿。乍泻一泓玉，俄成千丈虹。湍回声总

① 王柏心：《百柱堂全集·诗》卷十七，《百柱堂全集》，崇文书局 2008 年版，第 424 页。

② 王柏心：《百柱堂全集·诗》卷二十六，《百柱堂全集》，崇文书局 2008 年版，第 773～774 页。

寂，日照影如空。自愧尘缨久，端宜濯此中。

石梁复环叠，漱玉腻无声。练合三泉汇，琴留五弄清。洗心除垢累，濯魄悟虚明。谁发烟波兴，扁舟载酒行。

山山红树接，逶迤弄晴晖。绛节森苍蹬，明霞丽翠微。穿林群鸟噪，踏叶一僧归。金碧将军画，屏风是耶非。

危石支颐坐，山空息众喧。饮溪翾翠鸟，拾果下元猿。代卓高僧锡，途稀过客轩。地偏心更远，忘象亦忘言。

发迹景纯咏，标名桑氏经。胜能兼奥旷，秀乃出空灵。梵宇远公辟，仙踪鬼谷扃。惭非颜谢笔，未敢勒山庭。

此诗写于同治七年（1868年）八月。其时，年近古稀的王柏心应弟子周亮臣、周凤山和杨庚垣之邀，前往江西锦江中游风景秀美的高安（今宜春市高安市）小住，并游览了周边的名胜古迹和美丽风景，写下了不少诗篇，这一组诗就是其中的一部分。这里山奇林密，猿跳禽飞，叶红果熟，鸟鸣水唱，庙香阵阵，钟声回荡，有如仙境，难怪当年鬼谷子要选择在这里隐居！由此，我们更能理解诗人，因为“地偏心更远”，当与友朋“扁舟载酒行”，自然就会“忘象亦忘言”了。

王柏心不仅以忠孝享誉朝野，而且以友善闻名士林。他一生交友遍天下，与友朋迎来送往，酬唱赠答，写有大量的诗篇。无论是朝廷命官，还是民间布衣，抑或是普通亲友，他都待人以真情实意。如其《待归草堂歌奉送方伯唐公归黔阳》①云：

进不必督八州，退不必耽一邱。大贤进退自殊众，世俗安得知其由。遭逢特擢寄心膂，天下喜得见申甫。持节旬宣再至楚，元黄补救心独苦。超然勇退遽解组，倾城冠盖出祖帐，道旁观者悉惆怅。观者勿惆怅，达人卷舒各有尚，神虬挟云腾九天，忽然屈曲蟠深渊。吹毛劘钟利无比，有时挂壁韬龙泉。中林有刺鸾徘徊，曲径易苍飞黄才。广川无梁石齿齿，波涛震激生风雷。古来禹稷非斧柯，良会岂得无蹉跎。沉吟此意知者稀，有堂待归胡不归？山中猿鹤望已久，海内苍生尽回首。未老犹怀报国心，乞归暂袖经天手。方今柱石推数公，公也磊落与之同。英姿毅力岂易得，天子深知才且忠。东南犹有嗷鸿声，五溪跳梁方弄兵。尧仁如天尚咨儆，股肱宣力资豪英。名臣身与国家系，草堂高卧岂公

① 王柏心：《百柱堂全集·诗》卷十二，《百柱堂全集》，崇文书局2008年版，第248页。

意。九重思公未尝置，东山早晚诏书至，得不投袂起济世。

此诗写于道光二十九年（1849 年）九月。这一年，湖北发生大水灾，受灾面积甚大，受灾人数众多。虽然官府采取了很多措施补救，但仍然哀鸿遍野，灾民塞道。王柏心的挚友唐树义作为湖北的布政使兼巡抚，有着不可推卸的责任。因此，唐树义不仅受到灾民的非议，而且受到朝廷的斥责。于是，唐树义引咎辞职，准备回遵义老家休养。在临别之际，王柏心写了这首七言长篇歌行为他赠行。王柏心深知挚友是一位有才干、有能力、有政绩，为人称道的地方大吏，所以在诗中对好友的遭遇深表同情，对好友的辞官归里多方安慰，鼓励他不要灰心丧志，并坚信很快就会重新得到朝廷的重用。可谓语重心长，情真意切。果不出王柏心所言，不到两年，唐树义就又被朝廷起用。又如其《望湖吟答吴南屏学博》①写道：

同在洞庭湖畔住，行吟日望湖边路。湖云冉冉接苍梧，南幸重华渺何处。因忆古皇生古愁，对山巡海事悠悠。襄野曾迷轩帝辙，弇山空骋穆王游。祖龙意气骄千载，鞭石驾鼍望东海。大鱼吹起波连山，金阙蓬莱竟安在？当年芝盖远飘摇，万里徒嗟归路遥。不见湖中悲帝子，千春泪竹恨难消。昨君寄我湖上吟，动我离忧万古心。湖长湖消忧不歇，忧端直共海波深。

此诗写于咸丰十一年（1861 年）春天。去年的冬天，王柏心的夫人杨氏去世，给王柏心的打击颇大。得知消息，不少好友寄信寄诗来表示哀悼和安慰。这一年的春天，王柏心的好友、曾做过湖南浏阳县教谕（即诗中所说之“学博”）的著名古文家、湖南巴陵（今岳阳市）吴敏树专程过江，到白螺山来悼念杨夫人，看望、安慰王柏心，并有诗赠王柏心。于是，王柏心写了这首七言歌行答谢吴敏树。吴敏树是一位恃才傲物、志趣超俗、喜好山水、不为权贵折腰的士人，与王柏心关系深笃。从字里行间可以看出，王柏心对吴敏树的人品、才华、学识由衷的钦佩以及两人之间深厚的情谊。

我们再看其《张生继堂与希之偕游闽中谒爵帅左公诗以送之》②：

二子相携赴七闽，碧油幢下望车尘。鲲鹏云海扶摇路，龙虎山林变化人。军府忠勤思并集，宾阶吐握气俱伸。青萍结绿方增价，薛卞由来

---

① 王柏心：《百柱堂全集·诗》卷二十，《百柱堂全集》，崇文书局 2008 年版，第 524～525 页。

② 王柏心：《百柱堂全集·诗》卷二十四，《百柱堂全集》，崇文书局 2008 年版，第 702 页。

赏识真。

此诗写于同治五年（1866 年）四月。林天直（字立甫）是王柏心的弟子、好友，咸丰五年（1855 年）在与太平军作战时，战败殉国。死后遗有一子，名叫林履贤（字希之），年尚幼。王柏心对弟子、好友之子一直十分关心和照顾。这一年，王柏心经过多方联系，托弟子张继堂（明朝名相张居正的第八代孙）专程护送才十四五岁的林履贤赴福州左宗棠的总督府（时任闽浙总督），将他交给自己的好友、左总督抚养，以图今后的发展。临别之际，王柏心不仅作有《送张生继堂游闽序》纪其事，还写了《送林生希之游闽谒爵帅湘阴左公》（二首）、《张生继堂与希之偕游闽中谒爵帅左公诗以送之》等诗相赠，可谓千叮咛，万嘱咐，既认真、谨慎，又仔细、周到。诗中殷切希望林履贤到左府后，能够“忠勤”为人、做事，并得到左公的“赏识”，从而“鲲鹏云海扶摇”，建功立业，以慰其父在天之灵。

综观王伯心的诗歌创作，无论是在哪一个时段，还是在哪一种类型的诗作中，都表现出了他那种深沉的忧国忧民的情怀，显示出了他驾驭诗歌的高超技巧。所以，他的好友夏成业指出：“比部含咀经史，侵淫汉魏，高华匹太白，沉痛跻杜陵，盛唐以下耻弗为。”①其弟子唐炯亦认为：“（先生）诗少宗王李，既乃变化。军兴以来，感时书事，引古喻今，汪洋恣肆，别辟门径，直上夺少陵之席，天宝后无此作也。然不足以尽先生。”②

第四节 王柏心的词创作

王柏心不仅是一位有影响的诗人，还是一位有影响的词人。尽管他留存至今的词作并不多，总共只有四十三首，但其词却能自成一家，别具特色；而且，无论是其词作，还是其词学理论（前面已专门论及），在当时以及后来的词坛都产生过积极的影响。

王柏心的词除少数作品是其中、后期所创作之外，主要集中在其早期，曾汇为一卷，计三十首，名《子寿词》（又名《秋词》），被好友、贵州遵义

① 夏成业:《百柱堂全集·序》,见王柏心《百柱堂全集》卷首,《百柱堂全集》,崇文书局 2008 年版,第 31 页。

② 唐炯:《百柱堂全集叙》,见王柏心《百柱堂全集》附录六,《百柱堂全集》,崇文书局 2008 年版,第 1549 页。

唐树义收入道光十五年（1835年）《楚四家词》[1]刻本。此后，王柏心的主要精力都用来创作诗文，词的创作则很少。

如果我们认真研读王柏心的词作，就不难看出，他的创作正好体现了自己的词学理论和观点。他也是在广采博纳前辈词人创作长处以为己用的基础上，形成了自己豪放与婉约兼具的风格的。他的词作绝大多数是写景、咏物的抒怀之作。其所写之景如秋色、秋山、秋水、秋云、秋烟、秋雨、秋塞、秋声、秋草、芦花等，其所咏之物如秋雁、秋燕、秋萤、秋蝶、秋花、秋叶、秋柳、秋荷、秋桐、秋蕉等，都能将它们置于“秋”的背景之中，使其塑造的意象亦都带有浓郁的清冷、萧索的色彩；与之相适应，词中所表达的情感，则以悲苦、痛惜、凄凉为基调。如其《如此江山·秋色》[2]曰：

> 西来一气何回薄，茫茫玄阴凝结。云物苍凉，河山清肃，动地风生时节。平原空阔。莽一望烟中，五陵愁绝。何代离宫，麒麟卧雨蚀秋发。　　丹黄纷纷老木，只飘零冷艳，点装天末。日薄无光，沙飞有力，黯淡穷边残堞。雕惊欲没，正猎火烧空，雄心荡决。佐我狂歌，黄獐三斗血。

词的上阕用“玄阴凝结”、“云物苍凉”、“河山清肃”、“平原空阔”等一系列意象，为读者描绘出了一幅萧索的秋景图：那西来的寒风，凝结成阴冷的云气；眺望平川，山河一片苍凉；在萧瑟的秋风中，满眼的山陵亦显得愁苦不堪；就是那历代的“离宫”，也沉浸在一片愁苦、一筹莫展的悲凉之中。下阕亦承接上阕的感情基调，以“老木”、“夕阳”、“飞沙”、“惊雕”等满含衰败意蕴的意象，继续为读者烘托秋天苍凉的情感。在具体的布局谋篇上，词人又采用了对比反衬的方法，即以“丹黄”的冷艳来反衬“老木”的衰颓，可说为萧索的秋景增添了一抹亮色；“日薄无光”与“沙

① 《楚四家词》指的是刘淳的《云中集》（一卷），张其英的《角山集》（一卷），王柏心的《子寿集》（一卷），蔡以偁的《黄楼集》（一卷）。但今天所见之道光十五年（1835年）唐树义刻本《楚四家词》，仅前面3种，蔡以偁的《黄楼集》并不在其中。而《黄楼集》目前所见钞本和刻本两种，前者藏于湖北省图书馆，后者藏于南京图书馆。刻本上未署刊刻者姓名，也无刊刻的地点与时间，仅于卷首录唐树义、王柏心序各1篇，卷末附涤子元词2首、李石梧词10首、蘅兄（未知其姓名）词2首、王柏心词1首。由此推断，可能是前3种先刻好，《黄楼集》后刻，且收作品相对较多，故另本单行。

② 王柏心：《如此江山·秋色》，《百柱堂全集·词》卷五十一，《百柱堂全集》，崇文书局2008年版，第1420页。

飞有力”也构成了反衬，用太阳的薄暮无光与飞沙的漫天狂虐两相对比，亦使得秋天的肃杀之气倍增。词的最后两句，其情感基调突然一转，直抒词人雄心未灭，希冀报效国家的豪情壮志；于低回婉转、凄苦无奈的悲叹中，又现振作向上、奋发有为的豪气。整首词以写“秋色”为题，气势宏大，视野开阔，意境深远；词人通过独到的描摹和刻画，寓情于景，使其蕴含在心中的情感得到自然的抒发。

又如其《八声甘州·秋塞》①云：

闪旌旗，飞影逼盘雕，笳角壮高秋。望云黄沙白，无多红树，隐隐边楼。飞令流星点骑，旷野万貔貅。齐上祁连猎，火照山头。　六郡良家健少，都玉关老矣，几个封侯？骞箭瘢吹裂，风急卷兜鍪。渺沉沉，寒衣消息，且蒲桃、五斗醉凉州。磨刀路，怪洮河出塞，还向西流。

这是一首描写北国边塞苍凉景色的词。全词从悲秋切入，格调萧森肃杀，满目秋阴，极具严霜冻雪之观，深寓词人一种生存的忧怨与无奈的悲愁。词人表达相同内容的词尚有《贺新郎·秋雁》②：

莽莽关云黑。度惊沙、携群万里，新辞海国。浅水苹花秋未老，来作江南羁客。写遍了、满天零墨。似为离人题锦字，有万千、心事萦波磔。笑潦草，封缄笔。　潇湘几日霜华白。羡冥冥、高飞不入，野凫鸂鶒。空阔想无矰缴患，只怕平沙风力。骞吹折、冰弦何急。频诉断行兄弟感，堕天涯、我亦催残翼。清泪满，罢瑶瑟。

这首词描写的则是南方潇湘秋雁的落寞情景，同样深寓了词人一种生存的忧怨与无奈的悲愁；而且词中还透露出词人曾飘零潇湘、怀乡思归的那种忧患与悲戚之情。在这首词的最后，词人曾自注有一行小字云：“顷予有折翼之悲。”道光十五年（1835年）的四五月间，王柏心的重要帮手二弟柏森、三弟柏缙因病相继离开人世，这对王柏心来说，可说是一个巨大的打击，其悲痛之情可想而知。

再如其词作：

砌成呜咽，雁儿诉了，蛩又来说。黄昏淅沥将住，西风不肯，便教

① 王柏心：《八声甘州·秋塞》，《百柱堂全集·词》卷五十一，《百柱堂全集》，崇文书局2008年版，第1422页。

② 王柏心：《贺新郎·秋雁》，《百柱堂全集·词》卷五十一，《百柱堂全集》，崇文书局2008年版，第1427页。

休歇。今夜酒楼笙院，也有些凄切。何况是、系缆江湖，潇潇听打苇花折。　云屏情事经年别，料个人、铅泪倾难竭。梦儿早是浇碎，禁不得、满阶骚屑。怕惹凉声，拟把窗前繁枝删绝。又无奈、身是梧桐，心是芭蕉叶。

——《雨霖铃·秋雨》

密絮濛濛，也不辨、江南江北。其中有、伤心穷士，呼之欲出。素手弦翻商妇老，青衫酒醒才人泣。正满船、摇月复捎风，江心白。卷岸也，寒潮立；啮根也，呜沙急。想衔枝雁下，滩昏雨黑。十幅归帆怜我滞，一簪华发如伊逼。让老渔、秋雪舞蓑衣，横吹笛。

——《满江红·芦花》

问梁间燕，才占得双栖，怎催归兴？寻常薄暮，兀自卷帘犹等。此后斜阳巷冷，都忘了、尘生藻井。枉抛昔日辛勤，掠尽红梨花影。似解，呢喃诉恨。说六代春销，香残粉褪。高楼翡翠，不是自家门径。合返三山绝顶，逐海国、鲲鹏幻境。明年锦片花繁，重报天南芳信。

——《双双燕·秋燕》

以上这几首词与前面所举几首词一样，都是通过写景、咏物来抒发词人情怀的作品，其中蕴含的也都是词人对世界、对历史、对人生的一种沉郁苍凉的思考。

综观王柏心的词作，以善写秋词著称，无论是其秋蝉、秋蝶、秋雁、秋燕、蟋蟀、蟹，还是牵牛花、秋海棠、秋蕉、蓼花、芦花、菱，抑或秋声、秋塞、秋山、秋云、秋水、秋雨等，都与“秋”密切相关。王柏心笔下如此大量地出现这些秋的意象，自然与当时清朝政府日薄西山、江河日下、气息奄奄的衰败景象密切相关。词中所表现出来的那种凄苦与无奈，也正是词人对时势深沉的忧虑，这从他创作的大量诗歌作品可以得到证实。尽管王柏心“寂寞于荒江旷野之中，狎麋鹿而侣鱼虾，遭时多虞，流离兵革，然而忠爱悱恻之意须臾未尝忘，身处荒远不能自致，独时感激哀吟，舒其堙郁”①；然而，其词气象开阔，“逸气自为舒卷”，且“极五音之则，使缘情者侈其妍妙，仗气者逊其振奇”，被时人誉之为“江汉炳灵，兹为翘楚”②。

① 王柏心:《百柱堂全集》,《续修四库全书》(总第1527册),上海古籍出版社2002年版。

② 唐树义:《子寿集序》,《楚四家词》,南京图书馆藏道光十五年(1835年)刻本。

除了秋词之外，王柏心尚创作有一些其他内容的词。如其《百字令·咏项王》①曰：

拔山盖世，论英雄、千古一人而已。勇悍仁强兼礼下，大度优于刘季。子弟吴中，诸侯壁上，叱咤江东起。当年道左，目无秦始皇帝。一自宰割河山，五年攻战，号令皆专制。本纪标题先汉代，特笔分明迁史。箫鼓年年，愤王祠下，声激乌江水。芒山回首，赤龙消尽云气。

此词大约作于道光十六年（1836年）王柏心应好友唐树义之邀北上赴陇右入其幕府的途中。项羽（公元前232—公元前202年），名籍，字羽，秦下相（今江苏省宿迁市西南）人。他是中国军事思想"勇战派"的代表人物，与"谋战派"的代表孙武等人齐名。项羽出身楚国贵族，在秦末农民起义中，同叔父项梁斩杀会稽太守殷通，举兵反秦，并迅速崛起。钜鹿（今河北省邢台市平乡县）之战后，率军入关中，以五诸侯灭暴秦，威震海内。秦亡后，仗势分天下，册封十八路诸侯，自立为"西楚霸王"。项羽不仅勇武出众，气魄盖世，还留下了千古名作《垓下歌》。公元前203年12月，项羽在垓下（今安徽省宿州市灵璧县东南）被韩信、彭越和布英合力打败。不久，项羽率八百楚军突围至乌江（今安徽省马鞍山市和县乌江镇），前无法进，后无法退，乃自刎身亡，时年三十一岁。王柏心在词中不仅高度赞颂了项羽的英武神勇和盖世奇功，而且对他的被困垓下、自刎乌江深表惋惜，从而表达了他早年积极用世，希望有朝一日能一展雄才、报效国家的远大志向。

词人在积极进取却屡遭挫折之后，有时亦产生过隐居之想。请看其《前调（浣溪沙）·题画，亦陇游时作》②：

无数青峰写黛痕，离离松竹抱连村。白云来去不关门。　落日千笳登陇首，黄尘一剑走中原。买山心事向谁论。

王柏心早享文名，且志向远大，希冀凭借自己的才华能够出将入相，干出一番大事业，以报效国家，光宗耀祖，故不辞辛劳，仗剑奔走四方；然时运不济，困顿科场，屡试不举，而人至中年，仍一事无成，这让他感到非常的苦恼和悲愤，以致使他产生了要去过那种恬静的、与世无争的自由自在的

① 王柏心：《百字令·咏项王》，《百柱堂全集·词》卷五十一，《百柱堂全集》，崇文书局2008年版，第1431页。

② 王柏心：《前调（浣溪沙）》，《百柱堂全集·词》卷五十一，《百柱堂全集》，崇文书局2008年版，第1435页。

田园生活。这首词大约写于道光十八年（1838年）词人宦游陇右之时。词人在词中用了一个“买山”的典故，比较含蓄地表达了他的想法。《世说新语·排调》中记载：“支道林因人就深公买印山。深公答曰：‘未闻巢、由买山而隐。’”这里的“巢”，即巢父；“由”，即许由，都是上古有名的隐士。后世遂以“买山”指归隐。

再如其《月华清·秋丞大令自都门以词见寄，慰予悼俪，赋此奉答》①云：

落日高台，悲风平楚，苍然万里秋色。我有离心，缥缈遥悬天北。忆飞扬、江汉辞雄，怅偃蹇、京华羁客。难得。正吹堕鸿书，传来消息。　怜我悲怀难遣，引击缶庄生，聊摅结轖。扰扰阎浮，顿悟风轮火宅。但因循、泡电光阴，便孤负、峨眉仙籍。何益？看万古双丸，谁非驹隙。

此词大约作于咸丰十一年（1861年）秋。前一年的年底，与王柏心相伴数十年的夫人杨氏去世。消息传出，很多友朋相继寄赠诗函给王柏心，表示哀悼，并安慰好友；时在京师候补的同乡挚友夏秋丞闻知消息，亦填词寄赠，对挚友表示安抚慰问；词人感于挚友盛意，遂赋此词答谢。夫人弃世，词人心情本来凄苦；而词人与挚友都是胸怀济世大才之人，却不为当权者所用；如今已年过花甲，一事无成，仍在为生计奔波，更添悲愤之情。整首词写得低沉悲愤、凄婉苦楚。

由此可以看出，无论是前期的秋词，还是中后期的其他词，其基本风格都是保持一致的。

总的说来，王柏心词的创作所反映的生活面，不如诗歌所反映的生活面宽广。虽然亦有气势宏大的豪放之作，但主要还是以缛丽为美，善于作凝神静思的丰富联想，追求一种苍幽的境界，而缺乏重大的社会历史题材和深沉的时代、社会与人生的思考，这大概是词人长期受汉魏诗风的影响所致。

① 王柏心：《月华清》，《百柱堂全集·词》卷五十一，《百柱堂全集》，崇文书局2008年版，第1432页。

主要参考文献

一、文献著作类

[1] 陈旭麓，方诗铭，魏建猷. 中国近代史词典 [M]. 上海：上海辞书出版社，1982.

[2] 程翔章，程祖灏. 樊增祥年谱 [M]. 武汉：华中师范大学出版社，2017.

[3] 程翔章. 中国近代文学作品选 [M]. 3 版. 武汉：华中师范大学出版社，2007.

[4] 程翔章，丘铸昌. 中国近代文学 [M]. 2 版. 武汉：华中师范大学出版社，2007.

[5] 林则徐. 道咸同光名人手札 [M]. 上海：商务印书馆，1924.

[6] 林则徐. 道咸同光名人手札 [M]. 台北：台湾商务印书馆，1972.

[7] 丁绍仪. 听秋声馆词话 [M]. 同治八年（1869 年）九月福州刻本.

[8] 郭廷以. 近代中国史事日志 [M]. 北京：中华书局，1987.

[9] 郭廷以. 郭嵩焘先生年谱 [M]. 台北："中央研究院"近代史研究所，1971.

[10] 郭嵩焘. 郭嵩焘诗文集 · 文集 [M]. 长沙：岳麓书社，1984.

[11] 湖北省人民政府文史研究馆，湖北省博物馆. 湖北文征：第十卷 [M]. 武汉：湖北人民出版社，2000.

[12] 湖北省人民政府文史研究馆，湖北省博物馆. 湖北文征：第十一卷 [M]. 武汉：湖北人民出版社，2000.

[13] 胡凤丹. 退补斋文存 [M]. 上海：上海古籍出版社，2001.

[14] 胡林翼. 胡林翼集 [M]. 长沙：岳麓书社，1999.

[15] 江庆柏. 清朝进士题名录 [M]. 北京：中华书局，2007.

[16] 江庆柏. 清代人物生卒年表 [M]. 北京：人民文学出版社，2005.

[17] 江世荣. 曾国藩未刊信稿 [M]. 北京：中华书局，1959.

[18] 林则徐. 道咸同光名人手札 [M]. 台北：文海出版社，1973.

[19] 李德龙，等. 历代日记丛钞·毗邪台山散人日记 [M]. 北京：学苑出版社，2006.

[20] 杨家骆. 太平天国文献汇编 [M]. 台北：鼎文书局，1973.

[21] 李星沅. 芋香山馆全集 [M]. 清同治四年（1865 年）李氏芋香山馆刻本.

[22] 李星沅. 李星沅日记 [M]. 清抄本，上海图书馆藏.

[23] 林昌彝. 射鹰楼诗话 [M]. 上海：上海古籍出版社，1988.

[24] 林昌彝. 林昌彝诗文集 [M]. 王镇远，林虞生，校点. 上海：上海古籍出版社，2012.

[25] 罗福惠. 近三百年湖北学术文化 [M]. 武汉：武汉出版社，1994.

[26] 章开沅，张正明，罗福惠. 湖北通史：晚清卷 [M]. 武汉：华中师范大学出版社，1999.

[27] 罗正钧. 左宗棠年谱 [M]. 朱锐，朱子南，校点. 长沙：岳麓书社，1983.

[28] 黎庶昌. 曾国藩年谱 [M]. 长沙：岳麓书社，1986.

[29] 刘声木. 桐城文学渊源撰述考 [M]. 徐天祥，点校. 合肥：黄山书社，1989.

[30] 梅曾亮. 柏枧山房诗文集：上、下 [M]. 彭国忠，胡晓明，校点. 上海：上海古籍出版社，2012.

[31] 皮明庥. 湖北历史人物辞典 [M]. 武汉：湖北人民出版社，1984.

[32] 孙海洋. 湖南近代文学家族研究 [M]. 长沙：湖南大学出版社，2011.

[33] 沈起炜. 中国历史大事年表（古代）[M]. 上海：上海辞书出版社，1983.

[34] 陶梁. 红豆树馆词稿 [M]. 道光二十三年（1843 年）百媚书屋刻本.

[35] 王柏心. 百柱堂全集 [M]. 张俊纶，点校. 武汉：崇文书局，2008.

[36] 王柏心，等. 楚四家词 [M]. 南京图书馆藏道光十五年（1835 年）刊本.

[37] 王承仁，曹木清，吴剑杰. 中国近百年史辞典 [M]. 武汉：湖北人民出版社，1986.

[38] 王定安. 湘军记 [M]. 朱纯，点校. 长沙：岳麓书社，1983.

[39] 王齐州，王泽龙. 湖北文学史［M］. 武汉：华中理工大学出版社，1995.

[40] 王钟翰. 清史列传：卷七十三［M］. 北京：中华书局，1987.

[41] 吴敏树. 吴敏树文［M］. 李昌焕，选注. 上海：商务印书馆，中华民国二十四年（1935 年）刊本.

[42] 汙士铎. 胡文忠公抚鄂记［M］. 长沙：岳麓书社，1988.

[43] 魏绍昌，管林，刘济献，等. 中国近代文学辞典［M］. 郑州：河南教育出版社，1993.

[44] 谢承仁. 杨守敬集：1—13 册［M］. 武汉：湖北人民出版社/湖北教育出版社，1988—1997.

[45] 杨钟羲. 雪桥诗话［M］. 北京：北京古籍出版社，1989.

[46] 张俊纶. 王柏心传［M］. 武汉：崇文书局，2008.

[47] 张舜徽. 清人文集别录：上、下［M］. 北京：中华书局，1963.

[48] 曾国藩. 曾国藩全集・诗文［M］. 长沙：岳麓书社，1986.

[49] 曾国藩. 曾国藩日记［M］. 雾满拦江，点校. 北京：团结出版社，2012.

[50] 左宗棠. 左宗棠全集・诗文・家书［M］. 长沙：岳麓书社，1987.

[51] 朱德慈. 近代词人考录［M］. 北京：中国社会科学出版社，2004.

[52] 郑珍. 四部备要（集部）：巢经巢集［M］. 上海中华书局据原刻本校刊.

二、论文类

[1] 陈程. 王柏心与晚清中兴名臣［J］. 滨州学院学报，2015（5）：64-67.

[2] 陈程. 王柏心军事思想述评［J］. 滨州学院学报，2014（4）：121-124.

[3] 陈程. 王柏心的治水思想［J］. 天中学刊，2014（2）：118-120.

[4] 程翔章. 王柏心的词学理论与创作［J］. 语文教学与研究（上旬刊），2016（12）：78-80.

[5] 程水龙，朱炯. 朱兰致曾国藩书札十二通考释［J］. 文献（双月刊），2014（5）：58-72.

[6] 董小梅，武娜. 晚清国士王柏心生平与著述［J］. 贵州民族大学学报（哲学社会科学版），2014（3）：81-85.

[7] 董小梅，周国林. 王柏心经学思想初探［J］. 历史文献研究（总第

32 辑），2013（6）：258-264.

［8］杜朝晖. 论胡凤丹及其对湖北文化的贡献［J］. 湖北大学学报（哲学社会科学版），2005（5）：561-564.

［9］黄去非. 吴敏树年谱简编（上）［J］. 云梦学刊，2019（2）：93-103.

［10］焦艳. 试论杨彝珍的为官之道［J］. 皖西学院学报，2018（4）：122-126.

［11］吕坤鹏. 论吴敏树与桐城派之关系［J］. 天中学刊，2016（4）：91-93.

［12］马志立. 湖北崇文书局版刻概述［J］. 图书情报论坛，2015（1）：79-82,88.

［13］潘娇. 论王柏心诗歌的诗史品格［J］. 长江大学学报（社会科学版），2014（7）：37-40.

［14］魏萍. 费丹旭东轩吟社图［J］. 东方博物，第二十四辑：77-80.

［15］滕小艳. 梅曾亮与晚清岭西文坛［J］. 北方论丛，2018（2）：46-51.

［16］吴仰湘. 彭玉麟散见函札和诗文辑考——新版彭玉麟集补遗［J］. 船山学刊，2006（3）：33-37.

［17］谢葵. 王柏心与湘籍名臣往来书札考略［J］. 长江大学学报（社会科学版），2018（5）：39-44.

［18］谢葵，谢宜修. “沙滩三杰”与王柏心书札考释［J］. 长江大学学报（社会科学版），2019（3）：23-27.

［19］徐惠文. 莫友芝年谱［J］. 贵州文史丛刊，1988（4）：127-142.

［20］张涌泉. 出版家胡凤丹传略［J］. 浙江学刊，1988（1）：113-115.

后　记

对《王柏心年谱》一书的撰写，拖的时间相对较长，从动笔开始撰写，到修改、充实、出版，前后达六年之久。这样做的目的，无非是希望能使其尽量完整、全面一些，少留遗憾；此外，亦可为此后撰写其他作家年谱积累经验。

1999 年 7 月下旬，我们带着刚出版不久的《王柏心年谱》，同朋友们一起结伴去湖北省利川市凉雾乡避暑。其间，在和朋友们一起休闲、娱乐之余，我们将《王柏心年谱》认真地阅读一遍，并撰写完成了《王柏心评传》的详细提纲。

从利川返汉后，我们立即开始撰写《王柏心评传》，并一鼓作气，很快就完成了《王柏心评传》的初稿。初稿完成后，我们便将书稿放在一边，又开始研究别的作家；同时，广泛地搜辑同人研究王柏心的新材料。

去年下半年，我们申报的“湖北省（2020 年度）学术著作出版专项资金项目——‘湖北近代文学研究’丛书（第一辑）”获得批准。于是，我们从去年 10 月开始，将新搜集到的材料进行消化，对《王柏心评传》进行全面、仔细的补充、修改，并定稿，将其纳入丛书之中。

《王柏心评传》是笔者为研究湖北近代作家所写的第一本评传，希望它能为我们今后相继撰写的湖北近代作家评传起到引领的作用。

作　者

2022 年 1 月 3 日